# Oberallgäu

## Zwischen Bodensee, Kempten und Pfronten

Walter Theil

**GPX-Daten zum Download**

www.kompass.de/gpx

Kostenloser Download der GPX-Daten der im Wanderführer enthaltenen Wandertouren. Mehr Informationen auf Seite 3.

## AUTOR

Walter Theil • ist in Südbaden groß geworden, hat am Bodensee gearbeitet und lebt seit vielen Jahren im Chiemgauer Voralpenland; er kennt den Süden Deutschlands zwischen Schwarzwald und Berchtesgaden von unzähligen Wander- und Radtouren. Er ist Autor diverser Wander- und Fahrradführer, darunter der Wanderführer „Schwarzwald Süd", „Schwäbische Alb", „Chiemgau", „Berchtesgadener Land", „Fichtelgebirge" und „Pfälzerwald" sowie der Fahrradführer „Rheinradweg vom Bodensee bis Mannheim", „Bodensee-Königssee-Radweg", „Mainradweg" und „Innradweg".

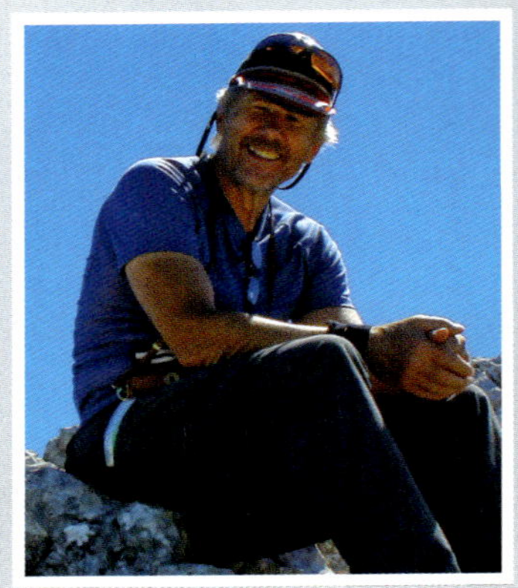

## VORWORT

Zwischen Bodensee, Bad Wurzach, Kempten und Pfronten erstreckt sich das Allgäuer Voralpenland, eine der beliebtesten deutschen Wanderregionen. Die hügelreiche Landschaft mit ihren zum Teil noch naturbelassenen Flüssen und Bächen, ihrem Großangebot an Seen, Teichen und Weihern ist ein Eldorado für alle Wanderfreunde und Naturliebhaber. Sehenswert sind schon die meisten Ausgangspunkte: die oft mit einem gut erhaltenen mittelalterlichen Stadtkern ausgestatteten Städtchen und Gemeinden.

Neben bekannten Wanderzielen sind auch weniger häufig begangene, aber nicht minder reizvolle Touren beschrieben. Vor allem wurde in den Wandervorschlägen versucht, die variantenreiche und so vielfältige Oberallgäuer Landschaft in abwechslungsreichen Rundtouren zu kombinieren, so dass der Charakter dieser großartigen Landschaft zu einem ebenso großartigen Erlebnis wird.

Nehmen Sie sich Zeit, Land und Leute kennen zu lernen. Lassen Sie sich einfangen von den Naturschönheiten einer herrlichen Wald-, Wiesen- und Seenlandschaft, von der so wohltuenden Ländlichkeit verstreuter Weilersiedlungen – und nicht zuletzt dem stets präsenten grandiosen Alpenpanorama, das uns auf fast allen Wanderungen begleitet.

Viele schöne Wandertage.

Walter Theil

# ORIENTIERUNG MIT GPS

Für Navigationsgeräte und Apps haben wir auf unserer Webseite alle Touren im GPX-Format zum Download bereitgestellt:

**www.kompass.de/gpx**

Hier findet man alle weiteren Informationen. Einfach das richtige Produkt auf der Seite auswählen, die Daten herunterladen und auf das Zielgerät oder in die gewünschte App importieren.

**Mehrwert mit Spaßfaktor:** Ob vorab zur Planung, als Sicherheit für unterwegs oder zum Erinnern und Archivieren der gegangenen Tour. Die digitale Wanderroute ist in vielerlei Hinsicht wertvoll. Ein Blick auf die Daten hilft Neues zu entdecken und liefert Inspirationen für die nächsten Touren. Alle Wandertouren aus diesem Führer stehen im GPX-Format kompakt und genau zur Verfügung.

**Was ist ein GPX-Track?** GPX ist ein Datenformat für Geodaten. Das Wort GPS steht für Global Positioning System (Globales Positionsbestimmungssystem). Mit einem GPX-Track bekommt man die rote Linie, also den Wanderpfad, als geografische Koordinaten.

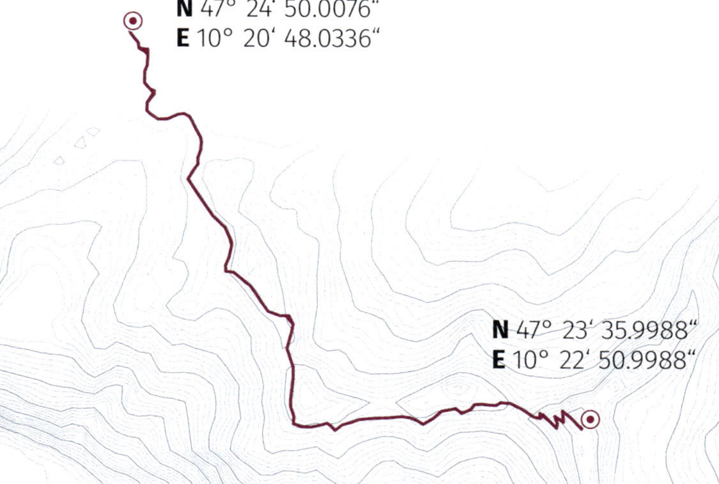

# INHALT UND TOURENÜBERSICHT

**AUFTAKT**

Vorwort ........................................ 2
Inhalt und Tourenübersicht ....... 4
Gebietsübersichtskarte............. 10
Das Gebiet.................................. 12
Allgemeine Tourenhinweise .... 19
Meine Highlights ........................ 20

| Tour | | Seite |
|---|---|---|
| 01 | Nach Ottenstall im Rorachtal | 22 |
| 02 | Wallfahrtskirche Gschnaidt | 25 |
| 03 | Hofgut Unterkürnach | 28 |
| 04 | Sachsenrieder Weiher | 31 |
| 05 | Von Haldenwang nach Gschlavers | 34 |
| 06 | Blender, 1072 m | 37 |
| 07 | Hohenkapf, 1121 m | 40 |
| 08 | Hirschdorfer Illerschleife | 43 |
| 09 | Schwabelsberger Weiher | 46 |
| 10 | Mariaberg und Hohenegg | 49 |

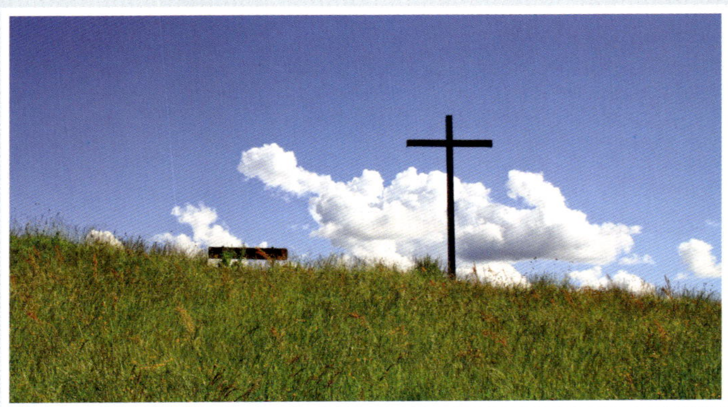

Idyllischer Rast- und Aussichtspunkt auf dem Weg nach Missen.

**ANHANG**


Alles außer Wandern ............. 190
Übernachtungsverzeichnis ... 194
Orte/Tourismusbüros ............ 196
Register ......................................... 200
Impressum ................................ 204


| km | h | hm | hm | P | | | | | | | | Karte |
|---|---|---|---|---|---|---|---|---|---|---|---|---|
| 9,75 | 2:30 | 143 | 143 | ✓ | ✓ | | | | | | ✓ | 187 |
| 9,5 | 3:15 | 224 | 224 | ✓ | ✓ | | ✓ | | | | | 187 |
| 8,5 | 2:00 | 254 | 254 | ✓ | ✓ | | ✓ | | | | | 187 |
| 16,25 | 4:15 | 165 | 165 | ✓ | ✓ | | | | | | | 187 |
| 10,5 | 2:45 | 195 | 195 | ✓ | ✓ | | ✓ | | | | | 187 |
| 8,75 | 2:15 | 280 | 280 | ✓ | ✓ | | | ✓ | | | | 187 |
| 9,75 | 2:30 | 214 | 214 | ✓ | ✓ | | ✓ | ✓ | | | | 187 |
| 9 | 2:15 | 56 | 56 | ✓ | ✓ | | | | | | | 187 |
| 9 | 2:30 | 63 | 63 | ✓ | ✓ | | ✓ | | | ✓ | ✓ | 187 |
| 10 | 3:00 | 185 | 185 | ✓ | ✓ | | ✓ | ✓ | | | ✓ | 187 |

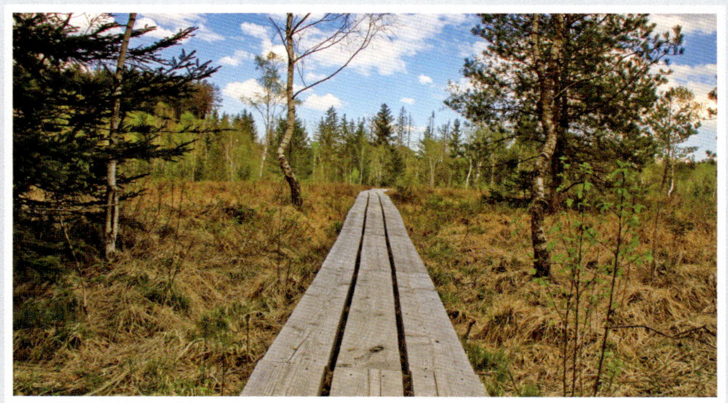

Im Arrisrieder Moos.

# INHALT UND TOURENÜBERSICHT


| Tour | | Seite |
|---|---|---|
| 11 | Bachtelweiher | 52 |
| 12 | Durchs Leubastal nach Wildpoldsried | 55 |
| 13 | Dürrer Bichl und Knollerhag | 58 |
| 14 | Sulzberger See | 61 |
| 15 | Waldgasthaus Tobias und Sinkmoos | 64 |
| 16 | Über die Mariengrotte nach Laudorf | 67 |
| 17 | Widdumer Weiher | 70 |
| 18 | Von Moosbach nach Schmieden | 73 |
| 19 | Schwarzenberger Weiher | 76 |
| 20 | Faistenoyer Bach und Mittelberger Rücken | 79 |
| 21 | Speckbach-Wasserfall | 82 |
| 22 | Nach Wilhams und aufs Lüßeck | 85 |
| 23 | Ochsenberg, 1126 m | 88 |
| 24 | Jugethöhe, 1024 m | 91 |
| 25 | Kapf, 998 m | 94 |
| 26 | Hündlekopf, 1112 m | 97 |
| 27 | Klammen, 1470 m | 100 |
| 28 | Lohwegkapelle – Gopprechts | 103 |
| 29 | Über Akams nach Obereinharz | 106 |
| 30 | Alpsee-Rundwanderweg | 109 |
| 31 | Falkenstein, 1115 m | 112 |
| 32 | Ellegghöhe, 1136 m | 115 |
| 33 | Bärenkopf, 1463 m | 118 |
| 34 | Berggasthof Kranzegg | 121 |
| 35 | Hochgrat, 1834 m | 124 |

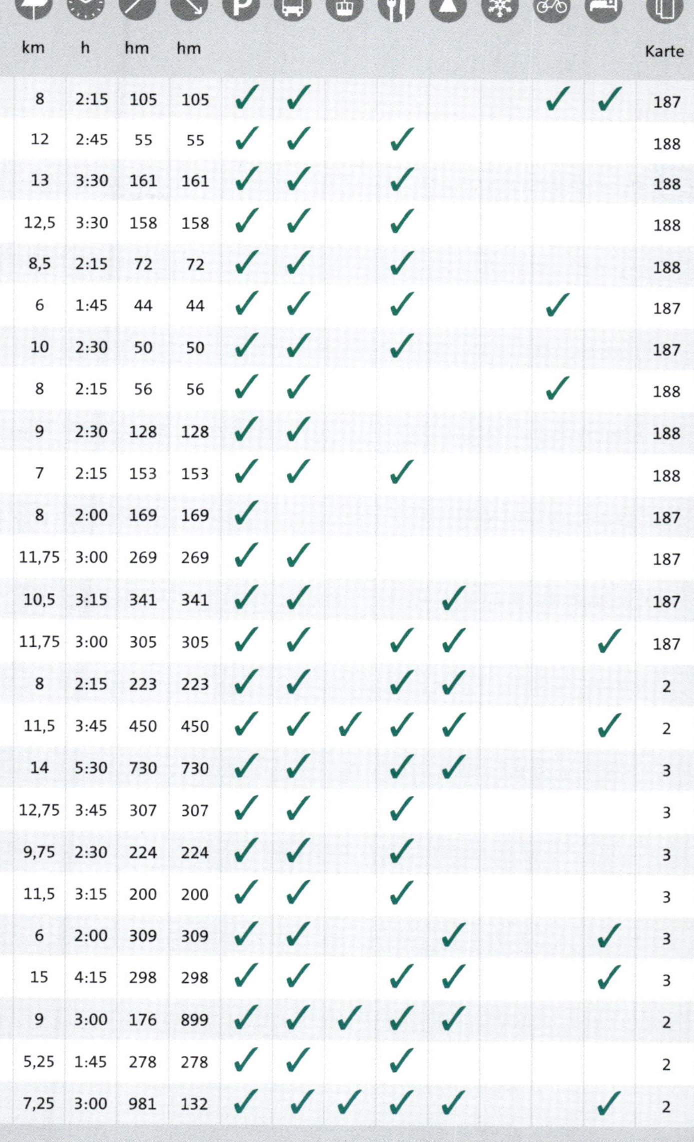

| km | h | hm | hm | | | | | | | | | Karte |
|---|---|---|---|---|---|---|---|---|---|---|---|---|
| 8 | 2:15 | 105 | 105 | ✓ | ✓ | | | | | ✓ | ✓ | 187 |
| 12 | 2:45 | 55 | 55 | ✓ | ✓ | | ✓ | | | | | 188 |
| 13 | 3:30 | 161 | 161 | ✓ | ✓ | | ✓ | | | | | 188 |
| 12,5 | 3:30 | 158 | 158 | ✓ | ✓ | | ✓ | | | | | 188 |
| 8,5 | 2:15 | 72 | 72 | ✓ | ✓ | | ✓ | | | | | 188 |
| 6 | 1:45 | 44 | 44 | ✓ | ✓ | | ✓ | | | ✓ | | 187 |
| 10 | 2:30 | 50 | 50 | ✓ | ✓ | | ✓ | | | | | 187 |
| 8 | 2:15 | 56 | 56 | ✓ | ✓ | | | | | ✓ | | 188 |
| 9 | 2:30 | 128 | 128 | ✓ | ✓ | | | | | | | 188 |
| 7 | 2:15 | 153 | 153 | ✓ | ✓ | | ✓ | | | | | 188 |
| 8 | 2:00 | 169 | 169 | ✓ | | | | | | | | 187 |
| 11,75 | 3:00 | 269 | 269 | ✓ | ✓ | | | | | | | 187 |
| 10,5 | 3:15 | 341 | 341 | ✓ | ✓ | | | ✓ | | | | 187 |
| 11,75 | 3:00 | 305 | 305 | ✓ | ✓ | | ✓ | ✓ | | | ✓ | 187 |
| 8 | 2:15 | 223 | 223 | ✓ | ✓ | | ✓ | ✓ | | | | 2 |
| 11,5 | 3:45 | 450 | 450 | ✓ | ✓ | ✓ | ✓ | ✓ | | | ✓ | 2 |
| 14 | 5:30 | 730 | 730 | ✓ | ✓ | | ✓ | ✓ | | | | 3 |
| 12,75 | 3:45 | 307 | 307 | ✓ | ✓ | | ✓ | | | | | 3 |
| 9,75 | 2:30 | 224 | 224 | ✓ | ✓ | | ✓ | | | | | 3 |
| 11,5 | 3:15 | 200 | 200 | ✓ | ✓ | | ✓ | | | | | 3 |
| 6 | 2:00 | 309 | 309 | ✓ | ✓ | | | ✓ | | | ✓ | 3 |
| 15 | 4:15 | 298 | 298 | ✓ | ✓ | | ✓ | ✓ | | | ✓ | 3 |
| 9 | 3:00 | 176 | 899 | ✓ | ✓ | ✓ | ✓ | ✓ | | | | 2 |
| 5,25 | 1:45 | 278 | 278 | ✓ | ✓ | | ✓ | | | | | 2 |
| 7,25 | 3:00 | 981 | 132 | ✓ | ✓ | ✓ | ✓ | ✓ | | | ✓ | 2 |

# INHALT UND TOURENÜBERSICHT


| Tour | | Seite |
|---|---|---|
| 36 | Eistobel und Riedholzer Kugel, 1068 m | 127 |
| 37 | Hausbachklamm – Oberreute – Wildrosenmoos | 131 |
| 38 | Hirschberg, 1095 m | 135 |
| 39 | Lindenberg-Waldsee – Scheidegger Wasserfälle | 139 |
| 40 | Rund um Lindenberg | 144 |
| 41 | Wangen – Eglofstal – Maria-Thann | 149 |
| 42 | Hündlekopf, 1112 m, und Buchenegger Wasserfälle | 153 |
| 43 | Hauchenberg-Runde | 157 |
| 44 | Schwarzer Grat, 1118 m | 161 |
| 45 | Bad Wurzach – Gospoldshofen – Herrgottsried | 165 |
| 46 | Schloss Zeil, 755 m, Josefskapelle, 778 m | 169 |
| 47 | Bad Waldsee – Steinacher Ried | 174 |
| 48 | Lauratal – Zundelbacher Linde – Rößlerweiher | 177 |
| 49 | Immenrieder 6-Seen-Runde | 181 |
| 50 | Kißlegg – Arrisrieder Moos | 186 |


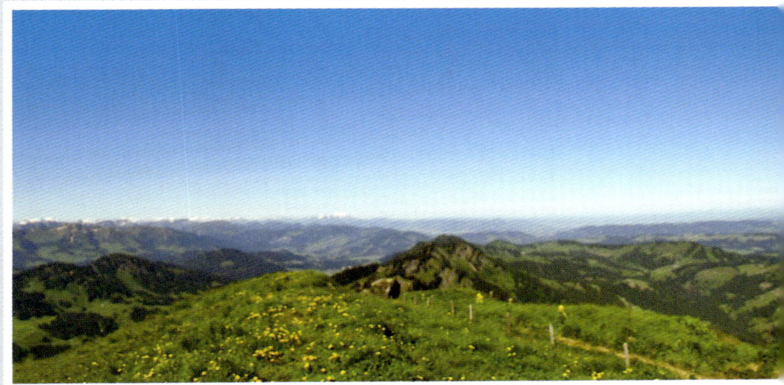

Panoramaaussicht vom Gipfel des Hochgrats.

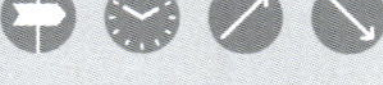 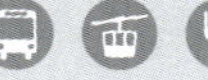  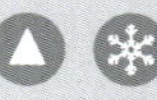  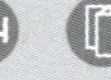

| km | h | hm | hm | | | | | | | | | Karte |
|---|---|---|---|---|---|---|---|---|---|---|---|---|
| 9,5 | 3:15 | 412 | 412 | ✓ | ✓ | | ✓ | ✓ | | | | 187 |
| 11,5 | 3:45 | 258 | 258 | ✓ | | | ✓ | | | | | 2 |
| 14 | 4:15 | 537 | 537 | ✓ | ✓ | | ✓ | ✓ | | | | 2 |
| 11,25 | 4:00 | 188 | 188 | ✓ | ✓ | | ✓ | | | | ✓ | 187 |
| 12 | 4:00 | 239 | 239 | ✓ | ✓ | | ✓ | | | | ✓ | 187 |
| 21,5 | 7:00 | 316 | 316 | ✓ | ✓ | | ✓ | | | ✓ | ✓ | 187 |
| 11 | 3:45 | 255 | 545 | ✓ | ✓ | ✓ | ✓ | ✓ | | | | 2 |
| 16 | 5:30 | 535 | 535 | ✓ | ✓ | | ✓ | ✓ | | | | 187 |
| 12,5 | 4:30 | 459 | 459 | ✓ | ✓ | | | ✓ | | | | 187 |
| 15,5 | 4:45 | 174 | 174 | ✓ | ✓ | | ✓ | | | ✓ | | 187 |
| 21,75 | 6:00 | 208 | 208 | ✓ | ✓ | | ✓ | | | ✓ | ✓ | 187 |
| 9 | 2:45 | 13 | 13 | ✓ | | | ✓ | | | | | 187 |
| 13,25 | 4:15 | 230 | 230 | ✓ | ✓ | | | | | | | 187 |
| 16 | 4:45 | 119 | 119 | ✓ | ✓ | | ✓ | | | ✓ | | 187 |
| 16,75 | 5:15 | 82 | 82 | ✓ | ✓ | | ✓ | | | | | 187 |

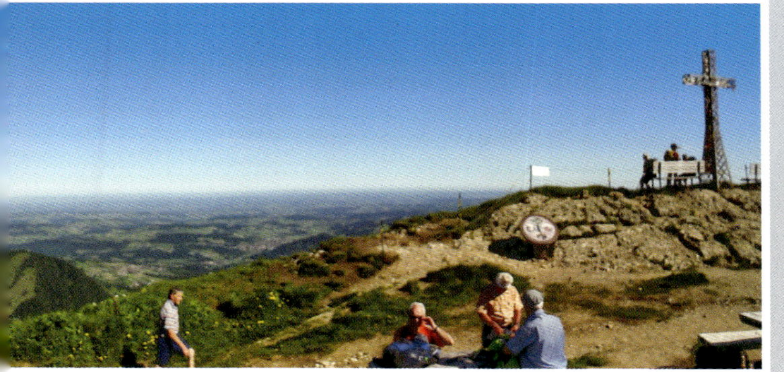

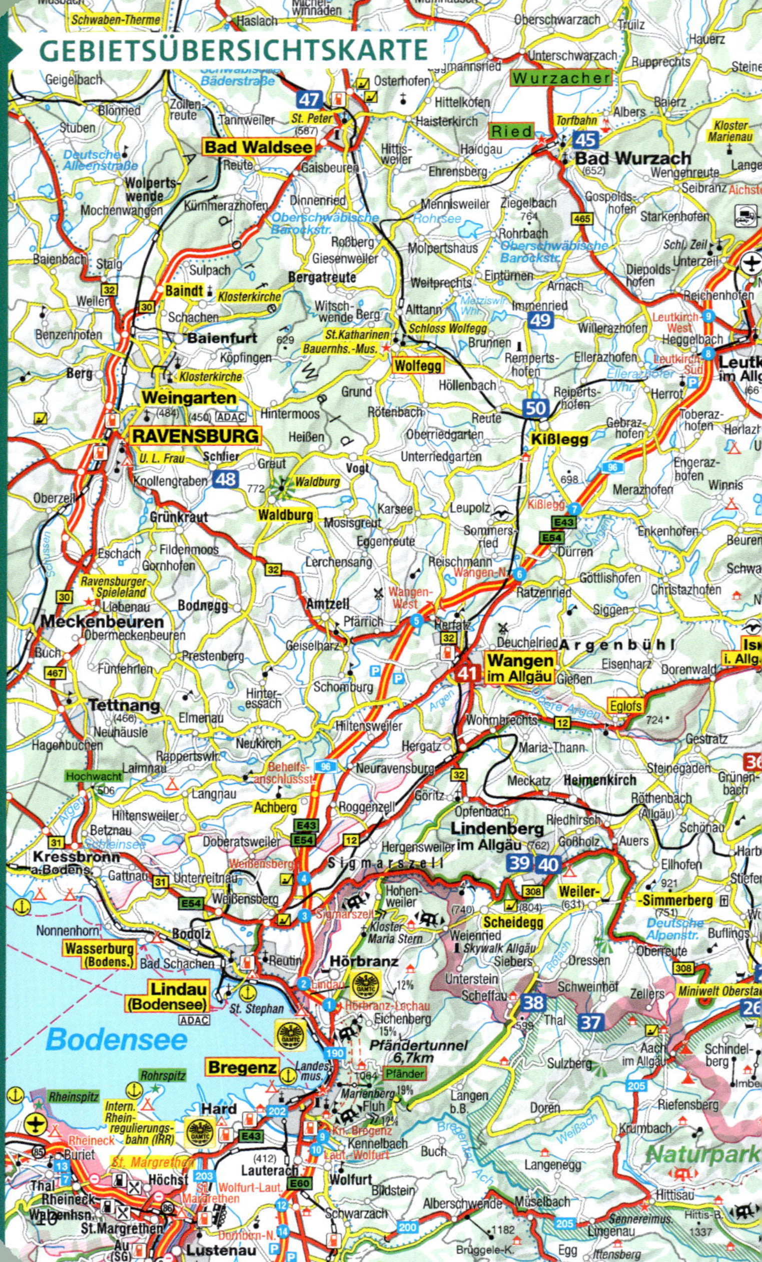
GEBIETSÜBERSICHTSKARTE
Schwaben-Therme
Haslach
Michelwinnaden
Oberschwarzach
Unterschwarzach
Wurzacher
Hauerz
Rupprechts
Geigelbach
Bäderstraße
Osterhofen
Hittelkofen
Blönried
Zollenreute
Tannweiler
St. Peter
Haisterkirch
Albers
Torfbahn
Kloster Marienau
Stuben
Bad Waldsee
Ried
Bad Wurzach
Deutsche Alleenstraße
Reute
Gaisbeuren
Hittisweiler
Haidgau
Ehrensberg
Wengenreute
Seibranz
Wolpertswende
Mochenwangen
Kümmerazhofen
Dinnenried
Mennisweiler
Ziegelbach
Gospoldshofen
Starkenhofen
Oberschwäbische Barockstr.
Rohrsee
Roßberg
Giesenweiler
Molpertshaus
Rohrbach
Schl. Zeil
Unterzeil
Baienbach
Staig
Sulpach
Bergatreute
Weitprechts
Eintürnen
Diepoldshofen
Arnach
Reichenhofen
Baindt
Klosterkirche
Weiler
Schachen
Witschwende
Berg
Alttann
Immenried
Willerazhofen
Leutkirch-West
Benzenhofen
Baienfurt
St.Katharinen
Bauernhs.-Mus.
Schloss Wolfegg
Brunnen
Heggelbach
Köpfingen
Wolfegg
Rempertshofen
Ellerazhofen
Leutkirch-Süd
Berg
Grund
Höllenbach
Ellerazhofer Whr.
Herrot
Weingarten
ADAC
Hintermoos
Rötenbach
Reute
Reipertshofen
Toberazhofen
RAVENSBURG
Heißen
Oberriedgarten
Kißlegg
Gebrazhofen
Herlazhofen
U. L. Frau
Schlier
Unterriedgarten
Engerazhofen
Knollengraben
Greut
Vogt
Waldburg
Merazhofen
Winnis
Oberzell
Karsee
Leupolz
Grünkraut
Waldburg
Mosisgreut
Sommersried
Enkenhofen
Fildenmoos
Eggenreute
Dürren
Beuren
Eschach
Gornhofen
Lerchensang
Reischmann
Wangen-N.
Göttlishofen
Ravensburger Spieleland
Wangen-West
Ratzenried
Christazhofen
Liebenau
Bodnegg
Amtzell
Siggen
Meckenbeuren
Obermeckenbeuren
Pfärrich
Herfatz
Deuchelried
Argenbühl
Buch
Prestenberg
Geiselharz
Wangen im Allgäu
Eisenharz
Dorenwald
Fünfehlen
Schomburg
Gießen
Tettnang
Hinteressach
Eglofs
Neuhäusle
Elmenau
Hiltensweiler
Wohmbrechts
Obere Argen
Hagenbuchen
Neukirch
Hergatz
Maria-Thann
Gestratz
Rappertswlr.
Behelfsanschlussst.
Neuravensburg
Steinegaden
Grünenbach
Hochwacht
Laimnau
Meckatz
Heimenkirch
Langnau
Göritz
Röthenbach (Allgäu)
Hiltensweiler
Achberg
Roggenzell
Opfenbach
Riedhirsch
Schönau
Betznau
Lindenberg im Allgäu
Goßholz
Auers
Kressbronn a.Bodens.
Doberatsweiler
Hergensweiler
Sigmarszell
Ellhofen
Gattnau
Unterreitnau
Weißensberg
Hohenweiler
Weiler-Simmerberg
Weißensberg
Sigmarszell
Scheidegg
Deutsche Alpenstr.
Nonnenhorn
Bodolz
Kloster Maria Stern
Weienried
Skywalk Allgäu
Oberreute
Buflings
Wasserburg (Bodens.)
Bad Schachen
Reutin
Hörbranz
Siebers
Dressen
Lindau (Bodensee)
Lindau
Unterstein
Scheffau
Schweinhöf
Zellers
Miniwelt Oberstaufen
ADAC
St. Stephan
Hörbranz-Lochau
Thal
Bodensee
Eichenberg
Pfändertunnel 6,7km
Aach im Allgäu
Schindelberg
Rohrspitz
Bregenz
Landesmus.
Pfänder
Sulzberg
Rheinspitz
Intern. Rhein-regulierungs-bahn (IRR)
Hard
Marienberg
Fluh
Langen b.B.
Doren
Riefensberg
Kn. Bregenz
Krumbach
Rheineck
Buriet
St. Margrethen
Kennelbach
Bregenzer Ach
Weißach
Naturpark
Thal
Rheineck
Höchst
Lauterach
Wolfurt
Buch
Langenegg
Hittisau
Walzenhsn.
St. Margrethen
Wolfurt-Laut.
Bildstein
Alberschwende
Müselbach
Sennereimus.
Lustenau
Schwarzach
Lingenau
Au (SG)
Dornbirn-N.
Brüggele-K.
Egg
Ittensberg

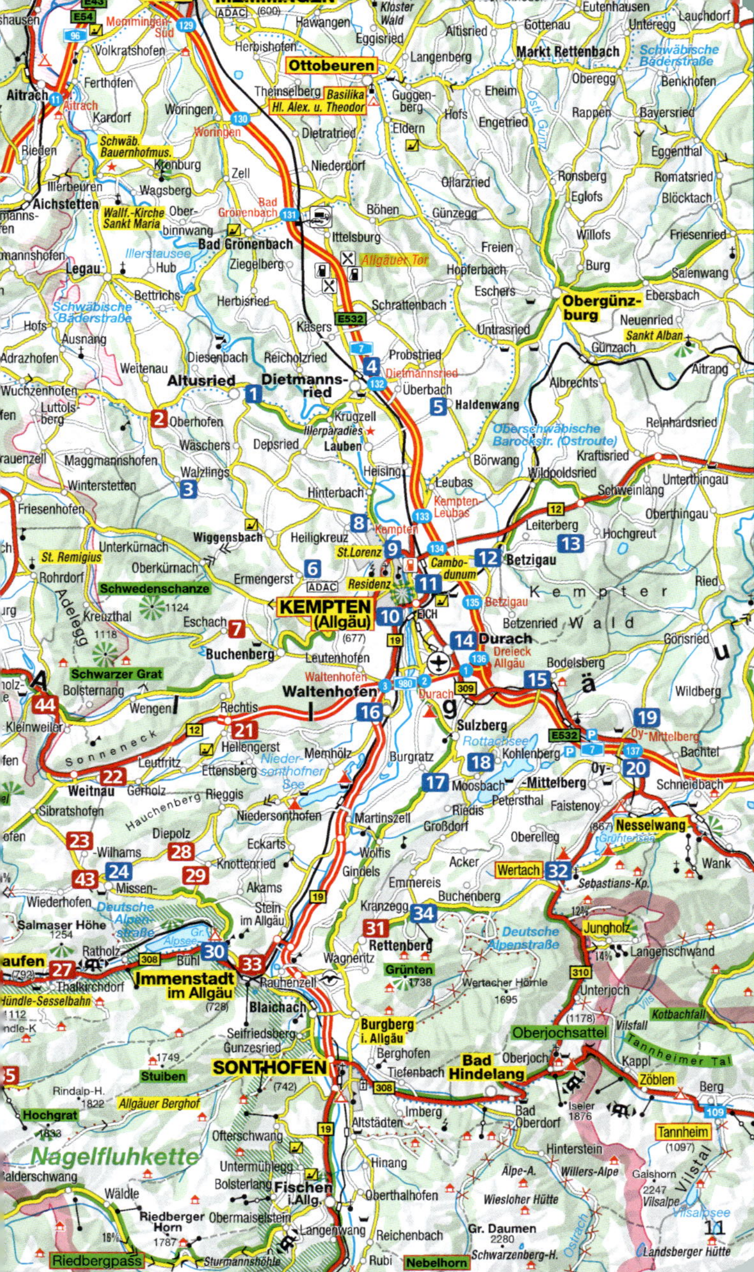

Memmingen-Süd
Volkratshofen
Ferthofen
Aitrach
Kardorf
Woringen
Schwäb. Bauernhofmus.
Rieden
Kronburg
Illerbeuren
Wagsberg
Aichstetten
Wallf.-Kirche Sankt Maria
Legau
Hub
Illerstausee
Bettrichs
Schwäbische Bäderstraße
Hofs
Ausnang
Adrazhofen
Weitenau
Wuchzenhofen
Luttolsberg
Altusried
Oberhofen
Maggmannshofen
Winterstetten
Walzlings
Friesenhofen
Unterkürnach
Oberkürnach
St. Remigius
Rohrdorf
Schwedenschanze
1124
Kreuzthal
1118
Adelegg
Schwarzer Grat
Bolsternang
Wengen
Kleinweiler
Sonneneck
Weitnau
Gerholz
Sibratshofen
Hauchenberg
Wilhams
Missen-
Wiederhofen
Salmaser Höhe
1254
Deutsche Alpenstraße
Ratholz
Thalkirchdorf
Hündle-Sesselbahn
Stuiben
Rindalp-H.
1822
Allgäuer Berghof
Hochgrat
1833
Nagelfluhkette
Balderschwang
Wäldle
Riedberger Horn
1787
Riedbergpass
Sturmannshöhle
ADAC
Hawangen
Herbishofen
Ottobeuren
Theinselberg
Basilika Hl. Alex. u. Theodor
Dietratried
Niederdorf
Zell
Bad Grönenbach
Ober-binnwang
Ziegelberg
Herbisried
Diesenbach
Reicholzried
Dietmannsried
Käsers
Ittelsburg
Allgäuer Tor
Böhen
E532
Probstried
Dietmannsried
Überbach
Krugzell
Illerparadies
Lauben
Waschers
Depsried
Heising
Hinterbach
Wiggensbach
Heiligkreuz
Kempten
St.Lorenz
Ermengerst
Residenz
Cambodunum
KEMPTEN (Allgäu)
(677)
Eschach
Buchenberg
Leutenhofen
Waltenhofen
Durach
Rechtis
Hellengerst
Leutfritz
Ettensberg
Niedersonthofener See
Memhölz
Rieggis
Niedersonthofen
Diepolz
Knottenried
Eckarts
Akams
Stein im Allgäu
Alpsee
Bühl
Immenstadt im Allgäu
(728)
Rauhenzell
Blaichach
Seifriedsberg
Gunzesried
SONTHOFEN
(742)
Ofterschwang
Untermühlegg
Bolsterlang
Fischen i.Allg.
Obermaiselstein
Langenwang
Rubi
Reichenbach
Oberthalhofen
Hinang
Altstädten
Imberg
Kloster Wald
Eggisried
Altisried
Langenberg
Guggenberg
Hofs
Eldern
Ollarzried
Günzegg
Freien
Hopferbach
Schrattenbach
Eschers
Untrasried
Haldenwang
Börwang
Leubas
Kempten-Leubas
Betzigau
Betzenried
Kempter Wald
Dreieck Allgäu
Sulzberg
Rottachsee
Kohlenberg
Burgratz
Moosbach
Riedis
Martinszell
Großdorf
Wolfis
Gindels
Acker
Emmereis
Buchenberg
Kranzegg
Rettenberg
Wagneritz
Grünten
1738
Wertacher Hörnle
1695
Burgberg i. Allgäu
Berghofen
Tiefenbach
Bad Hindelang
Bad Oberdorf
Hinterstein
Alpe-A.
Willers-Alpe
Wiesloher Hütte
Gr. Daumen
2280
Schwarzenberg-H.
Nebelhorn
Ostrach
Eutenhausen
Gottenau
Unteregg
Lauchdorf
Markt Rettenbach
Schwäbische Bäderstraße
Eheim
Engetried
Oberegg
Benkhofen
Rappen
Bayersried
Eggenthal
Ronsberg
Romatsried
Eglofs
Blöcktach
Willofs
Friesenried
Burg
Salenwang
Obergünzburg
Ebersbach
Neuenried
Sankt Alban
Günzach
Aitrang
Albrechts
Reinhardsried
Oberschwäbische Barockstr. (Ostroute)
Kraftisried
Wildpoldsried
Unterthingau
Schweinlang
Oberthingau
Leiterberg
Hochgreut
Ried
Görisried
Bodelsberg
Wildberg
Oy-Mittelberg
Bachtel
Oy-Mittelberg
Schneidbach
Petersthal
Faistenoy
Oberelleg
(867)
Nesselwang
Grüntensee
Wank
Wertach
Sebastians-Kp.
Jungholz
Langenschwand
Unterjoch
(1178)
Vilsfall
Kotbachfall
Oberjochsattel
Oberjoch
Tannheimer Tal
Kappl
Zöblen
Berg
Iseler
1876
Tannheim
(1097)
Vilstal
Gaishorn
2247
Vilsalpe
Vilsalpsee
Landsberger Hütte

# DAS GEBIET

Das Allgäu ist eine Teilregion von Oberschwaben und besitzt keine eindeutige, streng definierte Abgrenzung, insbesondere nach Westen und Norden gibt es fließende Übergänge mit den Nachbarregionen. Nur im Süden bildet der Hauptkamm der Allgäuer Alpen eine recht klare Grenzziehung.

Die hier vorgestellte Tourenregion erstreckt sich über das Oberallgäuer Alpenvorland, also den zentralen Bereich des Allgäus, dessen Name sich auf den früheren Alpgau bezieht. Die Landkreisgrenzen bestimmen das Ausmaß des Gebietes von den nördlichen Illerdörfern über die Umgebung der Allgäu-Metropole Kempten und die Vorberge zwischen Weitnau und Oy bis hin zur Front der ersten Alpengipfel. Im Westen werden neben dem Landkreis Lindau, dem bayerischen Allgäu, auch Teile des Landkreises Ravensburg, des württembergischen Allgäus, zum Allgäu gerechnet.

## Badegewässer (Auswahl)

- Argensee bei Kißlegg
- Bachtelweiher bei Kempten
- Brunnerweiher bei Kißlegg
- Ellerazhofer Weiher bei Willeranzhofen/Leutkirch
- Eschacher Weiher (Buchenberg)
- Großer Alpsee bei Immenstadt
- Grüntensee bei Wertach
- Hasenweiher bei Bad Wurzach
- Holzmühleweiher bei Kißlegg
- Kleiner Alpsee bei Immenstadt
- Langwuhrweiher bei Kißlegg
- Metzisweiler Weiher
- Moorweiher bei Buchenberg
- Niedersonthofener See bei Waltenhofen
- Rottachsee südl. Kempten
- Stockweiher bei Kißlegg
- Sulzburger bzw. Öschlesee
- Waldsee bei Lindenberg
- Widdumer Weiher bei Sulzberg

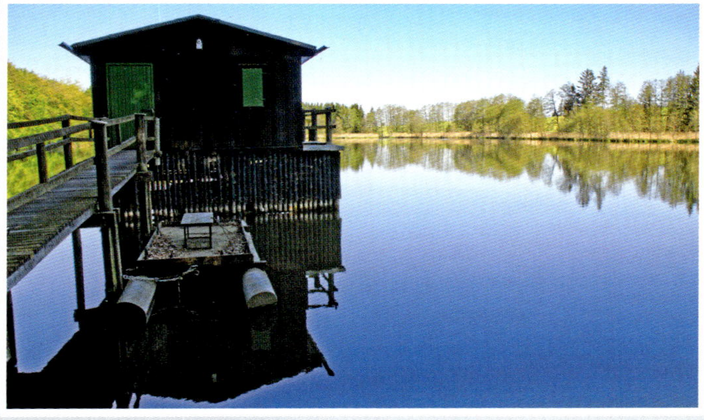

Bootshaus am Langwuhrweiher.

Das malerische Moränenland beiderseits des Illertals ist ein prachtvolles Werk der Eiszeitgletscher. Vorwiegend von der Viehwirtschaft geprägt, hat sich das Oberallgäu mit seinen verstreuten Dörfern, Weilern und Einöden bis ins Hightech-Zeitalter vielerorts seine berühmte Ländlichkeit bewahren können. Eine Auszeichnung, die zusammen mit der eindrucksvollen Bergwelt verständlicherweise zahlreiche Touristen anzieht. Darum spielt heute der ganzjährige Fremdenverkehr eine bedeutende Rolle.

Zahlreiche Fluss- und Bachtäler gliedern das Oberallgäu in Einzelbereiche mit unterschiedlichen Gesichtern. Die wichtigsten sind neben den oben bereits genannten das Kürnachtal und das Eschachtal, das Wengener Tal und Weitnauer Tal, das Tal der Unteren Argen, das Konstanzer Tal und das Wertachtal. Mal überwiegen Wiesen und Weiden,

## Allgäuer Moorallianz

Um die Schönheit und Vielfalt der Allgäuer Landschaft zu erhalten und ihren Reichtum an seltenen Pflanzen und Tieren zu bewahren, haben sich die Landkreise Oberallgäu, Ostallgäu und Lindau gemeinsam mit den Städten Kaufbeuren und Kempten zu einer Allianz zusammengeschlossen, die sich mit vereinten Kräften für den Moorschutz stark machen will. Als Beitrag zum Klima- und Hochwasserschutz sowie zum Artenschutz und zur Sicherung der Landwirtschaft – und nicht zuletzt als einen wichtigen Beitrag für die Erhaltung des charakteristischen Landschaftsbildes und damit zur Sicherung des Erholungs- und Urlaubsimages des Allgäuer Alpenvorlandes.

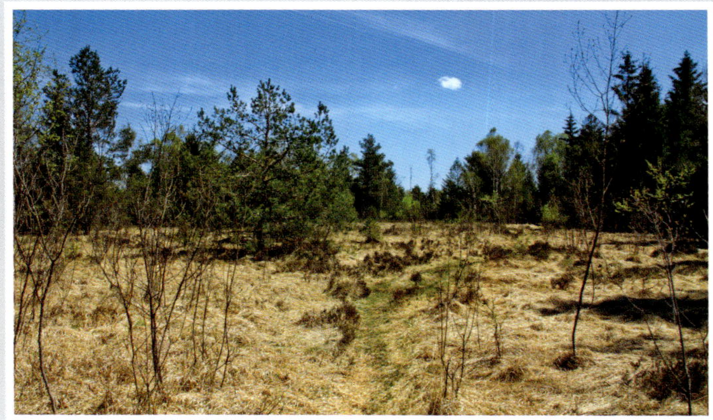

Moorlandschaft Im Steinacher Ried.

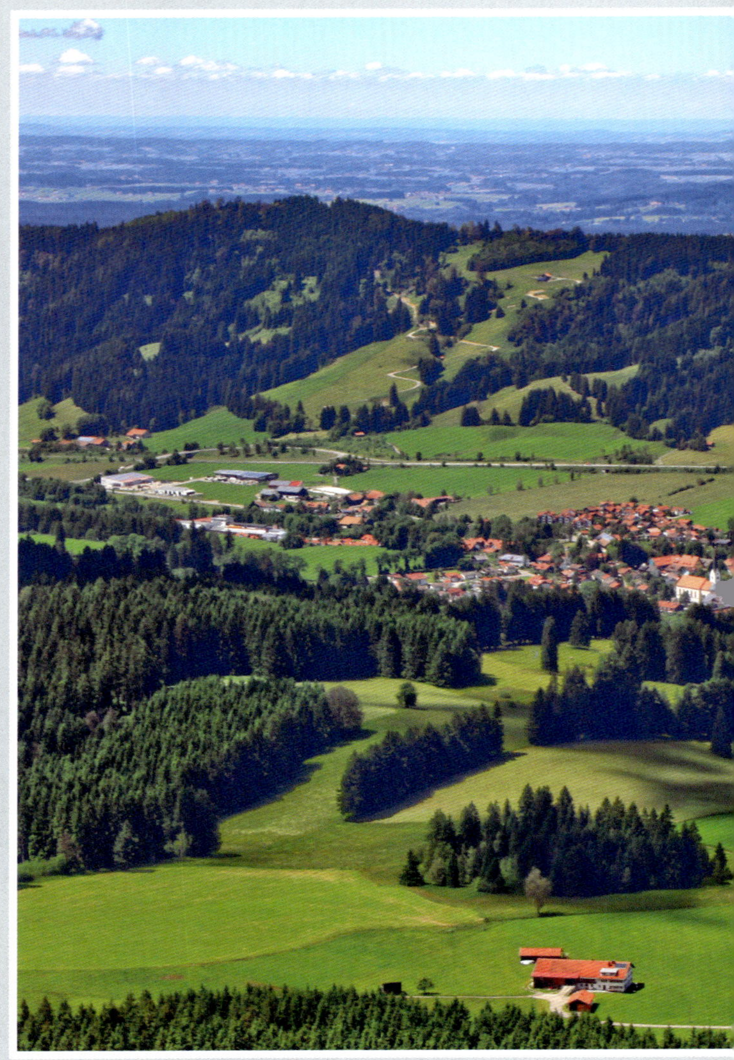

Typische Allgäuer Voralpenlandschaft.

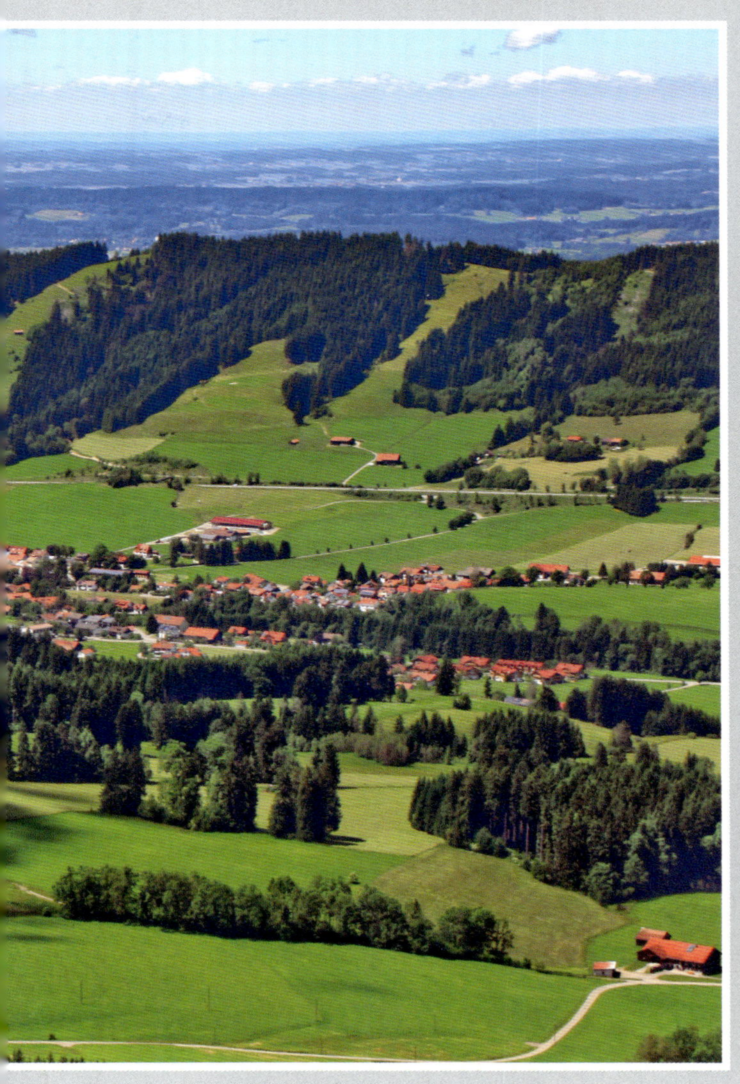

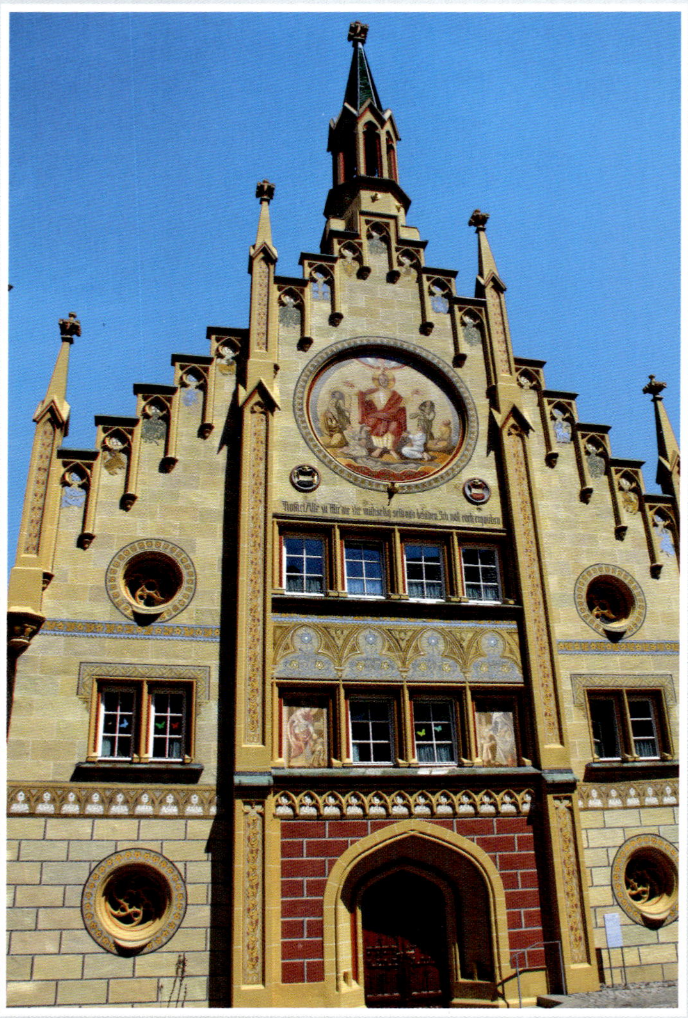

Kulturelle Sehenswürdigkeiten, wie hier das Spital zum Heiligen Geist in Bad Waldsee, treffen wir in den meisten Ausgangsorten an …

mal Waldregionen. Und was für Wälder! Man denke nur an den Kempter Wald, den Kürnacher und Buchenberger Wald.

Und schließlich beleben die vier großen Seen, der Niedersonthofner See und der Alpsee, der Rottachsee und der Grüntensee, das Landschaftsbild. Hinzu gesellen sich eine ganze Menge kleinerer Seen und Weiher. Alles in allem wie für den Freizeitsport geschaffen.

Die Oberallgäuer Landschaft erfreut den Wanderer mit einem nur schwer zu überbietenden Formenreigen. Durststrecken gibt es hier keine. Und dennoch fällt fast überall diese wohltuende, mancherorts fast schon betörende Harmonie ins Auge. Hier passt einfach alles zusammen. Eine Ausstrahlung, die manchen Allgäuer dazu veranlasst, den Urlaub zu Hause zu verbringen.

Eigentlich ist es schade, dass sich viele Wanderer nur in den Alpen auskennen und Wochenende für Wochenende an so vielen anderen echten Traumlandschaften der Region vorbeifahren. Denn wer etwa in der Oberallgäuer Nordwestecke auf Schleichwegen von Kimratshofen zur Wallfahrtskirche Gschnaidt hinauf wandert, am idyllischen Eschacher Weiher den Hohenkapf besteigt oder von Heiligkreuz zur Illerschleife spaziert, der wird von diesem anderen, oftmals überraschend einsamen Oberallgäu mehr sehen wollen. Vielleicht das einprägsame Alpenpanorama vom Knollerhag im Kempter Wald, die Feuchtgebiete am

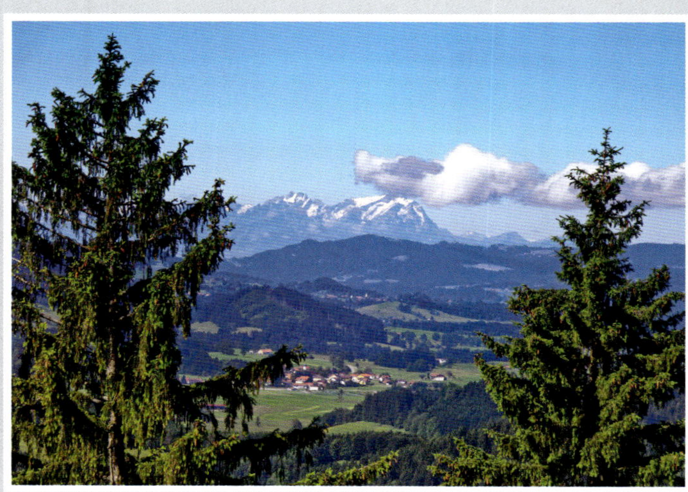

... und unterwegs drängen sich neben den Allgäuer Alpen auch immer wieder die Schweizer Berge, vor allem der Säntis, majestätisch ins Bild.

Widdumer Weiher bei Ottacker oder den spannenden Oyer Steinlehrpfad, den einzigartigen Kranzegger Witzwanderweg oder den Alpsee-Rundwanderweg.

Oder wie wär's mit einem der liebenswerten südlichen Vorberge: dem Ochsenberg (1115 m) bei Missen, dem Oberstaufener Kapf (998 m) oder dem Falkenstein (1116 m) bei Rettenberg?

Und im westlichen Allgäu locken neben den bekannten Scheidegger Wasserfällen und dem Eistobel bei Isny auch die verschwiegene Hausbachklamm, das idyllische Wildrosenmoos bei Oberreute und die einsamen Riedlandschaften bei Bad Waldsee und Bad Wurzach.

Das Angebot an Natur-, aber auch Kultursehenswürdigkeiten wie historischen Ortskernen, schmucken Kirchen und Kapellen, Burgruinen und Grotten ist überaus groß und das Allgäuer Wanderwegenetz allemal ebenso überzeugend wie die Auswahl an heimeligen Wirtshäusern.

Und wer gar nicht genug bekommt, dem empfiehlt sich der klassische, 230 km lange Oberallgäuer Rundwanderweg.

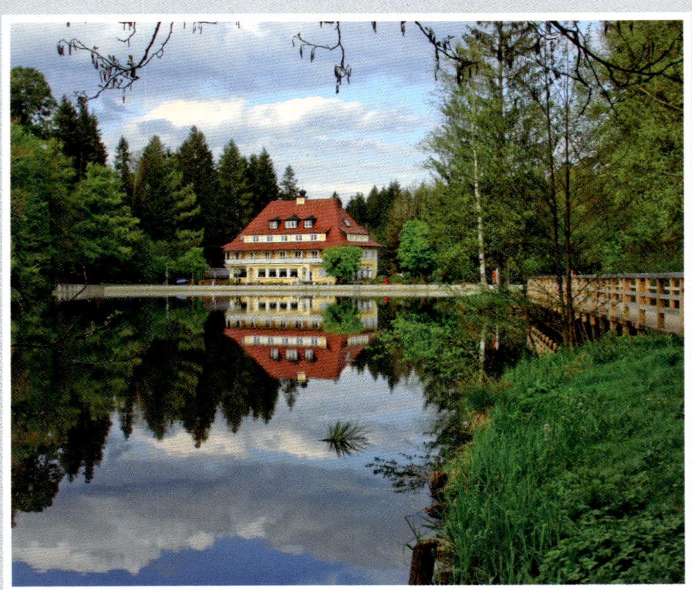

Der Waldsee in Lindenberg ist nicht nur ein beliebtes Ausflugsziel, sondern auch Ausgangspunkt herrlicher Wanderungen.

## SCHWIERIGKEITSGRADE

**■ LEICHT**
In der Regel gut angelegte und gut markierte (Berg-)Wege ohne echte Gefahrenstellen, die jedermann begehen kann. Das schließt aber kurze, kräftige Steigungen nicht aus. Auch für alpine Anfänger geeignet.

**■ MITTEL**
Wege und Steige in felsigem Gelände, die teils mit Leitern und Drahtseilen versehen sind sowie schmale Pfade mit ausgesetzteren Passagen. Ein Mindestmaß an alpiner Erfahrung, Trittsicherheit und vor allem festes Schuhwerk sollten nicht fehlen.

## HINWEIS

Gehzeiten und Schwierigkeitsbewertungen können immer nur Richtwerte sein. Objektive Faktoren wie Wegbeschaffenheit und Wetter sind ebenso zu berücksichtigen wie individuelle und konditionelle Voraussetzungen.

## BERGBAHNEN

**Hochgratbahn**, Lanzenbach 5, 87534 Oberstaufen-Steibis, Tel. 08386-8222, www.hochgrat.de (Fahrzeit ca. 15 Min., zwischen 8.45–16.30 Uhr)
**Hündlebahn**, Hinterstaufen 10, An der B308, 87534 Oberstaufen, Tel. 08386-2720, www.huendle.de (Fahrzeit zwischen 9–16.30 Uhr)

## EINKEHRMÖGLICHKEITEN

Das Einkehrsymbol (Seitenleiste) bezieht sich auf Einkehrmöglichkeiten unterwegs. Da sich Öffnungszeiten saisonal und regional sehr unterscheiden, bitte vorab über Übernachtungs- und Einkehrmöglichkeiten informieren. Infos S. 196/197.

 **MEINE LIEBLINGSTOUR**

Eistobel und Riedholzer Kugel – zwei völlig unterschiedliche Naturerlebnisse vermittelt uns diese abwechslungsreiche Rundtour. Staunen wir zuächst über Wasserfälle und die gewaltige Arbeit, die ein kleines Flüsschen im Laufe der Jahrtausende verrichtet hat, so genießen wir bei der Höhenwanderung über die Kugel eine wenig anstrengende Gipfeltour, die aber unterwegs immer wieder grandiose Panoramaaussichten bietet, bis zu den hohen Allgäuer und den Schweizer Bergen.

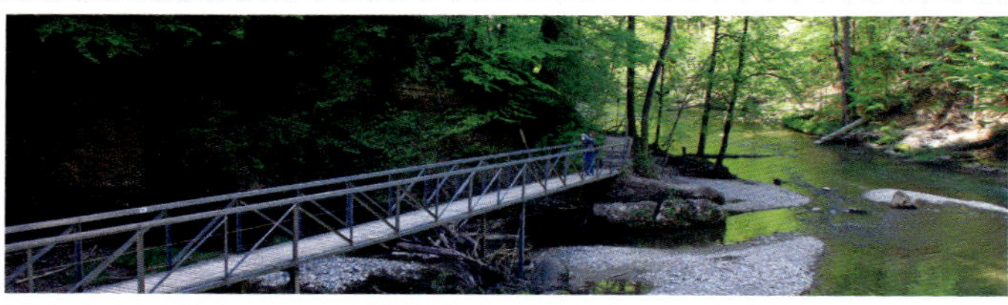

Unterwegs auf dem gut angelegten Wanderweg im Eistobel.

# MEINE HIGHLIGHTS

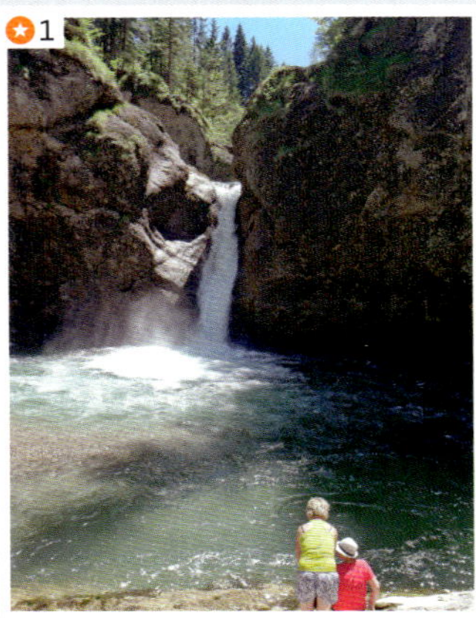

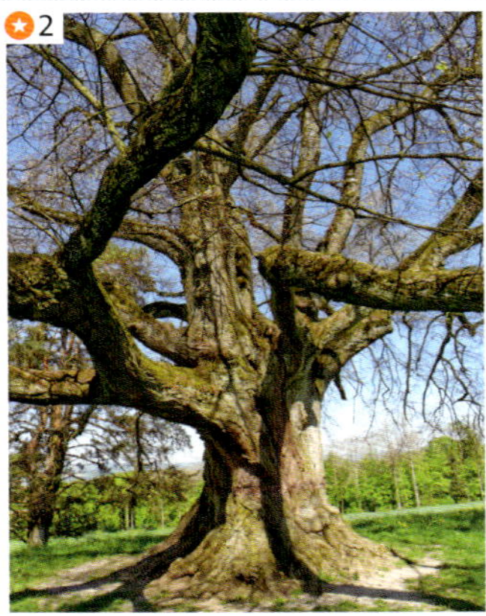

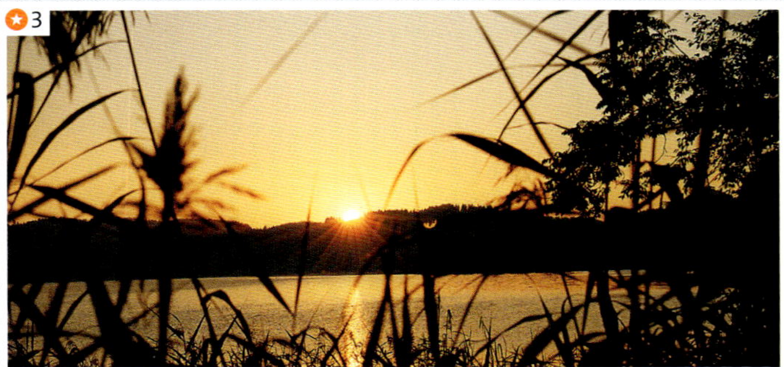

★ 1: **Hündlekopf und Buchenegger Wasserfälle, eine erfrischende Kombitour** → Tour 42, Seite 153

★ 2: **Beeindruckender Höhepunkt einer abwechslungsreichen Rundwanderung: das Naturdenkmal Zundelbacher Linde**
→ Tour 48, Seite 177

★ 3: **Der stimmungsvolle Alpsee ist ein sehr beliebter Ausflugsort**
→ Tour 30, Seite 109

★ 4: **Das idyllische Rettenberg ist Ausgangspunkt für die pfiffige Falkensteintour** → Tour 31, Seite 112

★ 5: **Der Hochgrat: Ein hoher, ein wunderbarer und vor allem ein leicht erreichbarer Aussichtsgipfel**
→ Tour 35, Seite 124

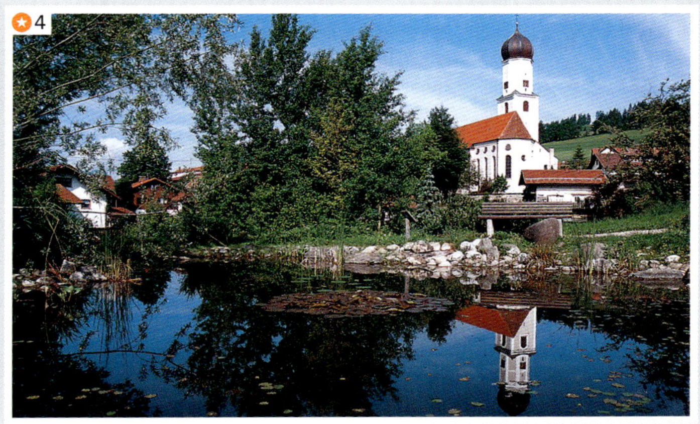

5

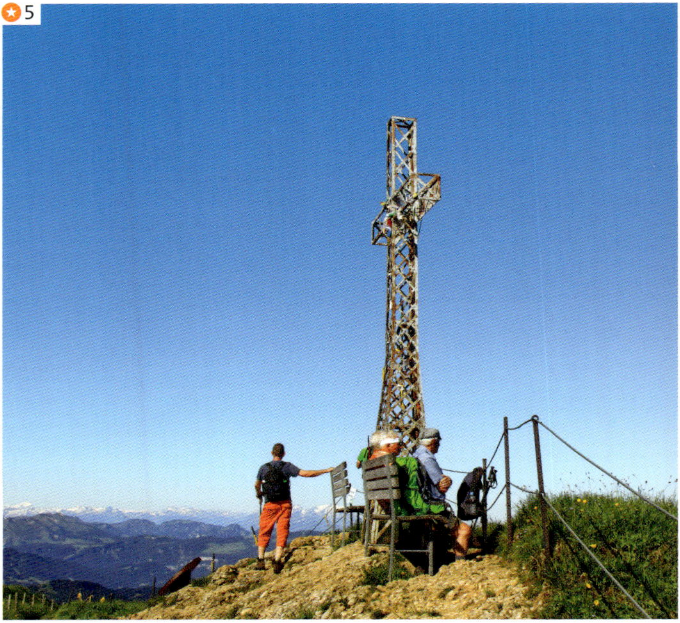

1

# NACH OTTENSTALL IM RORACHTAL

## Altusrieder Weiler und Einöden

 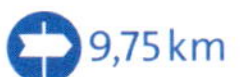 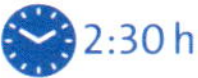 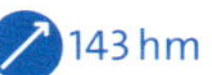  

9,75 km | 2:30 h | 143 hm | 143 hm | 187

START | Altusried, Bushaltestelle bei der Post, 722 m.
[GPS: UTM Zone 32 x: 590.680 m y: 5.295.220 m]
CHARAKTER | Kleine Steigungen auf teilweise etwas lückenhaft bezeichneten Wirtschafts- und Waldwegen sowie zum Teil undeutlichen Feldwegen, verkehrsfreie Sträßchen, kurzer Pfad. Orientierung!

Mitunter auf amüsanten alten Wegen umkreist unsere Genusswanderung in fortwährendem Bergauf, Bergab die einstige Nordwestbucht des nacheiszeitlichen Kempter Gletschersees. Hier ist aber Orientierung gefragt.

Verträumt-stille Waldinseln, murmelnde Wiesenbäche, verstreute Weiler und Einöden gestalten diese nördliche Moränenlandschaft zu einem liebenswerten Flecken Oberallgäu.

Wir spazieren in **Altusried** **01** bei der Post Richtung Leutkirch und folgen der Kaldener Straße zum Dorfrand. Ein Sträßchen führt zum Ortsteil **Strobels** **02**.

Hinter dem ersten Hof entdeckt man eine Fahrspur, die zu den oberen Häusern leitet. Nach kurzem Abstieg auf einem Wirtschaftssträßchen steigt vom Weiler **Knaus** **03** eine Straßenkehre über das anmutige Hügelland Richtung Diesenbach.

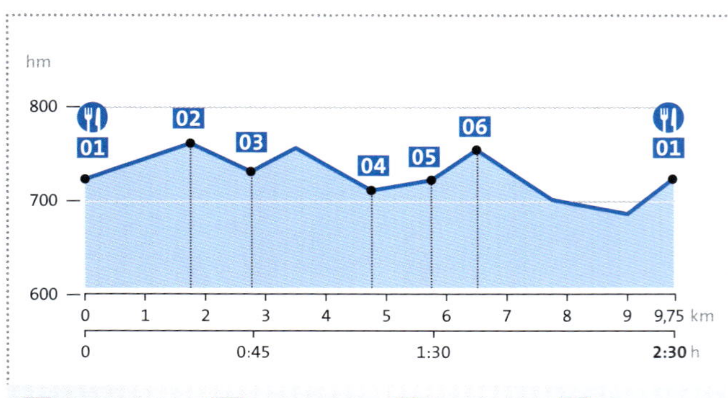


**01** Altusried, 722 m; **02** Strobels, 760 m; **03** Knaus, 730 m; **04** Binzen, 710 m; **05** Ottenstall, 721 m; **06** Ösch, 753 m

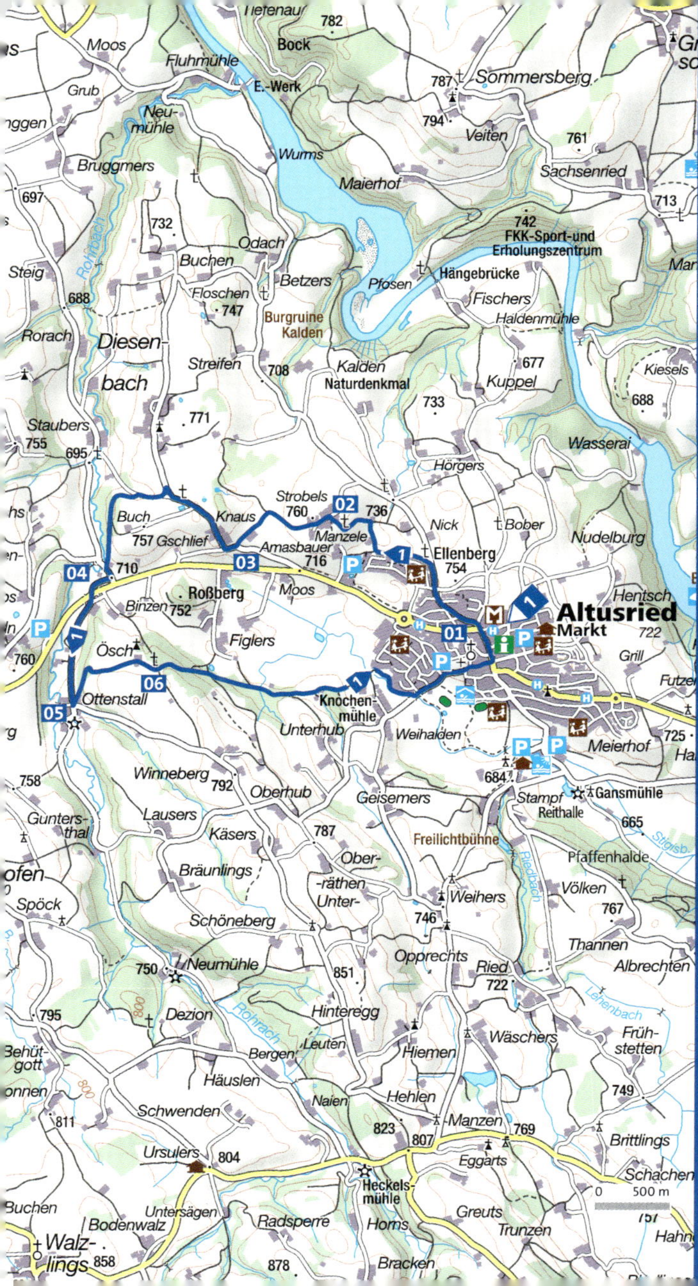

Tiefenau
782
Bock
Moos
Fluhmühle
E.-Werk
787
Sommersberg
Grub
Neu-
mühle
794
Veiten
Wurms
761
Sachsenried
Bruggmers
Maierhof
697
713
742
FKK-Sport-und
Erholungszentrum
732
Odach
Buchen
Hängebrücke
Steig
Rohrbach
Betzers
Pfosen
Fischers
688
Floschen
747
Burgruine
Kalden
Haldenmühle
Rorach
Diesen-
bach
Streifen
708
Kalden
Naturdenkmal
677
Kuppel
Kiesels
688
733
771
Staubers
755
695
Wasserai
Hörgers
Strobels
02
736
760
Nick
Bober
Nudelburg
Buch
Knaus
Manzele
757
Gschlief
Amasbauer
1
Ellenberg
716
754
04
710
03
Roßberg
Moos
Hentsch
Binzen
752
Altusried
Markt
722
01
1
Figlers
Grill
Ösch
1
760
06
Futze
Knochen-
mühle
Ottenstall
05
Unterhub
Weihalden
725
Meierhof
758
Winneberg
792
Oberhub
Geisemers
684
Stampf
Reithalle
Gansmühle
Gunters-
thal
Lausers
Käsers
787
665
Freilichtbühne
Ober-
-räthen
Unter-
Riedbach
Pfaffenhalde
Bräunlings
Weihers
Völken
767
Spöck
Schöneberg
746
Thannen
750
Neumühle
851
Opprechts
Ried
722
Albrechten
Lehenbach
795
Dezion
Rohrach
Hinteregg
Früh-
stetten
Behüt-
gott
Bergen
Leuten
Hiemen
Wäschers
Häuslen
749
Naien
Hehlen
811
Schwenden
823
Manzen
769
807
Brittlings
Ursulers
804
Eggarts
Schachen
Heckels-
mühle
0
500 m
Buchen
Untersägen
Radsperre
Greuts
Trunzen
Bodenwalz
Horns
Walz-
lings
858
878
Bracken
Hahn

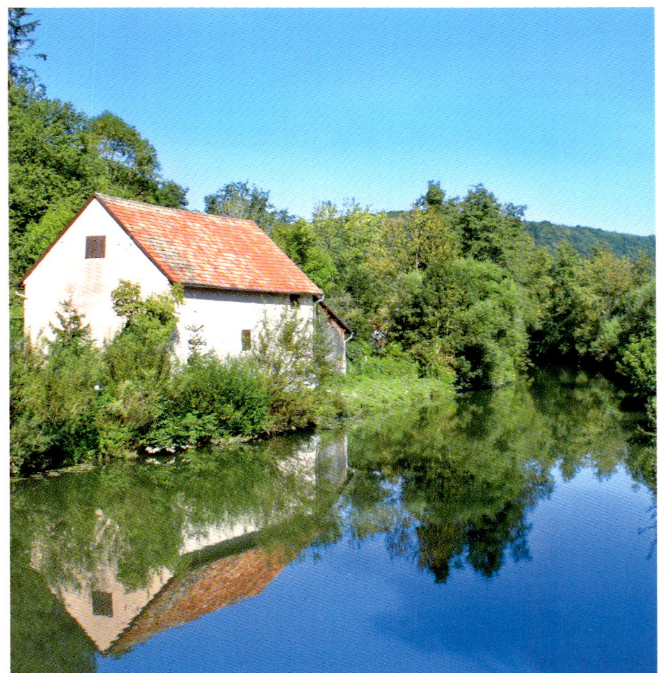

Bei den Quellbächen des Altusrieder Bachs.

Hinter einem Feuchtbiotop schlagen wir talwärts Kurs in Richtung Binzen ein und biegen wenig später auf einen Waldweg ab. In der Talmulde von **Binzen** 04 geht es auf einem weitgehend verkehrsfreien Sträßchen unter der nach Kimratshofen verlaufenden Staatsstraße hindurch und im recht bequemen Wiesental des von der Wiggensbacher Flur kommenden Rorachbachs nach **Ottenstall** 05.

Am Ortsschild beginnt sich eine Feldwegschleife zur versteckten Einöde Ösch aufzuschwingen. Anschließend weist uns das Schild „Figlers" auf einen fallenden Waldweg, der sich zu einem reizvollen Pfad verschmälert.

Am Wegweiser „**Ösch**" 06 hält man sich rechts und genießt auf dieser köstlichen Schleichwegroute nun für ein Weilchen die herrliche Waldesruhe.

Rechts in den Wirtschaftsweg von Figlers einschwenkend, kommen wir zu einem Aufschwung. An der anschließenden Wegteilung wandern wir links bergab. Zuletzt begleitet uns der murmelnde, verspielt kurvige Oberlauf des Altusrieder Bachs zurück nach **Altusried** 01.

# WALLFAHRTSKIRCHE GSCHNAIDT

## In der Nordwestecke des Oberallgäus

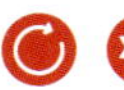  9,5 km 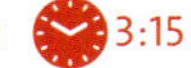 3:15 h 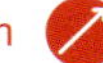 224 hm 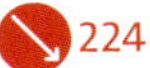 224 hm 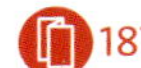 187

START | Altusried/Kimratshofen, Bushaltestelle, Parkplatz am Sportplatz
[GPS: UTM Zone 32 x: 586.630 m y: 5.294.460 m]
CHARAKTER | Zum Teil unbezeichnete Feld- und Wanderwege, mit Steigungen, mitunter schwach ausgeprägte Fahrspuren und Pfade, kurze weglose Abschnitte, teils stille Sträßchen. Orientierungssinn!

Unsere „Pilgertour" zu dem recht hoch gelegenen Wallfahrtsort bei Maggmannshofen startet an der Bushaltestelle in **Kimratshofen** 01. Ein Fußgängerweg steigt neben der Straße Richtung Leutkirch zum Ortsende. Gleich darauf beachten wir den Wanderwegweiser „Hohentann".

Nach einem Feldwegabschnitt über eine Waldkuppe geht's kurz weglos an zwei markierten Telefonmasten vorbei. Hinter dem Steg, auf dem wir im Wiesental des **Holzmüllerbachs** 02 das Ufer wechseln, setzt sich die witzige Pfadfinderei an einem uralten Zaun entlang fort, bis wir im Wald auf eine steile Fahrspur stoßen. Wir kreuzen den folgenden Waldweg und kommen auf einem undeutlichen Pfad nach **Hohentann** 03.

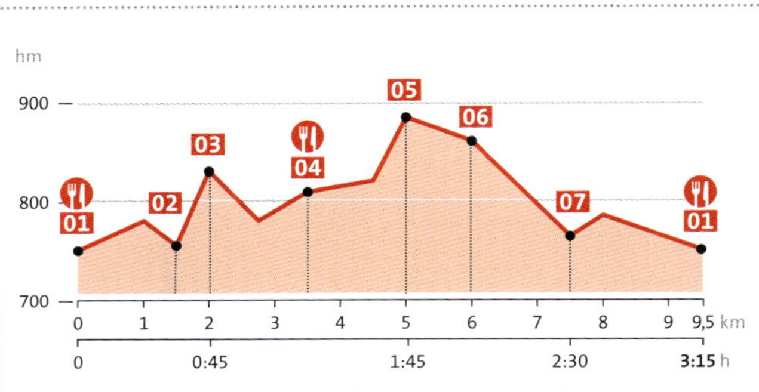


01 Kimratshofen, 750 m; 02 Holzmüllerbach, 755 m; 03 Hohentann, 830 m; 04 Wendelins, 809 m; 05 Gschnaidt, 884 m; 06 Lendraß, 860 m; 07 Holzmühle, 764 m

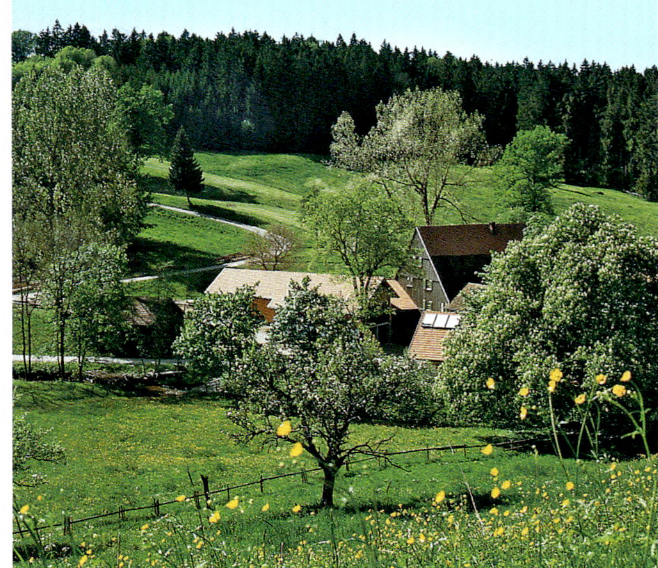

Wie in einem alten Bilderbuch: der Kimratshofer Weiler Holzmühle.

Direkt vor dem Einödhof beginnt rechts ein Feldweg. An der nächsten Verzweigung lassen wir uns vom Schild „Wendelins" den Kurs zeigen. Nach der Überschreitung eines Bächleins schaltet sich über eine Wiese eine längere schwach ausgeprägte Fahrspur ein, die uns zum Weiler **Wendelins** 04 bringt.

Das Sträßchen der Gschnaidter Route wird wenig später von einem Waldweg abgelöst. An der ersten Gabelung hält man sich rechts, an der zweiten links und ab dem Wegende am Waldrand bergauf. Zuletzt gelangt man geradeaus auf einem recht verwachsenen Pfadstück und an einer Hecke entlang in den Wallfahrtsort **Gschnaidt** 05.

Nach einem Besuch der Kirche – nebenan steht eine Kapelle mit einer Sammlung Sterbekreuzchen aus nah und fern – wird man beim Wirt gerne eine schmackhafte Brotzeit bestellen, bevor man sich auf den Weiterweg macht.

Über **Lendraß** 06, Richtung Hohentann, finden wir ein verkehrsfreies Sträßchen vor. Bald zweigt ein mit „Holzmühle" ausgeschilderter Feldweg ab. Nach einer kurzen Wiesenspur leitet ein Waldpfad durch ein Mischgehölz bergab nach **Holzmühle** 07. Dort trägt uns ein Holzsteg über den bekannten Holzmüllerbach und anschließend ein Feldweg über eine Anhöhe zurück nach **Kimratshofen** 01, wobei der Bauernhof Mühlengat rechts liegen bleibt.

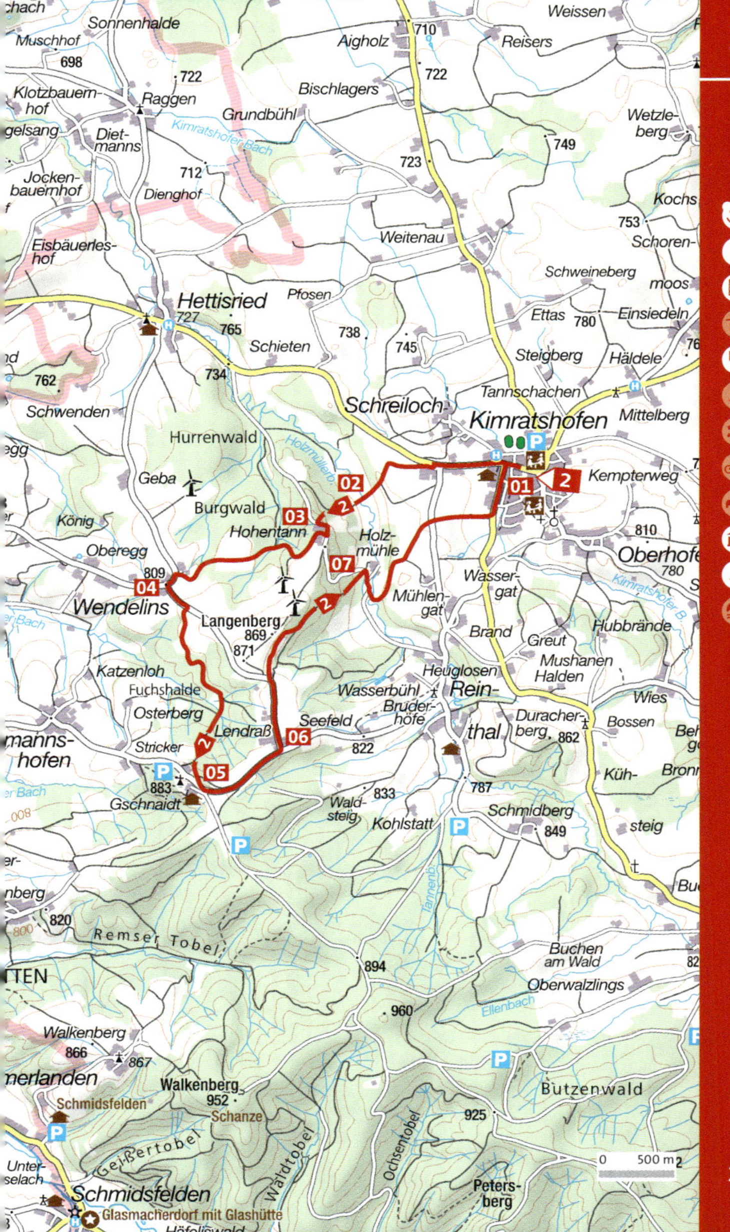
Bruggen
Sonnenhalde
Muschhof
698
722
Klotzbauern-
hof
Raggen
Grundbühl
Kimratshofer Bach
Diet-
manns
712
Jocken-
bauernhof
Dienghof
Eisbäuerles-
hof
landholz
Aigholz
710
722
Bischlagers
723
Weitenau
735
Singers
Weissen
Reisers
Wetzle-
berg
749
Kochs
753
Schoren-
moos
Schweineberg
Einsiedeln
Ettas
780
Steigberg
Häldele
Tannschachen
Mittelberg
Kimratshofen
Kempterweg
Pfosen
Hettisried
727
765
Schieten
738
745
734
762
Schwenden
Schreiloch
Hurrenwald
Holzmüllerb.
Geba
Burgwald
König
Hohentann
Holz-
mühle
Oberegg
809
Wendelins
Langenberg
869
871
Wasser-
gat
Mühlen-
gat
810
Oberhofe
780
Kimratshofer B.
Brand
Greut
Hubbrände
Mushanen
Halden
Katzenloh
Fuchshalde
Osterberg
Heuglosen
Wasserbühl
Bruder-
höfe
Rein-
thal
Seefeld
Lendraß
822
Duracher-
berg
862
Wies
Bossen
Stricker
manns-
hofen
883
Gschnaidt
Kühn-
steig
Bronn
Wald-
steig
833
Kohlstatt
787
Schmidberg
849
Remser Tobel
820
800
894
Buchen
am Wald
Oberwalzlings
960
Ellenbach
Walkenberg
866
867
nerlanden
Schmidsfelden
Walkenberg
952
Schanze
Butzenwald
925
Geißertobel
Waldtobel
Ochsentobel
Peters-
berg
Unter-
selach
Schmidsfelden
Glasmacherdorf mit Glashütte
Häfeliswald
0
500 m
01
02
03
04
05
06
07
2

# HOFGUT UNTERKÜRNACH

## Zweimal durch den Hohentanner Wald

 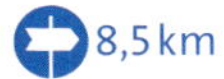 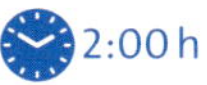 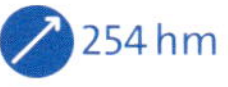  

8,5 km | 2:00 h | 254 hm | 254 hm | 187

START | Altusried/Walzlings, Bushaltestelle, Parkmöglichkeit an der zweiten Abzweigung nach Schwarzachen. Von Kempten Richtung Krugzell, Kimratshofen
[GPS: UTM Zone 32 x: 588.020 m y: 5.291.100 m]
CHARAKTER | Mäßige Steigungen. Überwiegend beschilderte Forst- und Waldwege, zuletzt verkehrsfreies Sträßchen, kurzer Abschnitt auf ruhiger Staatsstraße. Etwas Orientierungssinn wird gebraucht.

Diese seniorenfreundliche Halbtagestour durch die erfrischende, mittelgebirgsartige Landschaft des Hohentanner Waldes zählt zu den beglückendsten Unternehmungen im nördlichen Oberallgäu. Auf der beschriebenen Wirtshauswanderung im Grenzgebiet zwischen den Gemeinden Altusried und Wiggensbach überschreitet man gleich zweimal den lang gezogenen Mischwaldhöhenzug, ohne jedoch dabei groß außer Atem zu geraten.

▶ Bei der Bushaltestelle in **Walzlings** 01 zeigt uns der Wanderwegweiser „Schwarzachen" den Kurs. Nach einer Bachquerung folgen wir dem Forstweg Richtung Butzenwald und halten uns an einer Gabelung im inspirierenden

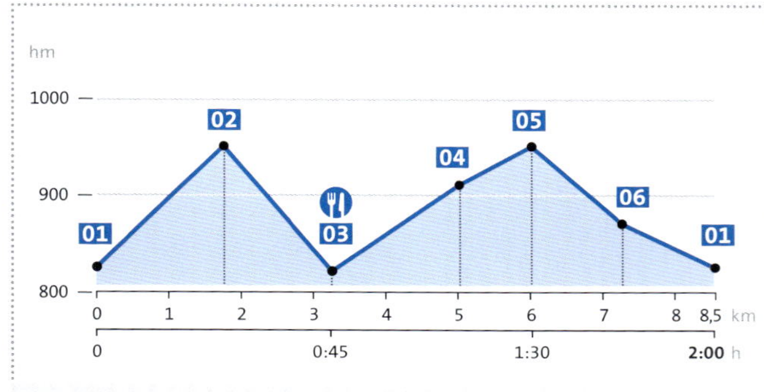


01 Walzlings, 825 m; 02 Hohentanner Wald Ost, 950 m; 03 Unterkürnach, 821 m; 04 Petersberg, 910 m; 05 Hohentanner Wald West, 950 m; 06 Oberwalzlings, 870 m

Mischwald links. An der nächsten Verzweigung geht's abermals links und an einer Kreuzung geradeaus stetig bergauf.

Auf dem Höhenzug des **Hohentanner Waldes** 02 queren wir einen breiten Forstweg. Nun leitet ein Waldweg talwärts, wobei an einer Gabelung auf die Markierung zu achten ist. Leidenschaftliche Barfußwanderer seien allerdings gewarnt und sollten diesen Kirchtobelweg, eine recht seltsam anmutende Glasscherbenpiste, nur mit einigermaßen solider Hornhaut begehen.

Das Kürnachtal wartet im Wiggensbacher Weiler **Unterkür-**

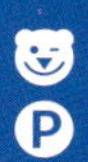

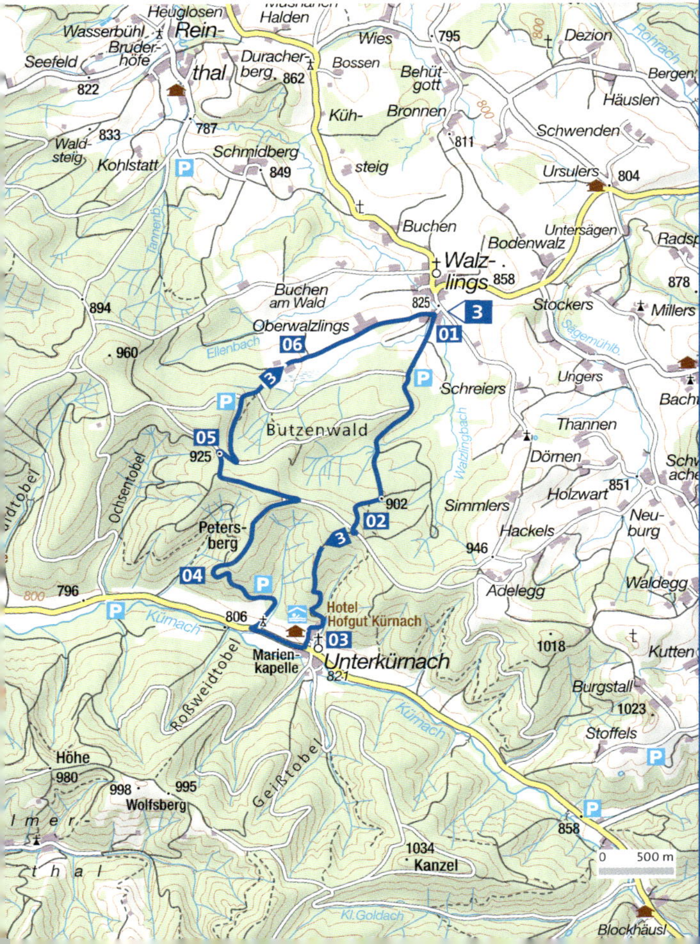

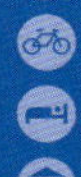

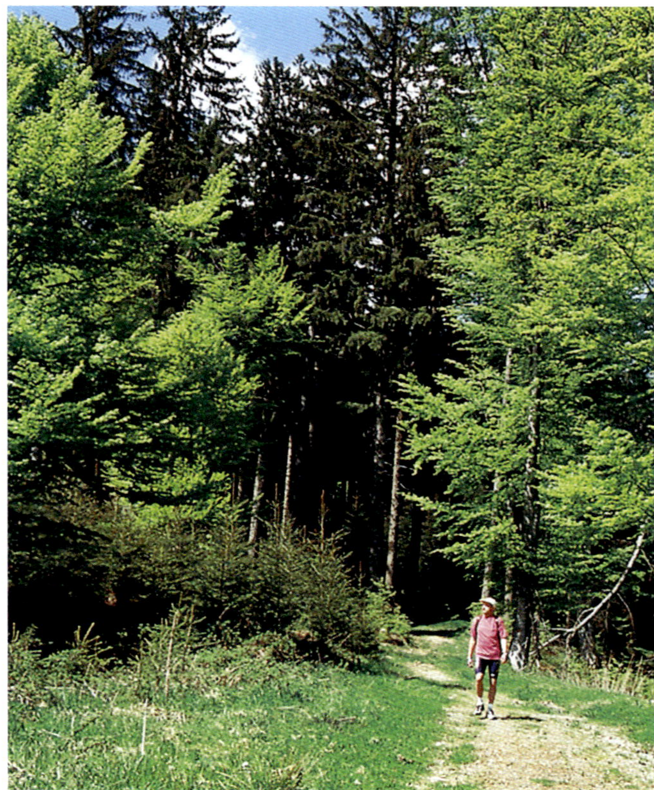

Frühlingseinzug im Hohentanner Wald.

**nach** 03 mit einer stattlichen Einkehr auf: dem Hofgut Kürnach.

Ein kurzes Stück nehmen wir nun rechts mit der meist wenig befahrenen Staatsstraße von Kempten vorlieb, dann entführen uns mehrere Forstwegwindungen über den **Petersberg** 04 erneut empor in den schweigenden **Hohentanner Wald** 05. Jenseits der Talsohle erstreckt sich der ebenfalls mittelgebirgsartige Kürnacher Wald.

Auf der Höhe wandern wir an einem Wegdreieck in Richtung Frauenzell, richten uns nach einem weiteren Wegdreieck („Gschnaidt") nach der Beschilderung „Walzlings" und bummeln an der nächsten Verzweigung gemütlich hinunter zum Weiler **Oberwalzlings** 06.

Ein verkehrsfreies Asphaltsträßchen bringt uns anschließend zurück nach **Walzlings** 01.

# SACHSENRIEDER WEIHER



## Mit Reicholzrieder Moos und Haldenmühle

  16,25 km 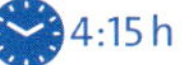 4:15 h 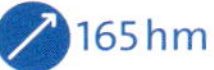 165 hm 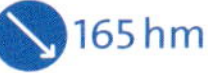 165 hm  187

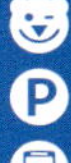

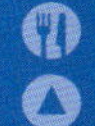
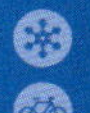
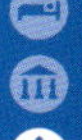

START | Dietmannsried, Bahnhof (Parkplatz)
[GPS: UTM Zone 32 x: 596.590 m y: 5.296.310 m]
CHARAKTER | Kurze spürbare Steigung. Meist beschilderte Feld-, Wald- und Wanderwege (kleines Stück auf Pfadspur), ruhige Gemeindesträßchen.

Für diese abwechslungsreiche Runde in den nördlichsten Breiten des Oberallgäus wählen wir als Startpunkt den Bahnhof in **Dietmannsried** 01. Die Bahnhofstraße leitet uns dorfauswärts zur Querung der Kreisstraße. Ein Fußweg wird bald von einem Wirtschaftsweg abgelöst. An der Gabelung bei einem Einzelhof halten wir uns links und an einem weiteren Anwesen Richtung Reicholzried. Ein Forstweg verläuft nun durch den in seiner Randzone artenreichen Mischwald des Reicholzrieder Mooses. Auf einem Feldweg treffen wir in **Reicholzried** 02 ein.

Bei der Kirche folgt man der St.-Georg-Straße und im weiteren Verlauf einem Bauernsträßchen bergab zu den Höfen von Ried. Auf dem anschließenden Feldweg geht's durch ein Wäldchen zum Weiler **Kiesels** 03. Dort lenkt das Schild „Sachsenrieder Weiher" auf ein Sträßchen, das uns hinunter ins Illertal führt. Am Eingang

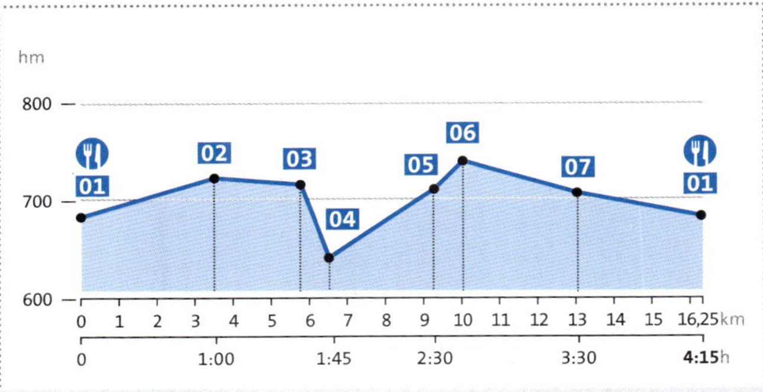


01 Dietmannsried, 682 m; 02 Reicholzried, 722 m; 03 Kiesels, 715 m; 04 Haldenmühle, 640 m; 05 Sachsenrieder Weiher, 710 m; 06 Heusteig, 739 m; 07 Käsers, 706 m

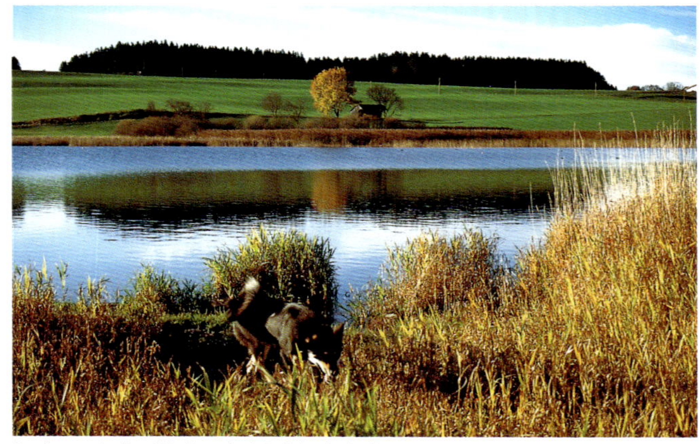

Sachsenrieder Weiher bei Reicholzried.

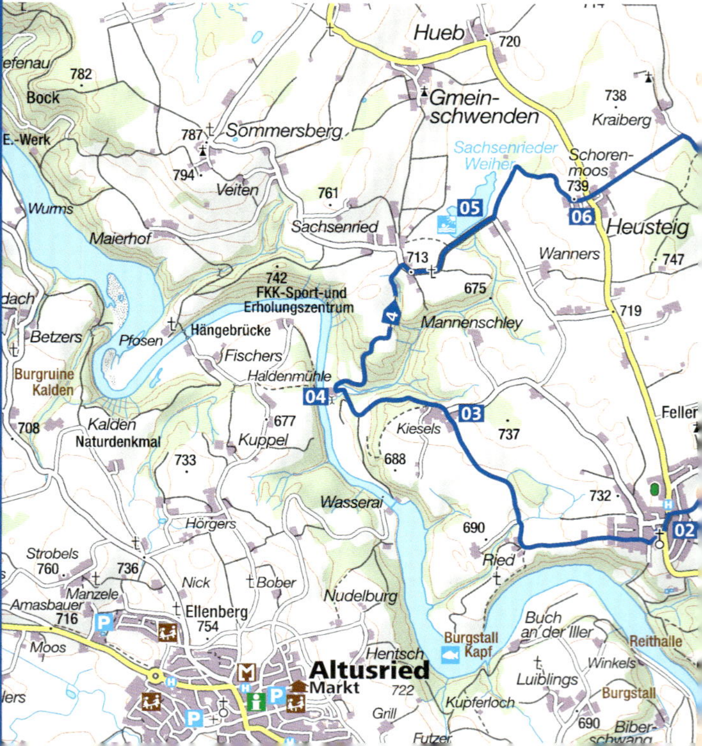

des FKK-Freizeitparks **Haldenmühle** **04** vorbei – keine Sorge, Sie dürfen die Hosen anbehalten – schleichen wir auf einem Waldweg hinein in eine wilde Bachschlucht, bis der Richtungszeiger „Sachsenried“ auf einen Wanderweg weist. Der später spürbar steiler werdende Ziehweg verlangt ein paar Schweißtropfen ab. Über eine Wiesenebene bummeln wir nach Sachsenried und in Kürze auf verkehrsarmer Straße zum **Sachsenrieder Weiher** **05**.

Am Ende des fast ganz schilfumschlossenen Badegewässers zeigt die Tafel „Heusteig“ auf eine Grasspur entlang der Uferzone. Diese Etappe des Oberallgäuer Rundwanderwegs strebt einem Waldeck zu. Nahe der Kreisgrenze zum Unterallgäu beginnt ein Feldweg, der uns bergan zu den Höfen von **Heusteig** **06** bringt. Nach Kreuzen der Kreisstraße von Reicholzried geht's auf stillem Sträßchen talwärts zum Weiler Schorenmoos. Ein Wanderweg quert die Bahn und zieht sich durchs gleichnamige Hochmoor nach **Käsers** **07**. Dort hält man sich erst an die Straße Richtung Reicholzried und schlendert nach Haus Nr. 11 links zu den Anwesen von Oberried. Bei Pferdekoppeln führt ein Feldweg mit hübschen Bergblicken zurück nach **Dietmannsried** **01**.

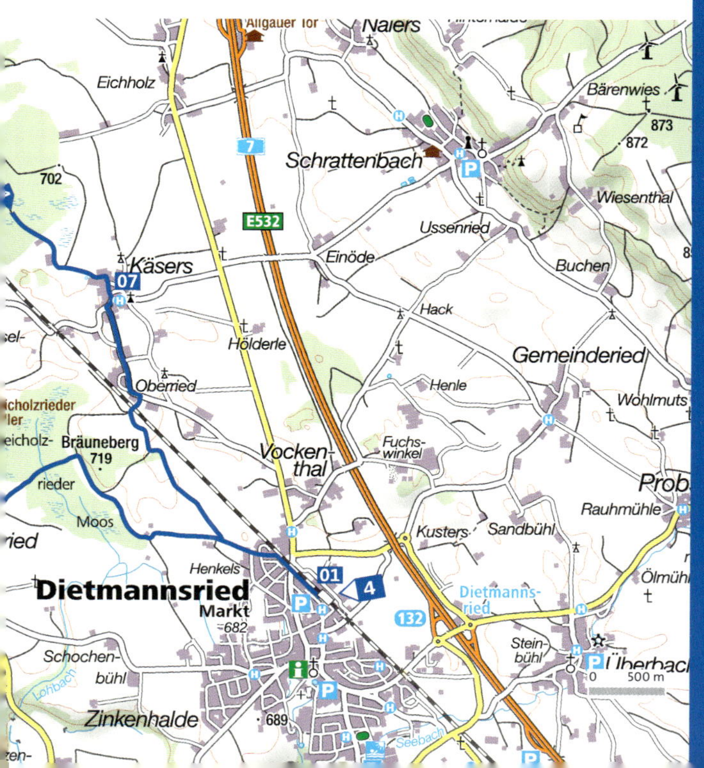

# VON HALDENWANG NACH GSCHLAVERS

## Auf dem Oberallgäuer Rundwanderweg

 10,5 km 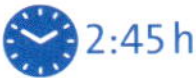 2:45 h 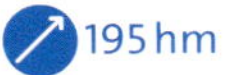 195 hm  195 hm 187

START | Haldenwang, Bushaltestelle an der Kirche, Parkplatz am Rathaus
[GPS: UTM Zone 32 x: 600.880 m y: 5.295.070 m]
CHARAKTER | Leichte Steigungen, teilweise beschilderte Wald- und Feldwege (kurzzeitig undeutlich), ruhige Gemeindesträßchen und ganz kleiner Abschnitt auf Staatsstraße.

Dieser Abschnitt des Oberallgäuer Rundwanderwegs führt uns über dem weiten Illertal das einsame Bauernland zwischen den beiden Landkreisen Ober- und Ostallgäu vor Augen.

▶ Von der Kirche in **Haldenwang** 01 wandern wir das ruhige Sträßchen bergan zum Weiler **Steig** 02. Gemütlich geht's daraufhin links zwischen Waldinseln hindurch. Auf leicht talwärts führenden Waldwegen entlang der Landkreisgrenze zum Ostallgäu lassen wir uns von der Beschilderung des kurzweiligen Oberallgäuer Rundwanderwegs die Richtung zeigen.

Nach einem kleinen Anstieg erreicht man **Ösch** 03. Der zweite

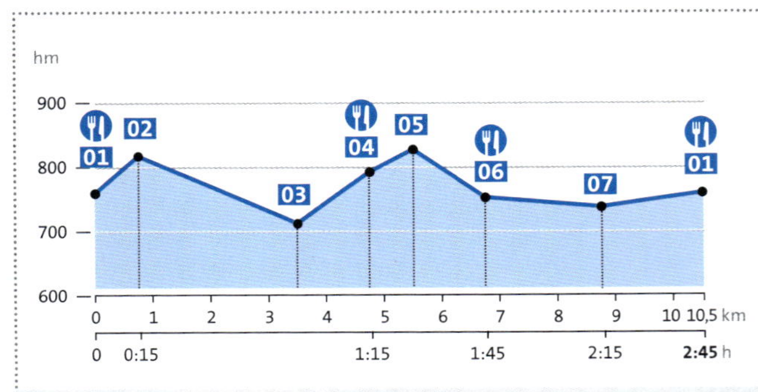


01 Haldenwang, 757 m; 02 Steig, 815 m; 03 Ösch, 710 m; 04 Pfaffenhofen, 790 m; 05 Gschlavers, 825 m; 06 Probstried, 750 m; 07 Bischlags, 735 m

Feldweg, der nach links abbiegt, bringt uns nach **Pfaffenhofen** 04. Dort folgen wir ganz kurz der Staatsstraße bergab in Richtung Probstried, bis das schmale Sträßchen nach **Gschlavers** 05 abschwenkt. Der hoch gelegene Dietmannsrieder Weiler markiert unseren Umkehrpunkt.

Nun leitet uns ein Hohlweg durch ein Waldstück wieder bergab und hinein nach **Probstried** 06, wobei man die begeisternde Alpenkette auf sich wirken lassen kann.

An der Kirche entdeckt man einen Fußweg, der hinunter zur Querung der Hauptstraße und dann

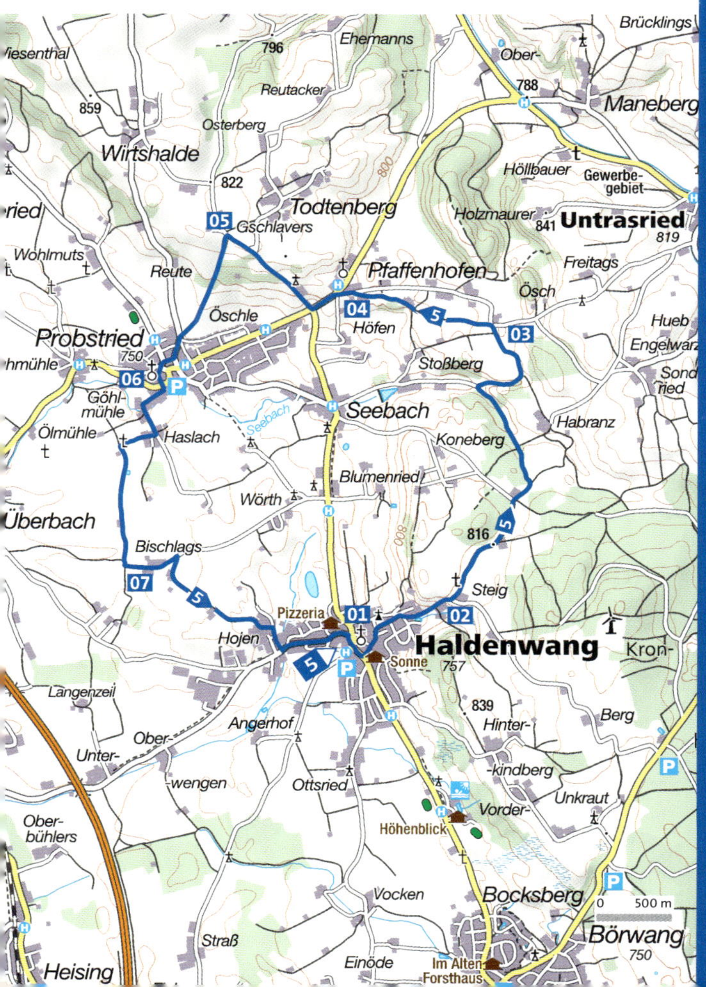

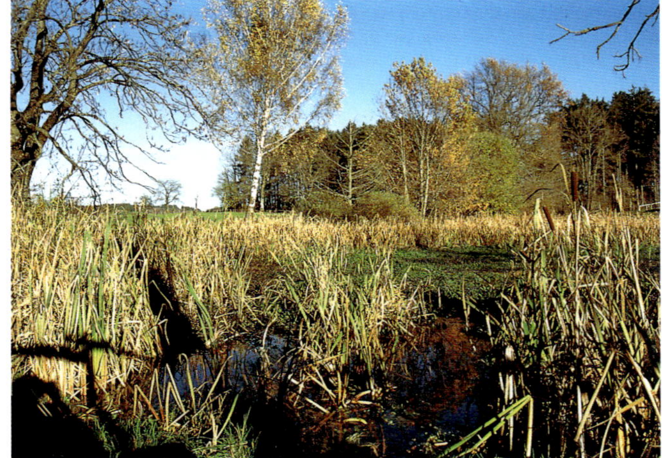

Verstecktes Feuchtbiotop beim Probstrieder Ortsteil Haslach.

weiter über die Seebachbrücke zum Ortsteil Haslach führt.

Das Schild „Rundwanderweg“ dirigiert uns auf einen Wirtschaftsweg. Wir passieren einen Waldflecken und kommen zu einem von Rohrkolben umkränzten Tümpel. Auf anfangs undeutlichem Feldweg spaziert man über das sanft gewellte Moränenland, an einer Kreuzung links, zum Weiler **Bischlags** 07.

Ein letztes Bergpanorama zeichnet das Finale rechts über den Ortsteil Hojen nach **Haldenwang** 01.

## Oberallgäuer Rundwanderweg

In vorschlagsweise neun Tagesetappen kann sich der Naturfreund auf Schusters Rappen dem insgesamt rund 230 Kilometer langen Oberallgäuer Rundwanderweg anvertrauen und dabei alle Facetten des Landkreises kennen lernen.
Vom anmutigen Hügelland nördlich der Allgäuer Hauptstadt über die liebenswerten Voralpen mit teils anspruchsvollen Einlagen bis zur faszinierenden Gipfelkulisse um das „oberste Dorf“, gewürzt mit vielen erdgeschichtlichen und kulturhistorischen Zeugnissen.

Routenverlauf: Altusried – Buchenberg – Missen – Steibis – Balderschwang – Oberstdorf – Hindelang – Wertach – Wildpoldsried – Altusried.

# BLENDER • 1072 m

## Stadtnahes Bergziel mit blendender Aussicht

  8,75 km 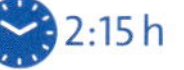 2:15 h 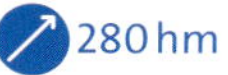 280 hm 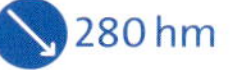 280 hm  187

START | Wiggensbach/Ermengerst, Bushaltestelle nördlich der Kirche, Parkplatz
[GPS: UTM Zone 32 x: 593.960 m y: 5.286.800 m]
CHARAKTER | Mäßig steile Aufstiege, nach Eschachberg spürbarer Abschnitt. Gut beschilderte Feldwege und Pfade, Pfadspuren und kurzes wegloses Stück, verkehrsfreie Sträßchen, zuletzt Radweg.

Nicht nur wegen der Präsentation der bezaubernd langen Gipfelkette nimmt der Blender unter den Kemptner Wanderzielen eine Sonderstellung ein. Es ist auch seine Vermittlerrolle zwischen dem stadtnahen Wiesenland und den schier endlosen Wellen des Kürnacher und Buchenberger Waldes, die ihn als Ausflugsziel so anziehend macht.

▶ Bei der Kirche von **Ermengerst** 01 zeigt uns der Wegweiser „Notzen" den Auftakt. Gleich in der ersten Kurve folgen wir geradeaus einem Gehweg bergauf zum Ortsende. Ein aussichtsreicher, gemütlicher Feldweg passiert Richtung Wegscheidel ein paar einzeln stehende Höfe. Auf einer Wiesenspur erreichen wir den Weiler **Wagenbühl** 02 mit Kapelle.

Das verkehrsfreie Sträßchen hinunter zu den Häusern von **Masers** 03 bietet vorzügliche Einbli-

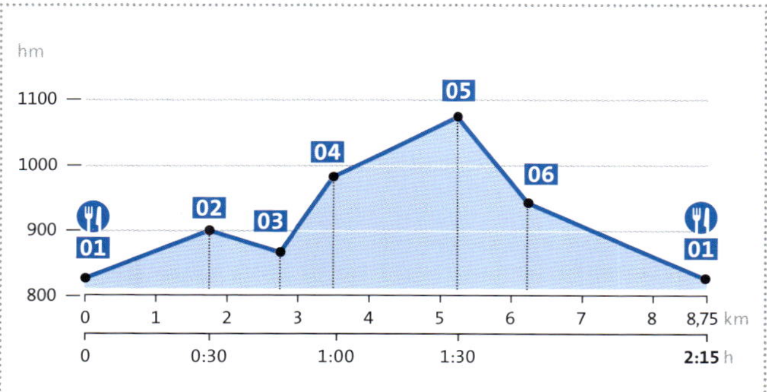


01 Ermengerst, 825 m; 02 Wagenbühl, 898 m; 03 Masers, 865 m; 04 Eschachberg, 980 m; 05 Blender, 1072 m; 06 Blenden, 940 m

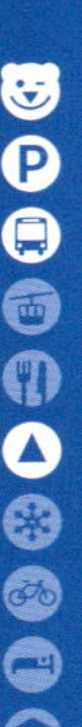

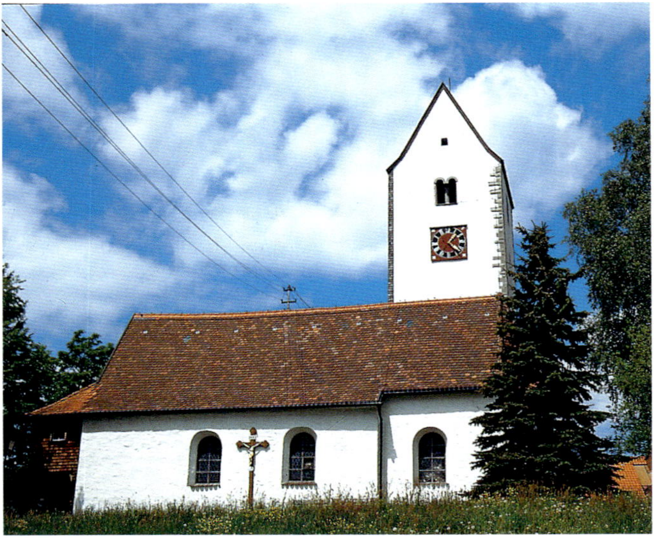

Nahe der Kirche des Wiggensbacher Ortsteils Ermengerst startet der vielleicht schönste Aufstieg zum Blender.

cke in die Allgäuer Hochalpen. Nach dem Gebäude der ehemaligen Masersmühle lenkt uns der Wegweiser „Blender" abermals auf eine Wiesenspur. Die deutlich ansteigende, zwischendurch weglose Route hält direkt auf den Blenderturm zu und schlägt bei einer Ruhebank einen Haken.

Im fast 1000 m hoch gelegenen Weiler **Eschachberg** 04 bummeln wir auf schmalem Sträßchen an der geschindelten Kapelle vorbei und wählen beim letzten Haus den rechts abgehenden Feldweg.

Wo sich der Blick in den Kürnacher Wald öffnet, leitet ein Wiesenpfad über den Rauhenstein genannten Bergrücken vollends empor zum **Blender** 05.

Vom Fuße des 115 m hohen Fernmeldeturms begibt sich unser neugieriges Auge auf eine sehnsuchtsvolle Reise, die bei den Ammergauer Alpen beginnt, über die Zugspitze zu den Tannheimer Kalkzinnen führt und weiter über die rassigen Oberstdorfer Majestäten bis zu den Nagelfluhbergen verläuft. Der jetzt nach „Wiggensbach" ausgeschilderte Pfad führt uns zu Beginn flach am Waldrand entlang und später innerhalb des Waldes bergab nach **Blenden** 06.

Ein Sträßchen querend, geht es dann im weiteren Verlauf auf einem Waldweg, der auch als Trimm-Dich-Pfad angelegt ist, Richtung Notzen nach Unterried. Hinein nach Ermengerst finden wir dann einen bequemen Radweg vor.

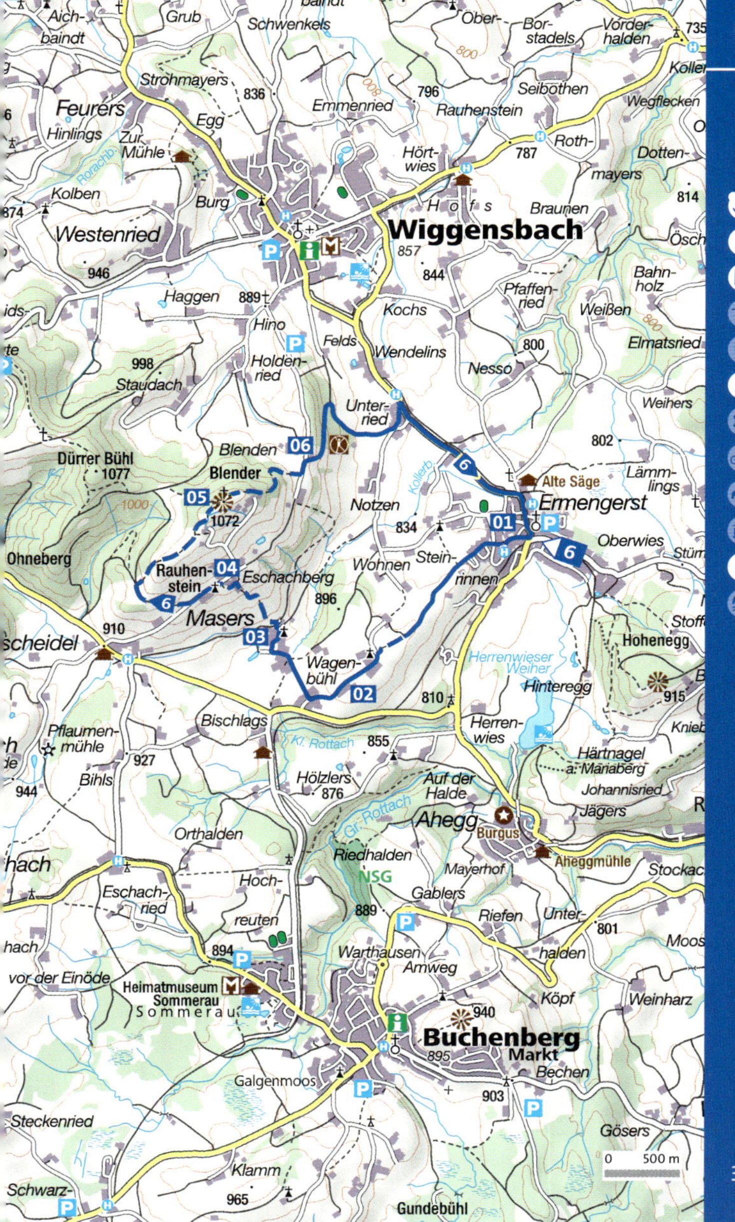
Bailers
Aich-
baindt
Grub
Maisen-
baindt
Schwenkels
827
Ober-
Bor-
stadels
Vorder-
halden
735
Koller
Strohmayers
836
800
796
Seibothen
Feurers
Hinlings
Egg
Emmenried
Rauhenstein
Wegflecken
Zur
Mühle
Rorachb.
Hört-
wies
787
Roth-
Dotten-
mayers
Kolben
Burg
814
874
H o f s
Braunen
Westenried
Wiggensbach
Ösch
946
857
844
Bahn-
holz
Haggen
889
Kochs
Pfaffen-
ried
Weißen
Hino
Felds
Wendelins
800
Elmatsried
998
Holden-
ried
Nesso
Staudach
Unter-
ried
Weihers
802
Dürrer Bühl
1077
Blenden
06
Blender
6
Lämm-
lings
Alte Säge
05
1000
Notzen
Kollerb.
Ermengerst
1072
01
834
Oberwies
Ohneberg
Stein-
Wohnen
6
Rauhen-
stein
04
Eschachberg
rinnen
896
Masers
Stoff
910
03
Hohenegg
scheidel
Wagen-
bühl
Herrenwieser
Weiher
Hinteregg
02
810
915
Bischlags
Herren-
wies
Pflaumen-
mühle
Kl. Rottach
855
927
Härtnagel
a. Mariaberg
Bihls
Hölzlers
876
Auf der
Halde
944
Johannisried
Jägers
Orthalden
Gr. Rottach
Ahegg
Burgus
Riedhalden
Aheggmühle
Mayerhof
Stockach
Hoch-
NSG
Gablers
Eschach-
ried
reuten
889
Riefen
Unter-
halden
801
Moos
894
Warthausen
Amweg
vor der Einöde
Heimatmuseum
Sommerau
Sommerau
Köpf
Weinharz
940
Buchenberg
Markt
895
Galgenmoos
Bechen
903
Steckenried
Gösers
0
500 m
Klamm
Schwarz-
965
Gundebühl
erd
Einöde

# HOHENKAPF • 1121 m

## Versteckter Minigipfel am Eschacher Weiher

  9,75 km 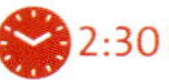 2:30 h 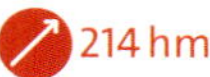 214 hm 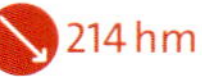 214 hm  187

START | Buchenberg/Eschach, Bushaltestelle am Dorfende, Parkmöglichkeit am Straßenrand
[GPS: UTM Zone 32 x: 590.250 m y: 5.284.260 m]
CHARAKTER | Kurzer Steilaufstieg zum Hohenkapf, meist beschilderte Feld- und Forstwege, Pfade und kleine Abschnitte auf Sträßchen. Ein wenig Orientierungssinn vorteilhaft.

Hohenkapf nennt sich die höchste Erhebung im reichgestaltigen Buchenberger Wald im Süden des Eschachtals.

Der recht selten besuchte Gipfel dieses unscheinbaren Waldschopfs über dem idyllisch gelegenen Eschacher Weiher mit seinen schützenswerten Hoch- und Übergangsmooren überragt sogar um ein paar Meter den wesentlich bekannteren und auch häufiger besuchten Schwarzen Grat.

An der Kirche in **Eschach** 01 nehmen wir das Anliegersträßchen bergan Richtung **Eschacher Weiher** 02. Wenig später wechselt die Route in einen aussichtsreichen Feldweg. An der nächsten Verzweigung halten wir uns geradeaus und kommen auf einer flachen Fahrspur zum Wanderparkplatz über dem Badesee. Dort quert man die Kreisstraße von Eschach und schlendert auf einem Wanderweg hinunter zum teils waldgesäumten, traumhaft ge-

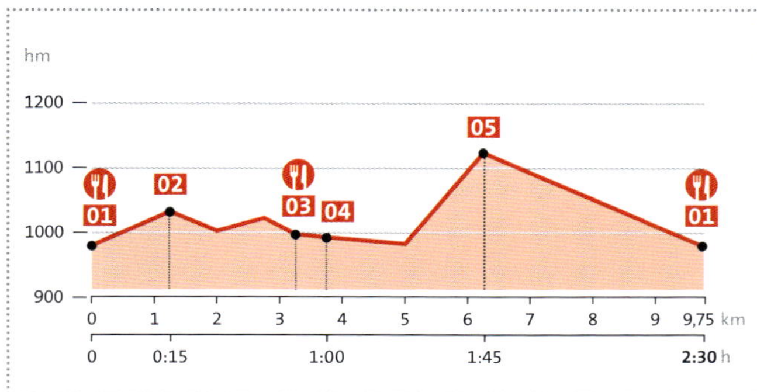


01 Eschach, 977 m; 02 Eschacher Weiher, 1030 m; 03 Brotzeitstube, 995 m; 04 Hochberg, 990 m; 05 Hohenkapf, 1121 m

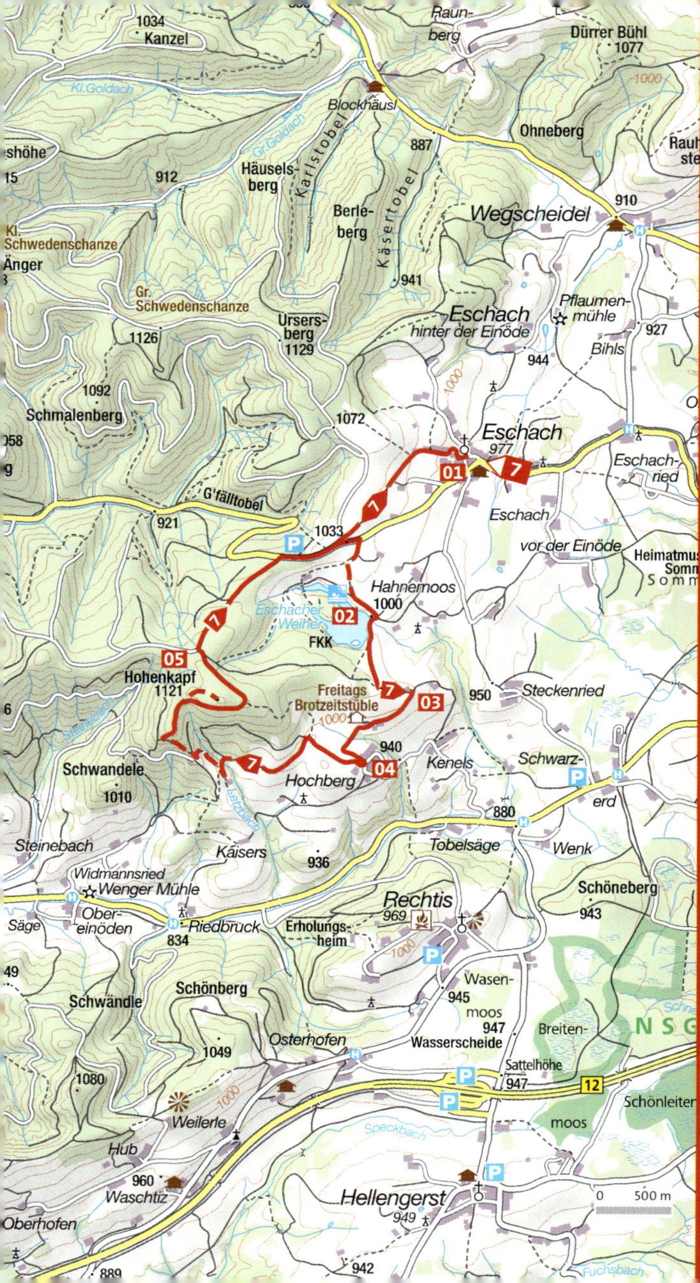

1034 Kanzel
Kl. Goldach
Raunberg
Dürrer Bühl 1077
Blockhäusl
Gr. Goldach
Karlstobel
Käsertobel
887
Ohneberg
Häuselsberg
912
Berleberg
Wegscheidel
910
Kl. Schwedenschanze
Gr. Schwedenschanze
941
Pflaumenmühle
Eschach hinter der Einöde
927
Bihls
Ursersberg 1129
1126
944
1092
Schmalenberg
1072
Eschach 977
01
7
Eschachried
G'fälltobel
921
1033
Eschach vor der Einöde
Hahnemoos 1000
Eschacher Weiher
02
FKK
05
Hohenkapf 1121
Freitags Brotzeitstüble
950
Steckenried
03
940
04
Kenels
Schwarzerd
Schwandele 1010
Hochberg
Letzbach
880
Steinebach
Kaisers
936
Tobelsäge
Wenk
Widmannsried
Wenger Mühle
Rechtis 969
Schöneberg 943
Säge
Obereinöden
Riedbruck 834
Erholungsheim
Wasenmoos
945
Schwändle
Schönberg
947
Breiten-
NSG
Osterhofen
Wasserscheide
1049
1080
Sattelhöhe 947
12
Schönleiten
Weilerle
moos
Speckbach
Hub
960 Waschtiz
Hellengerst 949
0 500 m
Oberhofen
889
942
Fuchsbach

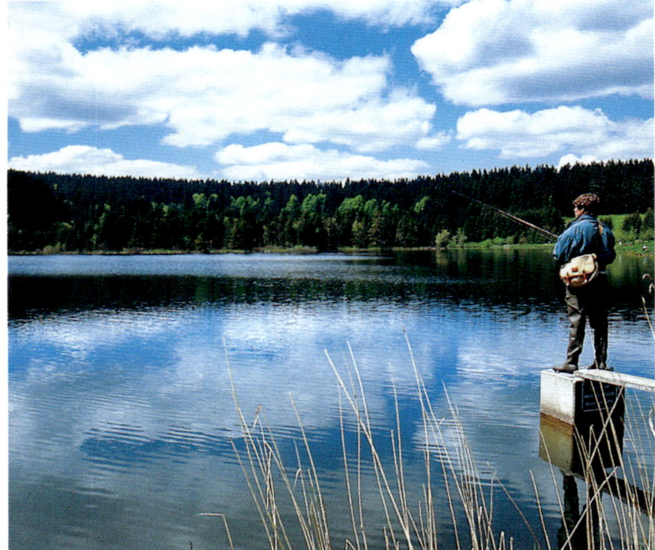

Idyll aus Wasser und Wolken: der Eschacher Weiher.

legenen **Eschacher Weiher** 02 mit kleiner FKK-Insel.

Links zum Ende des Sees spazierend, lenkt uns der Wegweiser „Brotzeitstube“ auf einen sanft steigenden Wiesenpfad zu einem Aussichtspunkt. Die Blickspanne reicht vom Blender über das Illertal und Buchenberg, die Ammergauer und Allgäuer Alpen bis zu den Höhenzügen Hauchenberg und Sonneneck. Bei einem Anwesen leitet ein Feldweg bergab zur **Brotzeitstube** 03. Auf schmalem Sträßchen geht's weiter zu den Häusern von **Hochberg** 04.

Wir wählen nun den mit „Hoher Kapf“ beschilderten Feldweg. Auch nach kleinem Höhenverlust beachten wir dasselbe Schild und gelangen auf einer Pfadabzweigung über den bewaldeten Einschnitt des Letzbachs. Bis auf eine deftige Einlage steigen wir schließlich ohne große Anstrengung hinauf zum **Hohenkapf** 05. Am Beginn eines Forstwegs bringt uns ein Waldwegabstecher zum leider aussichtslosen höchsten Punkt, der etwas östlich des topographischen Steins abseits des Weges liegt.

Nach einer entspannenden Rast auf dem einsamen Gipfelchen gehen wir kurz zurück und wandern auf dem Forstweg über eine Kuppe. Zuletzt treffen wir auf dem bekannten Sträßchen wieder beim Wanderparkplatz am Eschacher Weiher ein, wo wir es dann nicht mehr allzu weit hinunter nach Eschach haben.

# HIRSCHDORFER ILLERSCHLEIFE

## Beschaulich von Stadtteil zu Stadtteil

 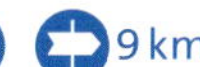 9 km  2:15 h  56 hm  56 hm 187

START | Kempten/Heiligkreuz, Bushaltestelle an der Kirche, Parkplatz
[GPS: UTM Zone 32 x: 596.150 m y: 5.289.210 m]
CHARAKTER | Sanfte Steigung, meist unbeschilderte Wirtschafts- und Fußwege, Pfade und kleine Abschnitte auf stillen Sträßchen. Etwas Orientierungssinn angenehm.

An der schmucken Kirche in **Heiligkreuz** 01 beginnt dieser relativ einfache, aber nachhaltige Ausflug über die abgelegenen nordwestlichen Kempter Stadtteile. Wir spazieren die Augustinerstraße bergab und zweigen bei der Wirtschaft auf den ansteigenden Fahrweg „Am Wald" ab.

An einem Bauernhof vorbei, begnügen wir uns kurz mit einer Pfadspur. Anschließend leitet ein Feldweg bergab nach Neuhausen. Man folgt dem Fußgängerweg neben der Straße von Kempten hinunter zu den Häusern von **Härtnagel** 02 und passiert das Marmor- und Granitwerk zum Illeruferweg.

Flussabwärts können wir nun die Frische des Auwaldes mit seinen betagten Pappeln und Weiden ganz in uns aufnehmen. An der Schranke in der Hirschdorfer Schleife begeben wir uns auf einen verschwiegenen Pfad, der an

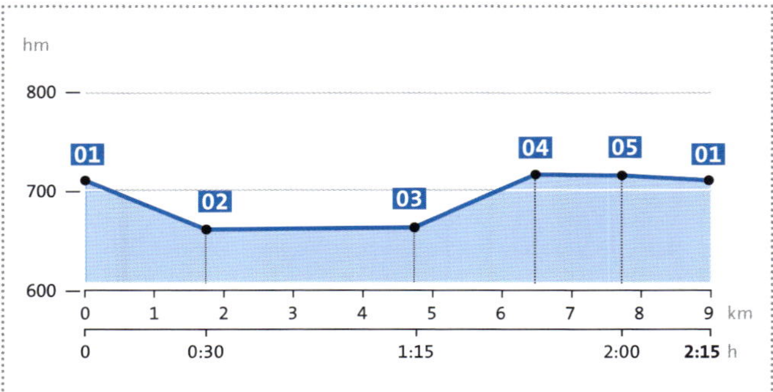


01 Heiligkreuz, 710 m; 02 Härtnagel, 660 m; 03 Hirschdorf, 662 m; 04 Ellatsberg, 716 m; 05 Voglers Weiher, 715 m

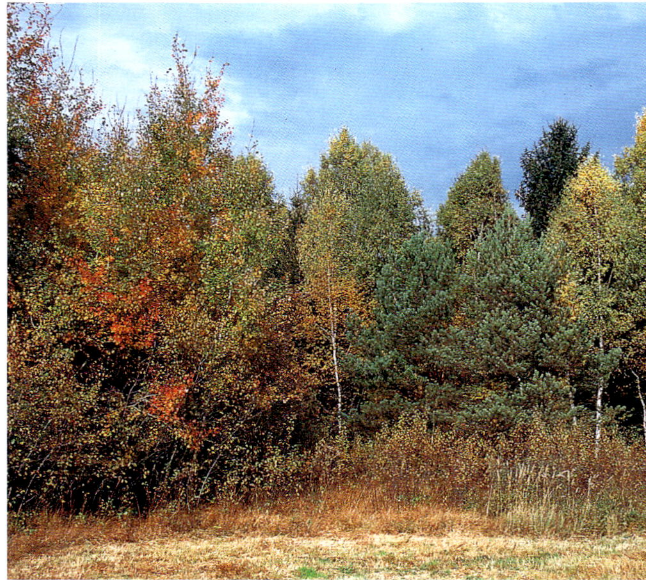

Artenreiche Waldinsel beim Weiler Reisachmühle.

der Gärtnerei von Ajen und am Waldrand entlang nach Zollhaus leitet. Dort ist es rechts auf einem Feldweg nur noch ein Katzensprung nach **Hirschdorf** 03.

Beim einstigen Schloss, das Mitte des 15. Jh. Sitz der Herren von Hirschdorf und Reichenbach war und ein Jahrhundert später den Kempter Klosterfrauen von St. Anna als Zuflucht diente, queren wir die nach Krugzell führende Staatsstraße. Ein paralleler Fußgängerweg bringt uns zum Weiler Rappenscheuchen. Dort verlassen wir nun auf einem verkehrsfreien Sträßchen das Illertal und erreichen – mit weitem Ausblick – den Umkehrpunkt unserer Runde. Die Häuser von Bezachmühle lassen wir dann abseits liegen und gelangen so zu den Höfen von **Ellatsberg** 04.

Das Schild „6“ weist jetzt auf einen flachen Wirtschaftsweg. Dieser zieht sich an einem bunt zusammengewürfelten Mischgehölz vorbei zu den beiden Anwesen von Reisachmühle.

Am alten Fachwerkhaus geht ein Waldpfad ab, der uns in Kürze zum heute schweigenden Ufer von **Voglers Weiher** 05 entführt. Dieses früher gefragte Badegewässer der Heiligkreuzer Jugend bietet eine letzte beschauliche Tourenunterbrechung. Zurück in Reisachmühle bummeln wir über die Kollerbachbrücke und treffen bald nach einer Straßenquerung wieder in **Heiligkreuz** 01 ein.

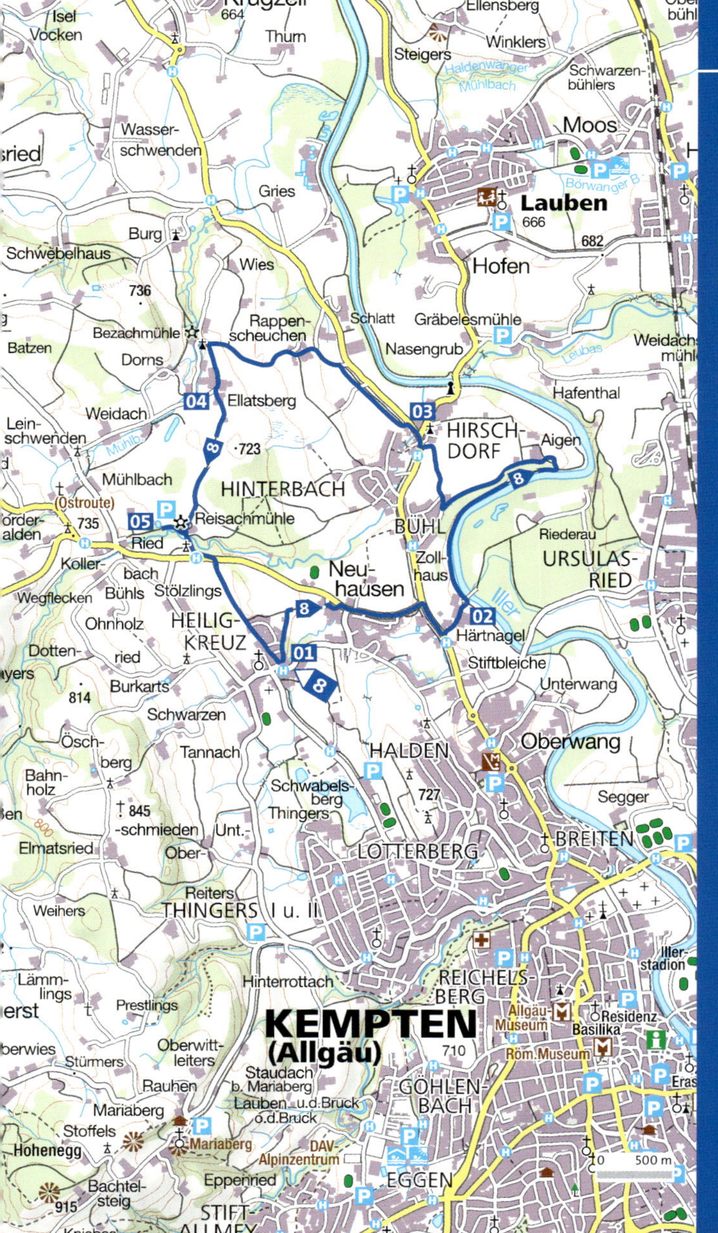
Krugzell
664
Thurn
Isel
Vocken
Hinwang
Ellensberg
Kassier
Steigers
Winklers
Haldenwanger Mühlbach
Schwarzen-
bühlers
Moos
Wasser-
schwenden
Gries
Lauben
666
Börwanger B.
682
Hofen
Burg
Schwebelhaus
Wies
736
Bezachmühle
Rappen-
scheuchen
Schlatt
Gräbelesmühle
Batzen
Dorns
Nasengrub
Weidachs
mühle
Leubas
Hafenthal
04
Ellatsberg
03
Weidach
Lein-
schwenden
HIRSCH-
DORF
Aigen
·723
Mühlbach
HINTERBACH
(Ostroute)
735
05
Reisachmühle
BÜHL
Riederau
Ried
URSULAS-
RIED
Koller-
bach
Neu-
hausen
Zoll-
haus
Wegflecken
Bühls
Stölzlings
Iller
02
Ohnholz
HEILIG-
KREUZ
Härtnagel
Dotten-
ried
01
Stiftbleiche
Burkarts
Unterwang
814
Schwarzen
Ösch-
berg
Tannach
HALDEN
Oberwang
Bahn-
holz
Schwabels-
berg
727
Segger
845
-schmieden
Thingers
Elmatsried
Unt.-
Ober-
LOTTERBERG
BREITEN
Weihers
Reiters
THINGERS I u. II
Iller-
stadion
Lämm-
lings
Hinterrottach
REICHELS-
BERG
Prestlings
Allgäu-
Museum
Residenz
Basilika
KEMPTEN
(Allgäu)
Oberwitt-
leiters
710
Röm.Museum
Stürmers
Staudach
b. Mariaberg
GÖHLEN-
BACH
Rauhen
Lauben u.d.Bruck
o.d.Bruck
Mariaberg
Stoffels
Hohenegg
Mariaberg
DAV-
Alpinzentrum
0
500 m
Bachtel-
steig
915
Eppenried
EGGEN
STIFT-
ALLMEY
Kniebos

# SCHWABELSBERGER WEIHER

## Bilderbuchlandschaft am Rande der Metropole

  9 km 2:30 h 63 hm 63 hm  187

START | Kempten, Bushaltestelle Memminger Straße/Breite, bei der Michaelskirche, Parkplatz im Taxisweg [GPS: UTM Zone 32 x: 597.850 m y: 5.288.120]
CHARAKTER | Leichter Aufstieg, meist unbeschilderte Fußgänger- und Wirtschaftswege, kleine Abschnitte auf ruhigem Sträßchen, kurzer Pfad. Ein wenig Orientierungssinn ist vorteilhaft.

Wir treffen uns zu der recht vergnüglichen Spritztour an der Michaelskirche im nördlichen Teil von **Kempten** 01. Die Oberwanger Straße bergab spazierend, entdecken wir links einen Gehweg, der in den Neuhauser Weg mündet.

Nach der Neuapostolischen Kirche folgen wir einem weiteren Fußweglein an einem kleinen Bachtobel bergauf. Der stille und leichte Aufstieg leitet zwischendurch als Anliegersträßchen zum Aussichtskreuz „Auf der Halde" mit einer alten Zwillingslinde, von der sich allerdings bereits eine Hälfte verabschiedet hat.

Die vielgezackte Alpenkette setzt sich von hier oben bis zu den Ammergauer Bergen recht beachtlich in Szene.

Weiter geht es auf dem nördlichen Spazierweg. Nach kurzem Abstieg schlagen wir am Sportplatz die Gegenrichtung ein und

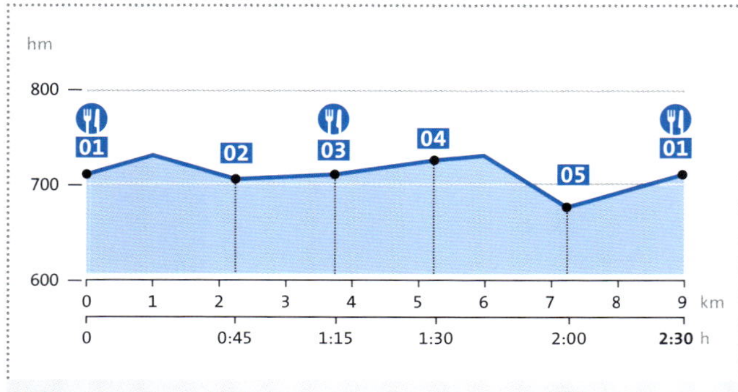


01 Kempten, 710 m; 02 Schwabelsberger Weiher, 705 m; 03 Heiligkreuz, 710 m; 04 Unterschmieden, 725 m; 05 Rottachbrücke, 676 m

queren bei den Hochhäusern von Thingers die Heiligkreuzer Straße in den Naturpark „**Schwabelsberger Weiher**" 02.

In dem Rückzugsgebiet für bedrohte Tiere und Pflanzen besticht der Artenreichtum an Bäumen und Sträuchern. Man umwandert nun die drei Weiher, besteigt dabei einen Aussichtsturm und erfährt mittels Schautafeln auch noch so manches über Geschichte und Flora und Fauna des Feuchtgebietes.

An der Weggabelung, wo der Weg das Schutzgebiet verlässt, halten wir uns rechts und bummeln auf dem Radweg hinaus zum ansprechenden Stadtteil **Heiligkreuz** 03.

Dort gehen wir an der blitzsauberen Kirche, einem ehemaligen Kloster, bergauf und nehmen dann beim Gasthof „Zum Kreuz" die Tannachstraße. Hinter dem Sportplatz schwenken wir auf einen Wirtschaftsweg ab und halten uns an einer Verzweigung rechts.

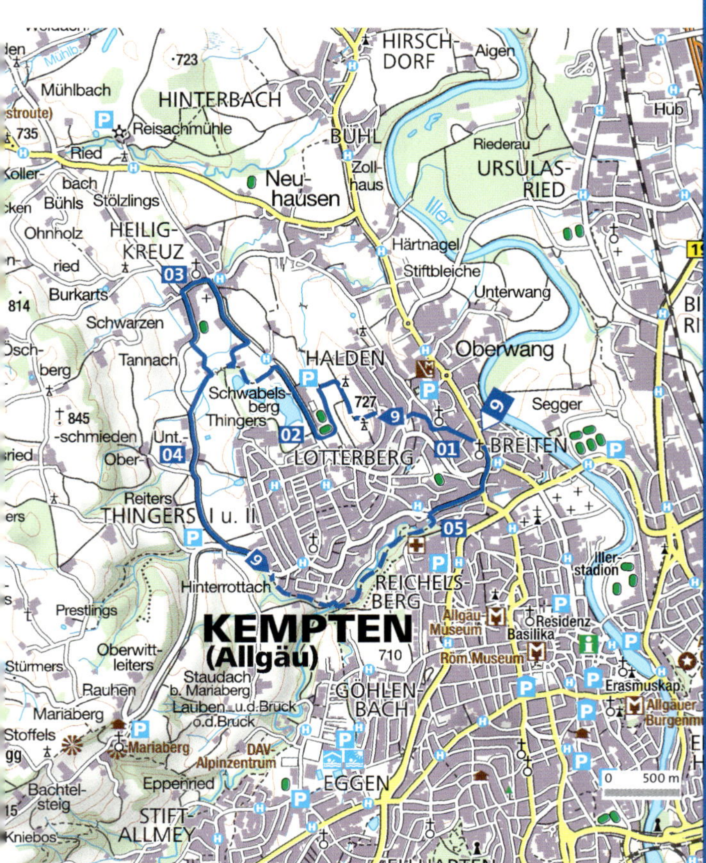

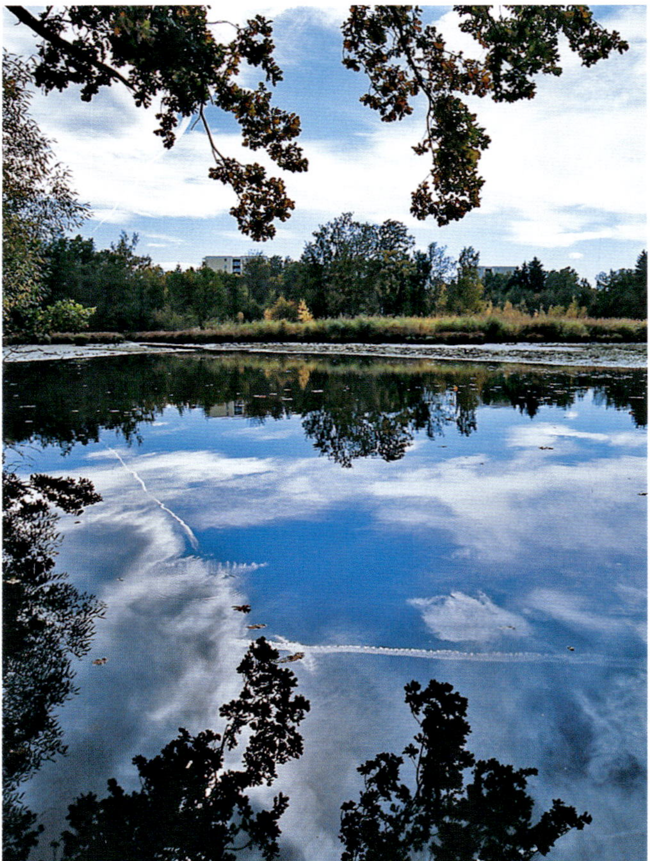

Das stadtnahe Feuchtgebiet der drei Schwabelsberger Weiher.

Im Weiler **Unterschmieden** 04 mit beachtenswertem Fachwerkhaus mündet der Weg wieder in das kaum befahrene Sträßchen ein. Am Siedlungsrand von Thingers benützt man die Wanderroute 12. Erst ein Gehweg, später dann ein Pfad begleiten uns jetzt den Heggerstobel talwärts nach **Kempten** 01.

Nach der **Rottachbrücke** 05 wandert man auf einem Fußgängerweg am bewaldeten rechten Bachufer bergab zur Bushaltestelle „Äußere Rottach“.

Ein äußerst romantischer Ausklang. Ein Gehsteig bringt uns zurück zum Startpunkt bei der Michaelskirche.

# MARIABERG UND HOHENEGG

10

## „Pfundige“ Höhenwanderung im „wilden Westen“

 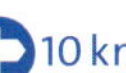 10 km  3:00 h 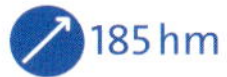 185 hm 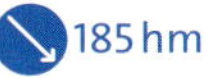 185 hm  187

START | Kempten, Bushaltestelle in der Feichtmayrstraße, beim Stadtweiher am westlichen Ortsrand, Parkplatz [GPS: UTM Zone 32 x: 596.710 m y: 5.285.210 m]
CHARAKTER | Leichter Aufstieg, teilweise bezeichnete Spazierwege und Pfade, Anliegersträßchen und kurze Wirtschaftswege.

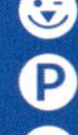

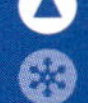

Diese kleine heitere Bergrunde durch die bewegte Landschaft im Westen von **Kempten** 01 beginnt beim Café „Am Stadtweiher“. Wir begeben uns auf den Uferspazierweg und haben im weiteren Verlauf durch lockeren Auwald den Wildmoosbach als Begleiter.

Am Ortsanfang des Stadtteils Rothkreuz queren wir die Staatsstraße und folgen dem Radweg durch das Siedlungsgebiet „Im Rothkreuz“. Nach der Rottachbrücke halten wir uns rechts und wählen an einer Gabelung den Pulvermühlweg.

Bald zweigt man auf ein steigendes Anliegersträßchen ab, das zum Anwesen **Unterried** 02 führt. Eine Wegschleife überwindet nun einen Bachtobel und den ehemaligen Skilifthang. Hinter der Illerstadt fesselt das Alpenpanorama mit dem imposanten Zugspitzmassiv.

Vom Einödhof Eppenried klettert die schmale Fahrbahn in recht en-

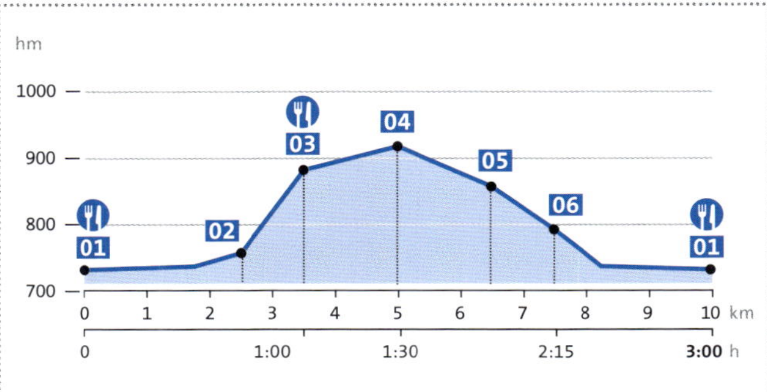


01 Kempten, 730 m; 02 Unterried, 755 m; 03 Mariaberg, 880 m; 04 Hohenegg, 915 m; 05 Hinteregg, 855 m; 06 Oberried, 790 m

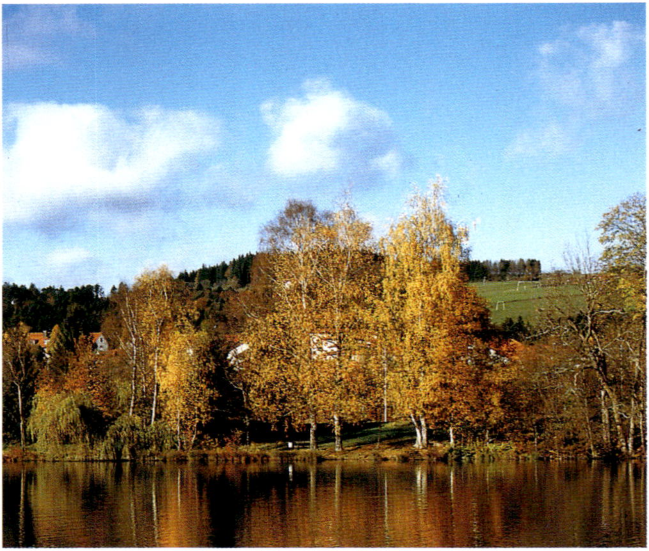

Hinter dem Kempter Stadtweiher ragt der Mariaberg auf.

gen Windungen, anregende Tiefblicke in zwei weitere Tobel gewährend, empor zu den Häusern von Mariaberg.

Am gleichnamigen Landgasthaus mühen wir uns auf einem Waldpfad über Holztreppen zum Aussichtspunkt **Mariaberg** 03. Von ein paar Ruhebänken unter einer gedrungenen Kiefer lässt sich sogar noch das untere Illertal sehen. Ein Wiesenpfad folgt danach dem Höhenzug an einer Panoramatafel vorbei.

Der markanteste Blickfang ist, neben den Oberstdorfer Bergspitzen, der Hochvogel. Stets geradeaus haltend, gelangen wir auf einem Forstweg zum Aussichtspunkt **Hohegg** 04 (auch Hohenegg geschrieben). Nun leitet uns der vergnügliche Pfad Richtung Herrenwieser Weiher talwärts. An einer Verzweigung im Fichtenjungwald achte man auf das Rautenzeichen. Später geht's über der prächtigen Senke des Badesees am Zaun entlang zum Weiler **Hinteregg** 05.

Dort bummeln wir kurz auf einem Wirtschaftsweg bergwärts, bis wir einen erneut mit „Herrenwieser Weiher" beschilderten Feldweg ausfindig machen. An einer Gabelung wählen wir den Fußgängerweg bergab Richtung Pulvermühle und treffen links auf einem schmalen Sträßchen in **Oberried** 06 ein.

Bald darauf stoßen wir wieder auf die uns bereits bekannte Route, die uns zurück zum Ausgangspunkt in Kempten bringt.

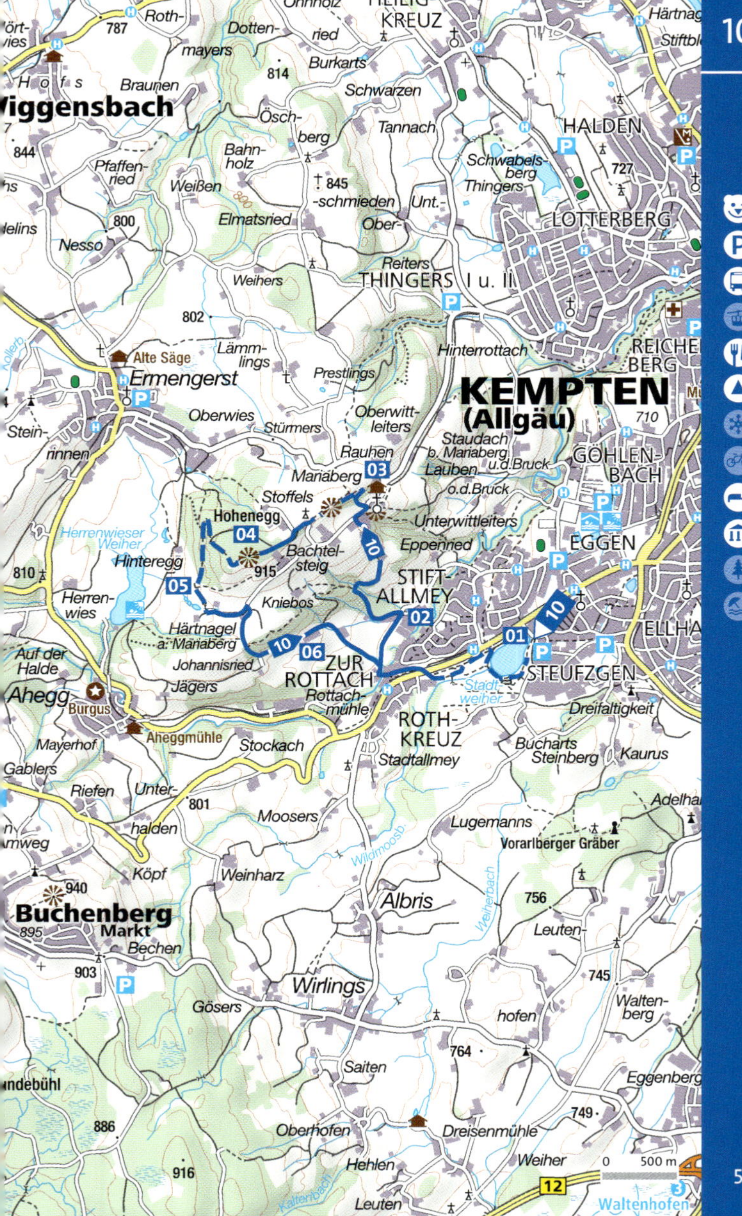

Rauhenstein
Roth-
mayers
787
Dotten-
ried
Ohnholz
HEILIG-
KREUZ
Burkarts
814
Braunen
Schwarzen
Hofs
iggensbach
Ösch-
berg
Tannach
HALDEN
844
Bahn-
holz
Pfaffen-
ried
845
-schmieden
Schwabels-
berg
Thingers
727
Weißen
Unt.-
Ober-
LOTTERBERG
800
Elmatsried
Nesso
Weihers
Reiters
THINGERS I u. II
802
Lämm-
lings
Alte Säge
Hinterrottach
REICHE
BERG
Ermengerst
Prestlings
KEMPTEN
(Allgäu)
Oberwies
Oberwitt-
leiters
710
Stein-
rinnen
Stürmers
Staudach
b. Mariaberg
u.d.Bruck
GÖHLEN-
BACH
Rauhen
Lauben
Mariaberg
03
o.d.Bruck
Stoffels
Hohenegg
Unterwittleiters
04
Herrenwieser
Weiher
10
Eppenried
EGGEN
Hinteregg
Bachtel-
steig
915
810
STIFT-
ALLMEY
05
Kniebos
Herren-
wies
02
10
Härtnagel
a. Mariaberg
10
06
01
ELLHA
ZUR
ROTTACH
Johannisried
Auf der
Halde
Jägers
STEUFZGEN
Stadt-
weiher
Ahegg
Rottach-
mühle
Dreifaltigkeit
Burgus
ROTH-
KREUZ
Aheggmühle
Stockach
Mayerhof
Stadtallmey
Bucharts
Steinberg
Kaurus
Gablers
Riefen
Unter-
halden
801
Adelha
Moosers
Lugemanns
Vorarlberger Gräber
Wildmoosb.
Köpf
Weinharz
940
Weiherbach
756
Albris
Buchenberg
Markt
895
Bechen
Leuten-
903
745
Wirlings
Walten-
berg
Gösers
hofen
764
Saiten
Eggenberg
ndebühl
749
886
Oberhofen
Dreisenmühle
Hehlen
Weiher
0
500 m
916
12
Leuten
Kaltenbach
Waltenhofen

11

# BACHTELWEIHER

## Spritztour für ein kurzes Zwischenhoch

 8 km  2:15 h 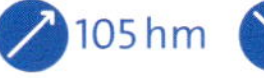 105 hm 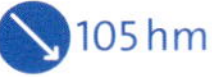 105 hm  187

START | Kempten, Bushaltestelle „Schuhmacherring/Lenzfrieder Straße“ im Stadtteil Kempten-Ost, Parkmöglichkeiten [GPS: UTM Zone 32 x: 599.960 m y: 5.286.440 m]
CHARAKTER | Leichte Anstiege, meist beschilderte Fußgänger- und Wirtschaftswege, verkehrsfreie Sträßchen.

Unsere kleine Erholungsrunde durch den nahen Osten von **Kempten** 01 beginnt bei der Bushaltestelle „Schuhmacherring/ Lenzfrieder Straße“. Wir queren die Bahn Richtung Bachtelmühlsiedlung und biegen in den Kirchenweg ein. Die Straße „Am Alpenblick“ bergan spazierend, stoßen wir auf ein Fußweglein, das uns zu einer Anhöhe leitet.

Man genießt dabei ein ausgezeichnetes Gebirgspanorama von den Tannheimern bis zum Hochgrat. Sogar der klobige Widderstein zeigt sich.

Ein Privatsträßchen führt weiter über den Höhenzug zu den beiden Bauernhöfen des Stadtteils Hinterholz und bergab zu den verstreuten Häusern von Moos. Vor der A 7 gehen wir über die Bahnbrücke und auf einem Wirtschaftsweg talwärts, wobei wir entlang einer verträumten Schilfzone östlich den **Bachtelweiher** 02 passieren. Danach schwenken wir links in einen Fußgängerweg

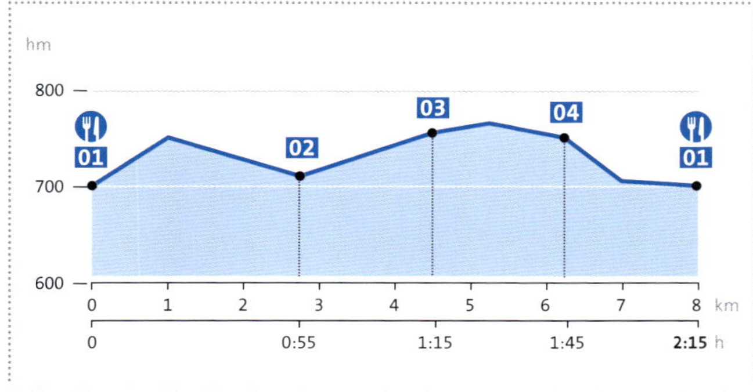


01 Kempten, 700 m; 02 Bachtelweiher, 710 m; 03 Fahls, 755 m; 04 Linggen, 750 m

## Archäologischer Park Cambodunum

Im Stadtteil „Auf dem Lindenberg" kann man im Archäologischen Park die Vergangenheit der römischen Stadt Cambodunum, einer der ältesten deutschen Städte, nacherleben. Die Anlage besteht erstens aus der gelungenen Teilrekonstruktion eines gallorömischen Tempelbezirks im Maßstab 1:1, zweitens aus den Kleinen Thermen, einer antiken Bade- und Freizeitanlage der einstigen Römerstadt mit originalen Grundmauern, Böden, Heizkeller und Kanälen, und drittens aus dem Forum, Zentrum des einstigen städtischen und öffentlichen Lebens, und dem Heiligen Bezirk. Bereichert wird der historische Komplex durch beachtenswerte Ausstellungen.

87437 Kempten, Cambodunumweg 3, Tel. 08631/25251716,
Öffnungszeiten: 1.3. bis 30.11., Dienstag-Sonntag von 10-17 Uhr,
www.apc-kempten.de

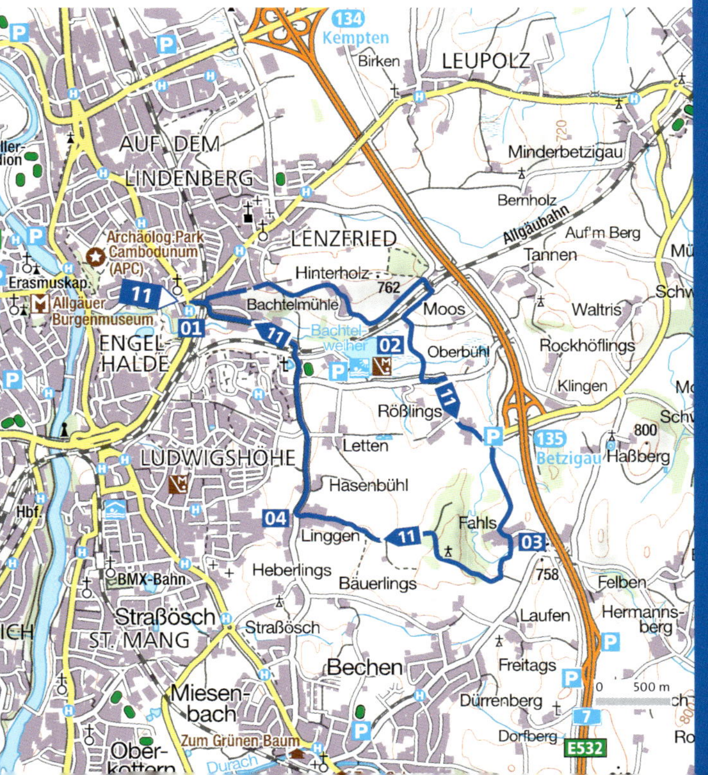

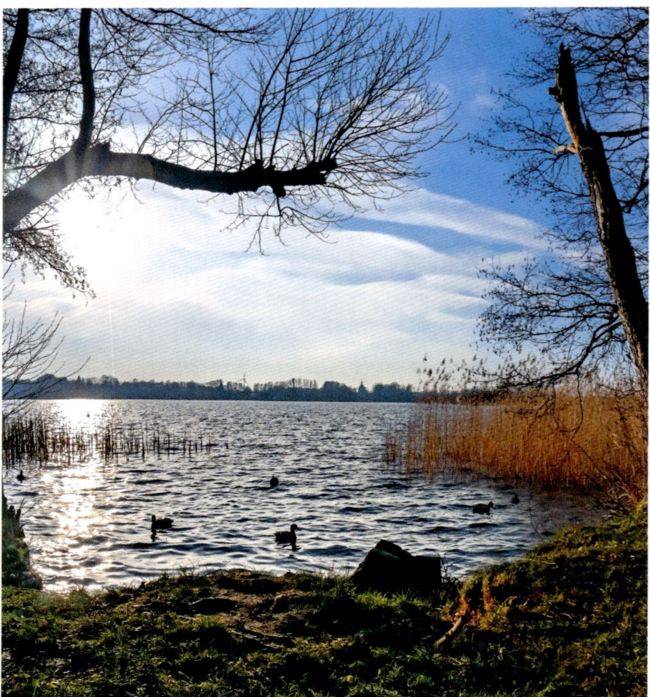

Beliebtes Badegewässer: der Bachtelweiher.

ein und gelangen auf einem steigenden Anliegersträßchen nach Rößlings (auch „Röslings“). Auf einem Wirtschaftsweg geht's kurz hinunter zur Kreuzung am Autobahn-Klärbecken, rechts über die Brücke des Bachtelweiher-Zuflusses und erneut kurz bergauf zum Duracher Ortsteil **Fahls** 03, den wir durch eine Birkenallee erreichen.

Geradeaus nochmals den im Gehölz versteckten Bach überschreitend, leitet ein Querweg über eine Waldkuppe zum Weiler **Linggen** 04. Unterwegs ergeben sich immer wieder herrliche Ausblicke über den Duracher Talkessel in die Berge und übers Illertal zum Blender.

Zum Schluss wandern wir gemütlich auf einem ruhigen, kaum befahrenen Sträßchen an den zwei benachbarten Anwesen von Hasenbühl vorbei.

Anschließend geht es nach den Schrebergärten auf einem Fußgängerweg wieder bergab zur schon betagten Bahnunterführung und zurück nach **Kempten** 01.

# DURCHS LEUBASTAL NACH WILDPOLDSRIED

## Auf Schleichwegen durch Feuchtgebiete

  12 km  2:45 h 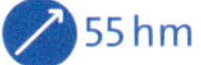 55 hm  55 hm  188

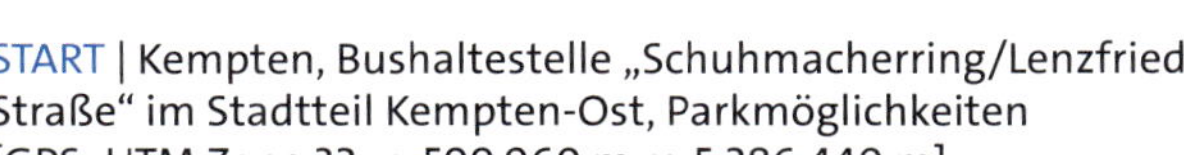

START | Kempten, Bushaltestelle „Schuhmacherring/Lenzfrieder Straße" im Stadtteil Kempten-Ost, Parkmöglichkeiten
[GPS: UTM Zone 32 x: 599.960 m y: 5.286.440 m]
CHARAKTER | Einfache Steigungen. Überwiegend beschilderte Wirtschaftswege und ruhige Straßen, längerer Abschnitt auf etwas feuchter Pfadspur. Orientierungssinn ist vorteilhaft.

Treffpunkt für diese einsame Genießertour ist die Bushaltestelle am Ortsanfang von **Betzigau** 01. Die Wagegger Straße wechselt nach dem Bahnübergang in einen Wirtschaftsweg, der den Betzigauer Bach begleitet.

An einer Gabelung mit Flurkreuz gehen wir rechts und unter der B 12 hindurch. Noch vor den Schrebergärten entscheiden wir uns für eine Abzweigung und schlendern erneut am Bach entlang. Der etwas ungepflegte Kurs entführt uns ins schweigende Betzigauer Moos mit weiten Feuchtwiesen, artenreichem Gehölz und reizvollen Schilfzonen.

Am Ende der letzten Eiszeit füllte dieses Becken noch ein riesiger Schmelzwassersee. Nach Überschreiten des Wasserlaufs mü-

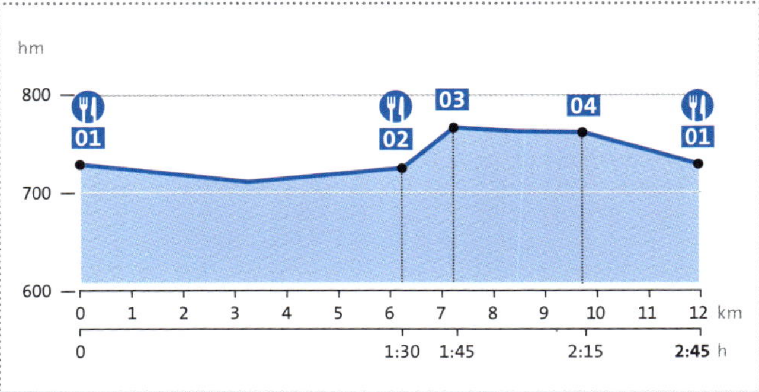


01 Betzigau, 728 m; 02 Wildpoldsried, 724 m; 03 Wolkenberger Einöde, 765 m; 04 Leiterberg, 760 m

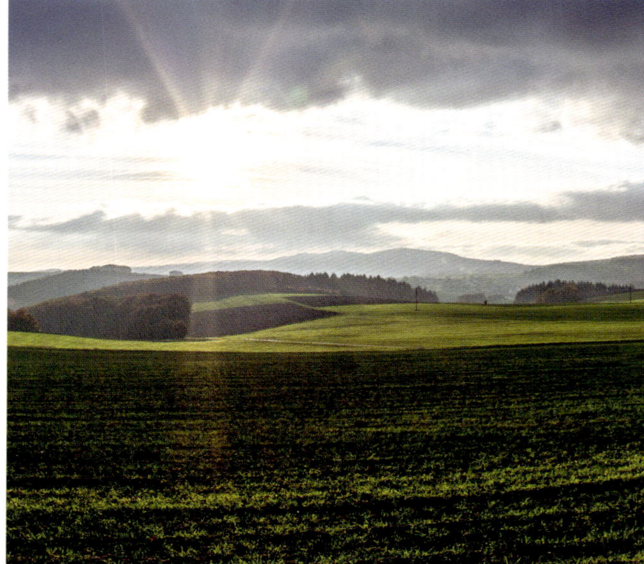

Unterwegs im naturbelassenen Leubastal.

det die Route in einen besseren Querweg. Anschließend trägt uns eine Brücke über den Leiterberger Bach.

An der Gabelung vor der Leubasbrücke, unter der Wagegger Höhe, wandert man nun rechts an der träge strömenden Leubas entlang. An einer Verzweigung links haltend, findet man nur noch eine etwas feuchte Wiesenspur vor, die weiter dem Flüsschen folgt und von den Wildpoldsriedern gerne zu Spaziergängen benutzt wird. Das Schild „Wildpoldsried“ lassen wir unberücksichtigt.

Als nächstes ist der Ciprianbach zu queren. Vor einer weiteren Brücke folgen wir ebenfalls auf einer Pfadspur dem Klärkanal.

Beim Sportplatz von **Wildpoldsried** 02 schleichen wir durch die Fußgänger-Bahnunterführung zu den Tennisplätzen und streben der Dorfmitte zu, wo mehrere Einkehrmöglichkeiten zu einer Tourenunterbrechung verlocken.

Nach der Kirche verlangen die Berg- und Burgstraße hinauf zu den Höfen der **Wolkenberger Einöde** 03 erstmals ein bescheidenes Engagement ab. Doch in Richtung Burgruine Wolkenberg geht es schon wieder auf einem flachen, verkehrsfreien Sträßchen dahin.

Nach der B 12-Unterführung bummeln wir über Straßberg und die Senke des Waldmannsbachs, zwischendurch auf einer Naturfahrbahn, nach **Leiterberg** 04, vor uns der Blender.

Anfangs folgt man dem Leiterberger Bach bergan durch das idyllische Örtchen. Auf einer wenig befahrenen Straße mit hübschem Bergblick kehrt man zurück nach **Betzigau** 01.



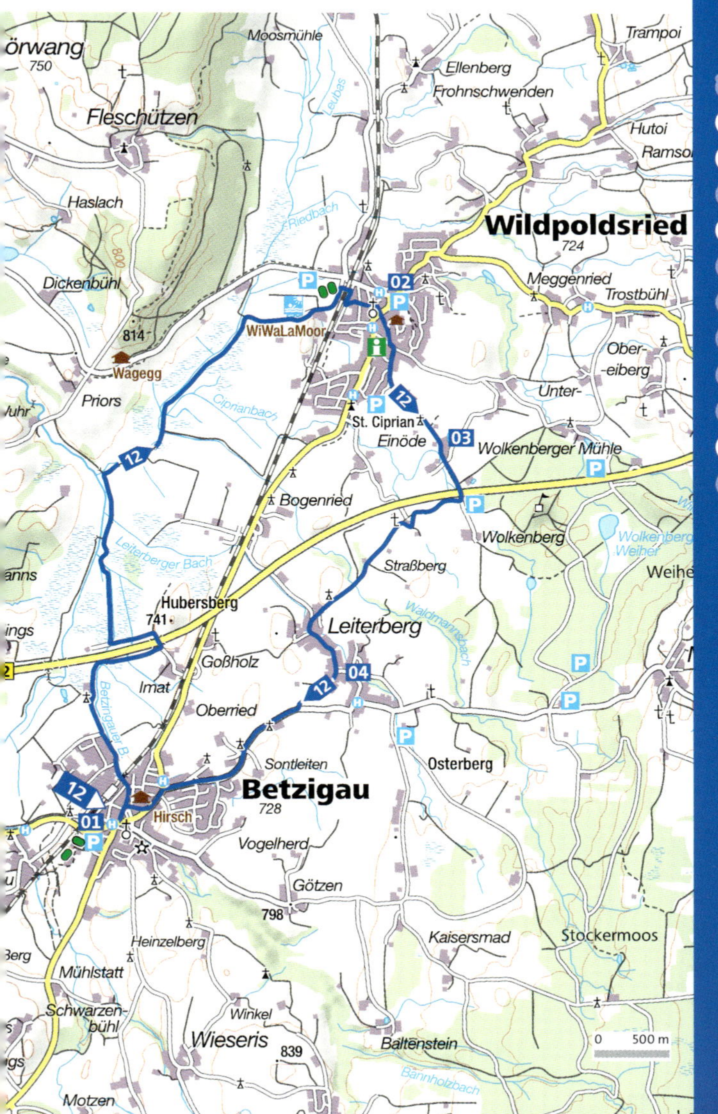

# DÜRRER BICHL UND KNOLLERHAG

## Die höchsten Erhebungen des Kempter Waldes

  13 km 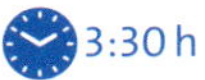 3:30 h 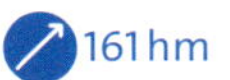 161 hm 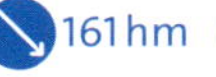 161 hm  188

START | Betzigau/Möstenberg, Bushaltestelle, Parken am Straßenrand auf der Kuppe am oberen Ortsrand
[GPS: UTM Zone 32 x: 606.890 m y: 5.288.950 m]
CHARAKTER | Kleine Steigungen, zum Teil beschilderte Forstwege und kurze Pfade, ein wenig Orientierungssinn ist vorteilhaft.

An der Bushaltestelle in **Möstenberg** 01 machen wir uns auf den Weg durch die „grüne Lunge" des Allgäus. Beim oberen Ortsrand folgen wir an der Kapelle dem Wirtschaftssträßchen Richtung Stellbrunnenwiese. In der ersten Kurve entführt uns ein Waldweg in den zu Beginn noch lockeren Kempter Wald.

Nach kurzer wegloser Weide zweigt vor einem Stadel links ein Pfad ab. Ein Holzsteg trägt uns beim Stockermoos über einen kleinen Bach. Bald biegen wir rechts wieder in einen Waldweg ein und nehmen am Wiesenende die Kempter-Wald-Straße bergab zum Grillplatz **Stellbrunnen** 02.

Danach weist das Schild „Dengelstein" auf einen Forstweg. An der kommenden Gabelung links haltend, wird der Bannholzbach gequert. Bei dem von Blaubeergestrüpp überzogenen Klamm-Moos verschmälert sich der Fahr-

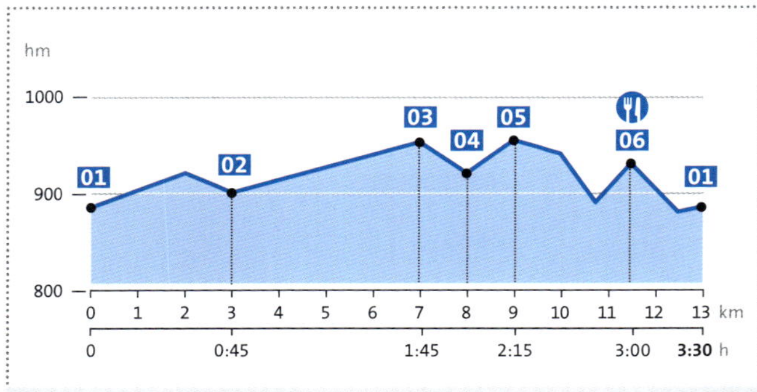


01 Möstenberg, 885 m; 02 Stellbrunnen, 900 m; 03 Dürrer Bichl, 952 m; 04 Alte Jägerhütte, 920 m; 05 Knollerhag, 954 m; 06 Hauptmannsgreut, 930 m

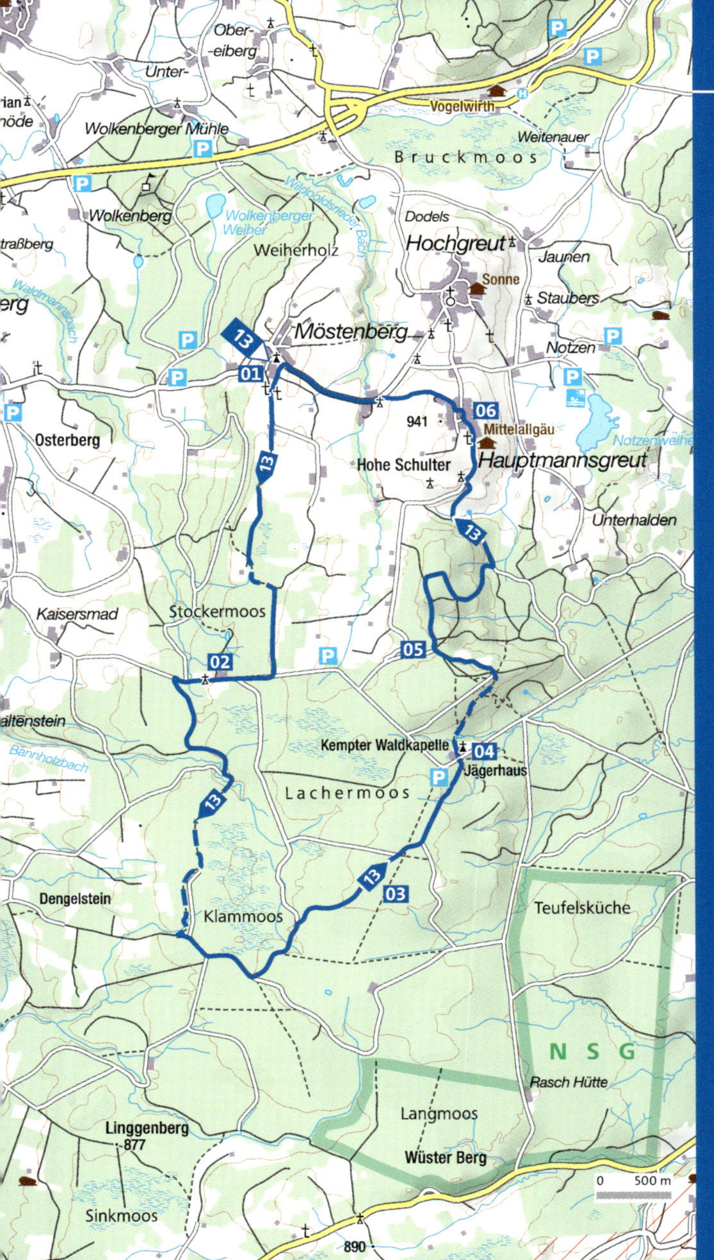

Ober-
-eiberg
Unter-
Wolkenberger Mühle
Vogelwirth
Weitenauer
Bruckmoos
Wolkenberg
Wolkenberger Weiher
Wildpoldsrieder Bach
Weiherholz
Dodels
Hochgreut
Jaunen
Sonne
Staubers
Waldmannsbach
Möstenberg
Notzen
01
941
06
Mittelallgäu
Hauptmannsgreut
Notzenweiher
Osterberg
Hohe Schulter
Unterhalden
Kaisersmad
Stockermoos
05
02
Kempter Waldkapelle
04
Jägerhaus
Bannholzbach
Lachermoos
Dengelstein
03
Klammoos
Teufelsküche
NSG
Rasch Hütte
Langmoos
Linggenberg
877
Wüster Berg
0
500 m
Sinkmoos
890

weg zum Wurzelpfad. Erneut auf einem Forstweg, bleiben wir der breiten Hauptroute treu, die zum Schwäbisch-Allgäuer-Wanderweg führt. Buchen und Birken, Ahorn und Eschen, Erlen und Espen mischen sich ins Nadelgrün.

ein kleiner Turm mit einer Panoramatafel, der mit einer herrlichen Ausschau über das Fichtenmeer zu den Ammergauer und Tannheimer Gipfeln überrascht.Wir befinden uns hier auf dem höchsten Punkt des Kempter Waldes.

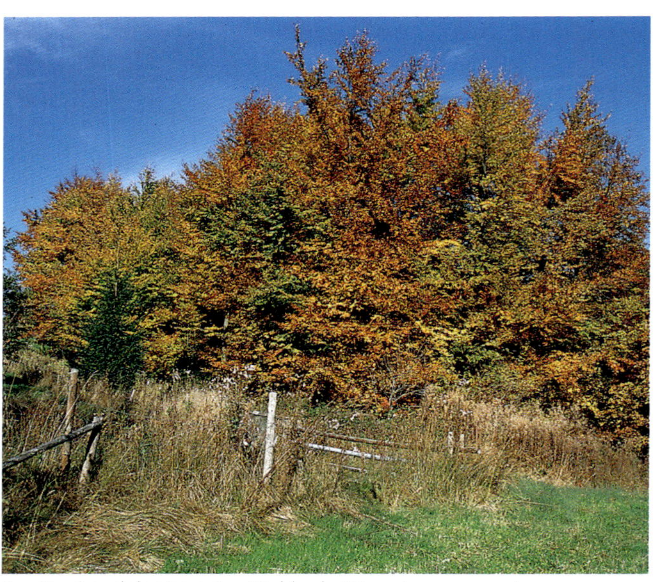

Am Nordrand des Kempter Waldes bei Hauptmannsgreut.

An der Weggabel auf schwacher Steigung hält man sich noch Richtung Stellbrunnen. Am Rande des Naturwaldreservates **Dürrer Bichl** **03**, der zweithöchsten Erhebung des Waldes, wandern wir über eine Windwurffläche und erreichen auf einer Lichtung die **Alte Jägerhütte** **04** (auch „Jägerhaus“) mit Kapelle.

Ein Pfad mündet auf dem Aussichtspunkt **Knollerhag** **05** rechts in einen Forstweg. Dort steht auch

Bei einer Wildfütterung lassen wir uns vom Täfelchen „Hohe Schulter“ den Kurs zeigen und treffen nach deutlichem Höhenverlust und kleinem Gegenanstieg in **Hauptmannsgreut** **06** ein.

Am Wirtshaus hält man sich rechts und gelangt auf einem Wirtschaftsweg, später auf einer Wiesenspur, bergab zur Kunstwerkstatt Bezigau, wo man von der Straße hinauf nach **Möstenberg** **01** aufgenommen wird.

# SULZBERGER SEE

## Entdeckungswanderung ohne Leistungsdruck

  12,5 km 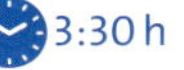 3:30 h 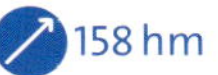 158 hm 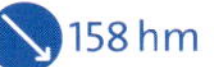 158 hm 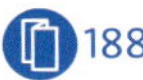 188

START | Durach, Bahnhof, Parkplatz
[GPS: UTM Zone 32 x: 600.820 m y: 5.283.460 m]
CHARAKTER | Kleine Anstiege, zum Teil beschilderte Wirtschafts- und Wanderwege, meist ruhige Sträßchen, kurzes Stück weglos.

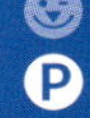

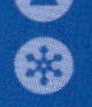

Beginnen wir die gemütliche Runde am Bahnhof in **Durach** 01. Vom Rathaus bringt uns die Bürgermeister-Batzer-Straße über die Geleise und am Flugplatz vorbei nach **Feuerschwenden** 02. Am Ortsende wollen wir uns den Abstecher auf einem gelungenen Kreuzweg zur individuellen Kapelle nicht entgehen lassen.

An der Gabelung nach der A7-Unterführung schlendern wir auf einem Wirtschaftsweg bergab zum Sulzberger See. Der hübsche Wanderweg zur Sandbank führt an einem einsamen Badeufer und später an einer Schilfzone entlang durchs Naturschutzgebiet. Mehrere Stege überbrücken Feuchtstellen.

Auf einem Radweg geht's nach Köhlis und auf verkehrsfreiem Sträßchen bergan zum Weiler Hofstetten. Am Ortsbeginn wandern wir in Richtung Sulzberg und nach etwas Höhenverlust auf einem Wirtschaftsweg zu den Häusern von Seebach. Nahe der

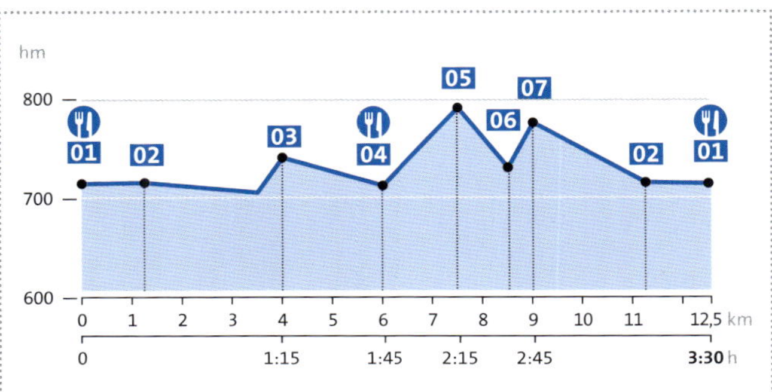


01 Durach, 714 m; 02 Feuerschwenden, 715 m; 03 Hofstetten, 740 m; 04 Sulzberg, 712 m; 05 Schnitzen, 790 m; 06 Aleuthe, 730 m; 07 Gund, 775 m

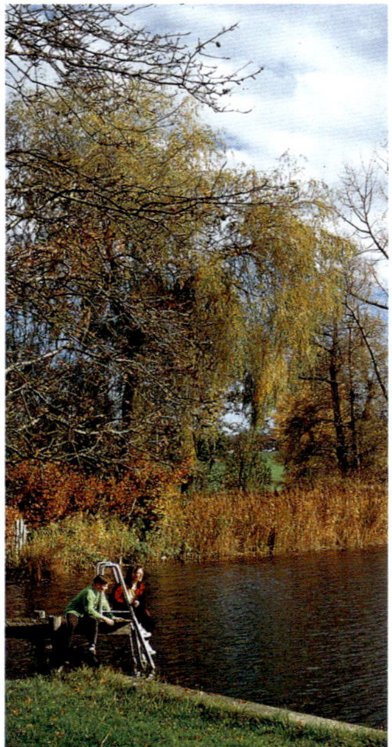

Der stimmungsvolle Sulzberger See im Kempter Süden nennt sich auch Öschlesee.

Einmündung in die von Eizisried kommende Straße erinnert in der Weide ein Gedenkstein an die einstige Burg mit Vogtei Seebach. Wenig später treffen wir in **Sulzberg** 04 ein.

Hinter dem schlanken Kirchturm wählt man den Pfarrweg und an einer Straßeneinmündung den bergwärts leitenden Hohlweg. An einer Verzweigung nimmt man den rechten Feldweg und spaziert an der nächsten Gabelung geradeaus über Viehweiden an einem Tobel entlang. Zur Einöde **Schnitzen** 05 muss man sich mit einem weglosen Stück begnügen.

Für Fußgänger besteht hier ein altes Gehrecht, zudem sind Weidedurchgänge eingerichtet. Ein Bauernsträßchen fällt nun leicht über den Weiler Pfaffenried nach **Aleuthe** 06 mit dem Fachwerkbau des Sägewerks ab.

Eine Brücke trägt uns über den Sulzberger Bach. Auf der ruhigen, steigenden Straße Richtung Sulzberg-Ried passieren wir den Einödhof Gsellen. Nach Queren der Straße von Sulzberg lassen wir uns beim Hof **Gund** 07 vom Schild „Durach“ den Weiterweg zeigen. Ein Feldweg leitet am Kreislehrgarten von Ried vorbei. Nach einer Waldkuppe bummeln wir auf stillem Sträßchen bergab zur Hofstettner Kapelle. Dort gehen wir Richtung Bittris, lassen jedoch auf dem aussichtsreichen Finale diese Häuser sowie jene von Sparenberg rechts liegen.

Bei **Feuerschwenden** 02 mündet das Sträßchen in den bekannten Kurs nach **Durach** 01.

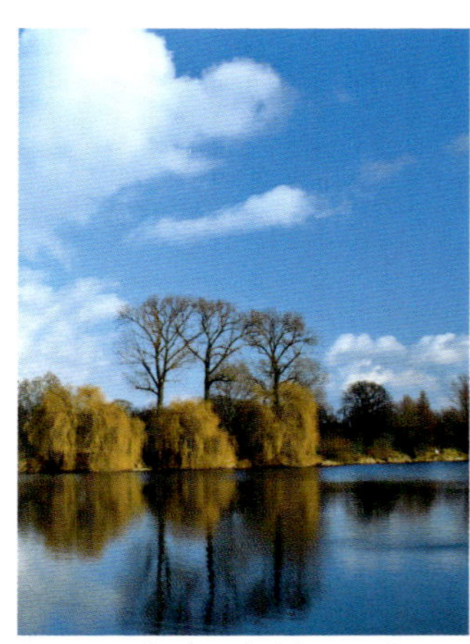

Am romatischen Sulzberger See.

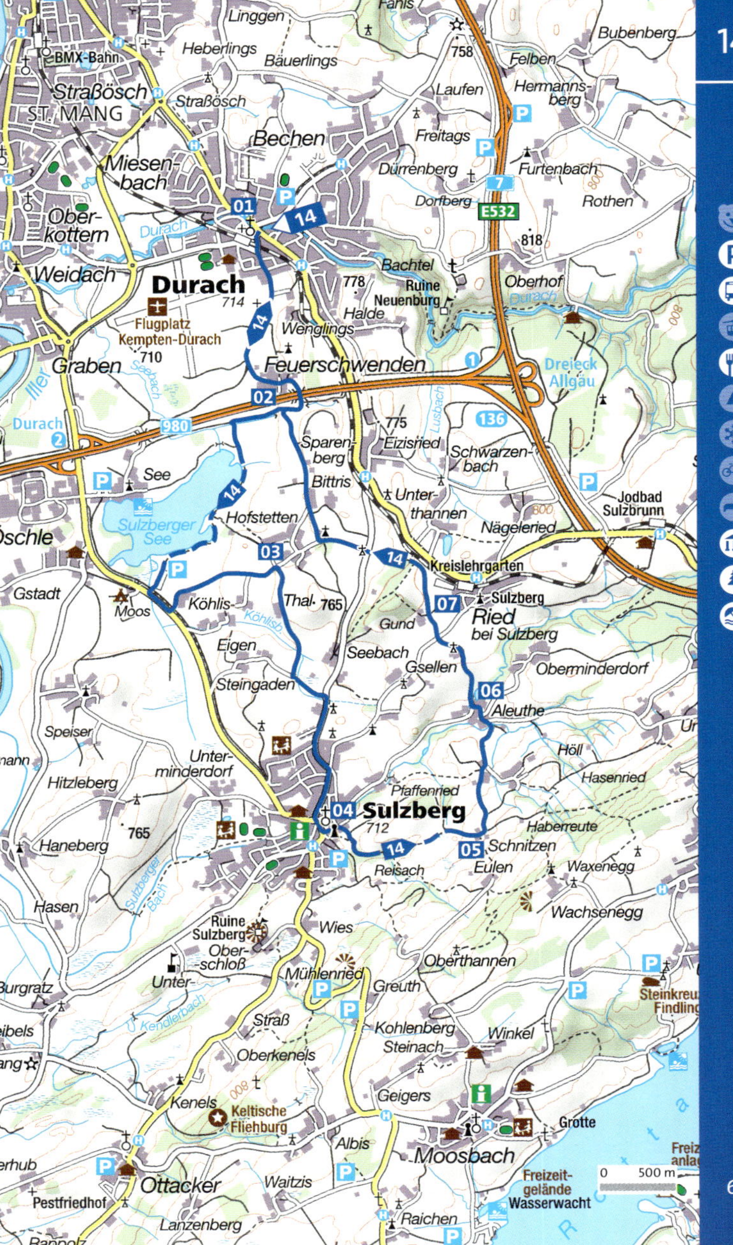
Linggen
Fahls
Bubenberg
Heberlings
Bäuerlings
BMX-Bahn
758
Felben
Laufen
Hermanns-berg
Straßösch
ST. MANG
Straßösch
Bechen
Freitags
Furtenbach
Miesen-bach
Dürrenberg
Dorfberg
Rothen
Ober-kottern
E532
818
Durach
Bachtel
Weidach
Durach
714
778
Ruine Neuenburg
Oberhof
Halde
Flugplatz Kempten-Durach
Wenglings
710
Graben
Feuerschwenden
Dreieck Allgäu
Iller
Seebach
Durach
980
775
Eizisried
136
Sparen-berg
Schwarzen-bach
Lusbach
See
Bittris
Unter-thannen
Jodbad Sulzbrunn
Sulzberger See
Hofstetten
Nägeleried
Kreislehrgarten
Gstadt
Moos
Köhlis-
Thal
765
Sulzberg
Ried bei Sulzberg
Gund
Köhlisb.
Eigen
Seebach
Gsellen
Oberminderdorf
Steingaden
Aleuthe
Speiser
Höll
Unter-minderdorf
Hasenried
Hitzleberg
Pfaffenried
Sulzberg
712
Haberreute
765
Haneberg
Schnitzen
Eulen
Reisach
Waxenegg
Hasen
Sulzberger Bach
Wachsenegg
Ruine Sulzberg
Wies
Ober-schloß
Oberthannen
Unter-
Mühlenried
Greuth
Burgratz
Steinkreuz Findling
Kendlerbach
Straß
Kohlenberg
Winkel
Steinach
Oberkenels
Kenels
Geigers
Keltische Fliehburg
Grotte
Albis
Moosbach
Ottacker
Waitzis
Freizeit-gelände Wasserwacht
0 500 m
Pestfriedhof
Raichen
Lanzenberg
Rappolz
Slipanlage
01
02
03
04
05
06
07
14

# WALDGASTHAUS TOBIAS UND SINKMOOS

## Herber Moorduft im Durach-Quellgebiet

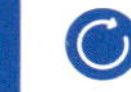 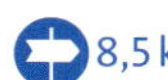 8,5 km  2:15 h  72 hm  72 hm 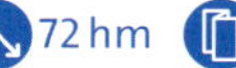  188

START | Durach/Bodelsberg, Bushaltestelle am Gasthof Adler, Parkplatz hinter dem Wirtshaus
[GPS: UTM Zone 32 x:606.050 m y:5.282.290 m]
CHARAKTER | Mäßige Steigung, meist bezeichnete Forstwege und Pfade.

Zu den jungen Wassern der Durach führt uns dieser spannende Routenverlauf durch die Südwestecke des Kempter Waldes.

▶ Wir nehmen in **Bodelsberg** 01 am Gasthof Adler kurz die Kreisstraße Richtung Görisried. Am Ortsende dirigiert uns dann der Wegzeiger „Durach Ursprung" auf einen geteerten Wirtschaftsweg. Später begleitet ein gemütlicher Pfad den Waldsaum. Nach einem Bachsteg über den Durach-Oberlauf biegen wir rechts in einen Forstweg ein. An einer Verzweigung geht's kaum spürbar bergan Richtung Dengelstein, hinein in den Kempter Wald.

Wir bummeln über eine Kuppe und halten uns an einer Gabelung an das Schild „Tobias". Ein kleiner Bachlauf wird überschritten, dann kommen wir zur winzigen Forsthütte **Albrecht-Plätzle** 02.

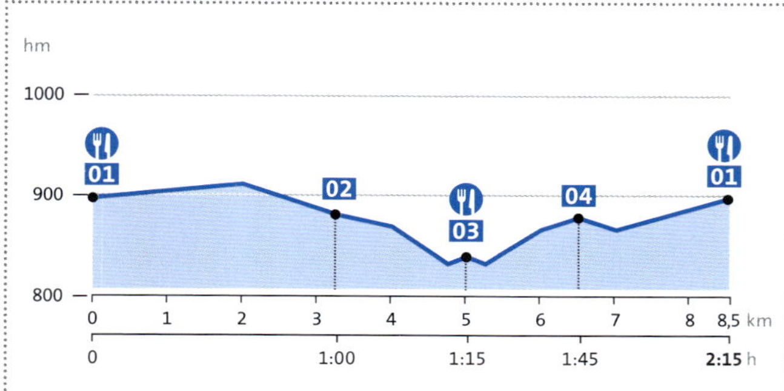


01 Bodelsberg, 896 m; 02 Albrecht-Plätzle, 880 m; 03 Waldgasthaus Tobias, 838 m; 04 Sinkmoos, 877 m

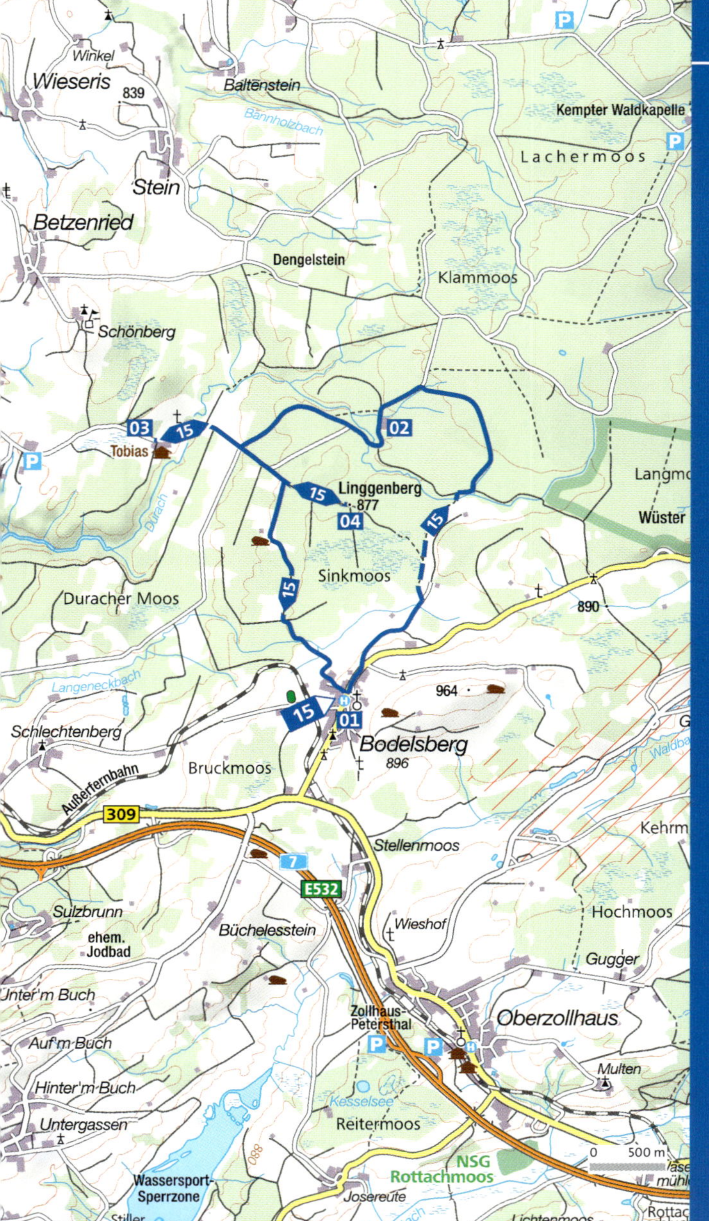

Kaisersmad
Stockermoos
Winkel
Wieseris
839
Baltenstein
Bannholzbach
Kempter Waldkapelle
Lachermoos
Stein
Betzenried
Dengelstein
Klammoos
Schönberg
03
15
Tobias
02
Linggenberg
877
04
Langmo
Wüster
Sinkmoos
Duracher Moos
890
Langeneckbach
964
Schlechtenberg
01
Bodelsberg
896
Bruckmoos
Außerfernbahn
309
Kehrm
7
Stellenmoos
E532
Sulzbrunn
ehem. Jodbad
Büchelesstein
Wieshof
Hochmoos
Gugger
Unter'm Buch
Zollhaus-Petersthal
Oberzollhaus
Auf'm Buch
Multen
Hinter'm Buch
Kesselsee
Untergassen
Reitermoos
0 500 m
NSG Rottachmoos
Wassersport-Sperrzone
Josereute
Stiller
Lichtenmoos
Rottach schluch

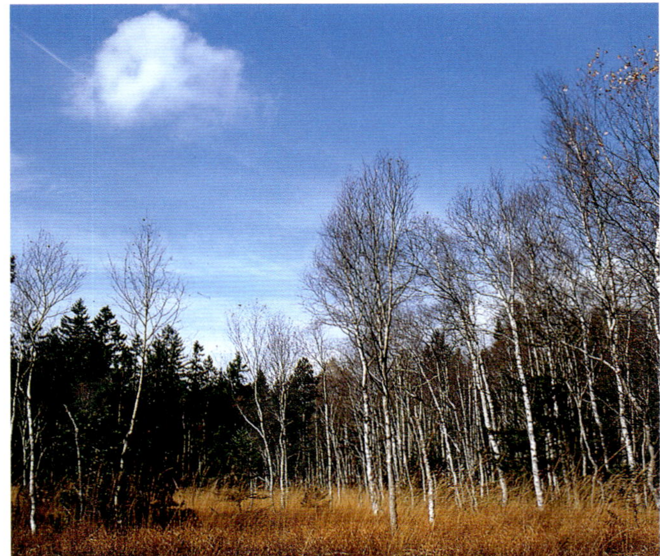

In der Südwestecke des Kempter Waldes lockt bei Bodelsberg das verschwiegene Sinkmoos den Naturfreund zu einem Abstecher.

Man wählt nach einer weiteren Durach-Querung die rechte Variante, spaziert an einem Tobel entlang und erreicht zuletzt auf befestigter Fahrbahn, nach einer nochmaligen Durachbrücke an der Öffnung des Waldes, das beliebte Ausflugsziel **Waldgasthaus Tobias** 03.

Nach verdienter Einkehr gehen wir zurück zum Teerende und lassen uns von der Tafel „Morauchelstein" den Kurs weisen. Diese Route ist identisch mit dem Oberallgäuer Rundwanderweg und dem „Natur-Erlebnis-Weg Durach".

An der Wegteilung nach mäßiger Steigung lohnt sich ein kleiner Abstecher. Wir halten uns dazu auf einer Fahrspur stets geradeaus, ab einer Schranke. Diese entführt uns auf dem Linggenberg in das **Sinkmoos** 04. Das verschwiegene und ein herbes Aroma verströmende Hochmoor fesselt mit üppig verteilten Moorkiefern, den so genannten Spirken.

Der früher weiter führende Fußpfad ist verwachsen. Wir nehmen den Hauptkurs wieder auf, wandern über Waldwiesen und kommen am Morauchelstein vorbei. Auf einem Wanderweg geht's über den Langeneckbach.

Zum Schluss passiert man ein paar Nagelfluhfindlinge und einen stattlichen Zwillingswacholder, bevor man wieder in **Bodelsberg** 01 eintrifft.

# ÜBER DIE MARIENGROTTE NACH LAUDORF



## Zwischen Waltenhofer Bach und Iller

 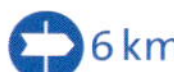 6 km  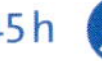 1:45 h 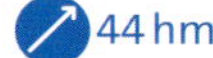 44 hm 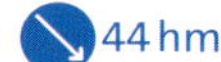 44 hm  187

START | Waltenhofen, Bushaltestelle an der Kirche, Parkplatz [GPS: UTM Zone 32 x: 597.860 m y: 5.280.580 m]
CHARAKTER | Kaum Steigungen, meist beschilderte Wirtschaftswege und Pfade, ruhige Sträßchen.

Diese Tour stellt eine der wenigen Rundwandermöglichkeiten in der Gemeinde Waltenhofen dar, auch wenn in manchen Landkarten die verlockendsten Phantasiewege umhergeistern mögen.

Wer etwa vom Dorf den Uferweg am Waltenhofer Bach nach Fischen sucht, wird ebenso enttäuscht sein wie jene, die einen Durchgang von Fischen zum Illerwanderweg ins Auge fassen: Brennesseln, Gestrüpp, Verbotsschilder. Des Menschen Wille ist also doch nicht immer sein Himmelreich.

In **Waltenhofen** 01 führen von der Kirche Gehwege am Friedhof vorbei und bergab zur Brücke über den Waltenhofer Bach. Anschließend schwingt sich ein separater Fußgängerweg im Nu durch ein Wäldchen und über eine Treppe hinauf nach **Rauns** 02. Wir spazieren über die Bahnlinie und nehmen links den Gehsteig der

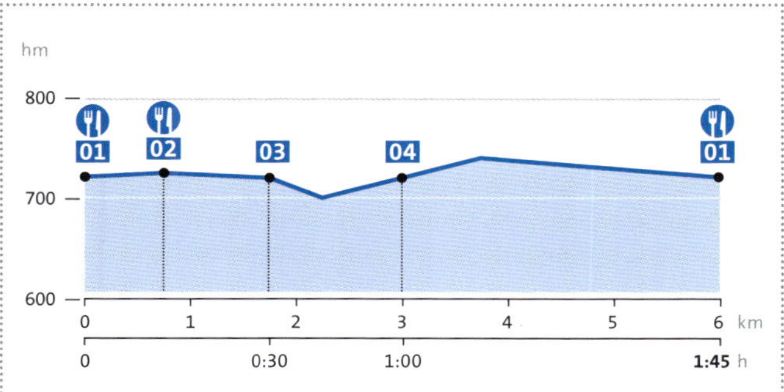


01 Waltenhofen, 721 m; 02 Rauns, 725 m; 03 Mariengrotte, 720 m; 04 Laudorf, 720 m

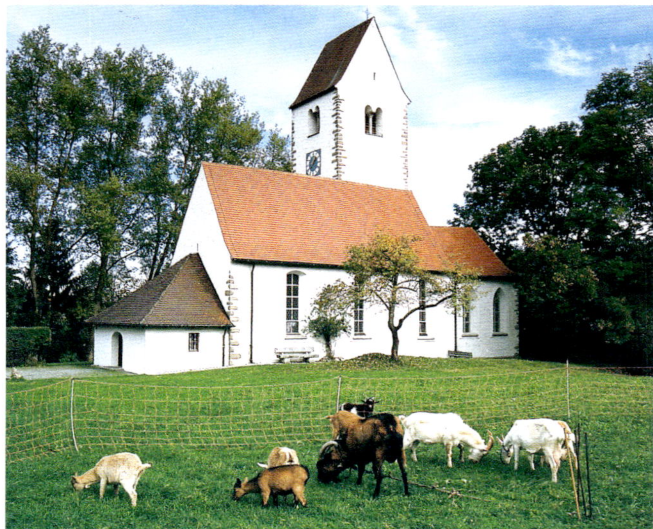

Das Kirchlein von Rauns.

Werdensteiner Straße. Außerhalb des Ortsteils leitet ein gelber mannshoher Metallmast der Gasleitung zu einem reizvollen Wiesenpfad, der über dem Illertal auf den Grünten zuhält.

Kurz nach Queren eines Sträßchens sind es nur noch ein paar Schritte zu der in einem auffallenden Laubwäldchen versteckten **Mariengrotte** **03**. Die eigenwillige, aus unzähligen Steinen verschiedenster Art errichtete Andachtsstätte findet Schutz unter einem in etwa vier Meter Höhe sich wölbenden Firmament. Daneben entdeckt man noch eine bescheidene Jesusgrotte und einen Kreuzweg.

Ein Feldweg bringt uns nun hinunter zum südlichen Ortsrand von Rauns. Auf einem ruhigen Sträßchen wandern wir an der Kirche vorbei nach **Laudorf** **04**, halten uns beim ersten Haus rechts und zweigen auf einen Wirtschaftsweg ab, der über eine Anhöhe leitet. Die Hatzenberger Höfe bleiben rechts von uns liegen. An der Kiesgrube Herzmanns wechselt die Route kurz in ein Anliegersträßchen, dann begleitet uns die Bahnlinie, wobei zwischendurch die Geleise gequert werden.

Bei der nächsten Unterführung trägt uns eine Fußgängerbrücke über den Waltenhofer Bach. Der Waldweg am leise rauschenden Wasserlauf entlang beschert einen recht harmonischen Tourenausklang. Kurz vor dem Dorf erinnert ein Gedenkstein an die einstige Mahl- und Sägemühle von **Waltenhofen** **01**, vormals Burgmühle.

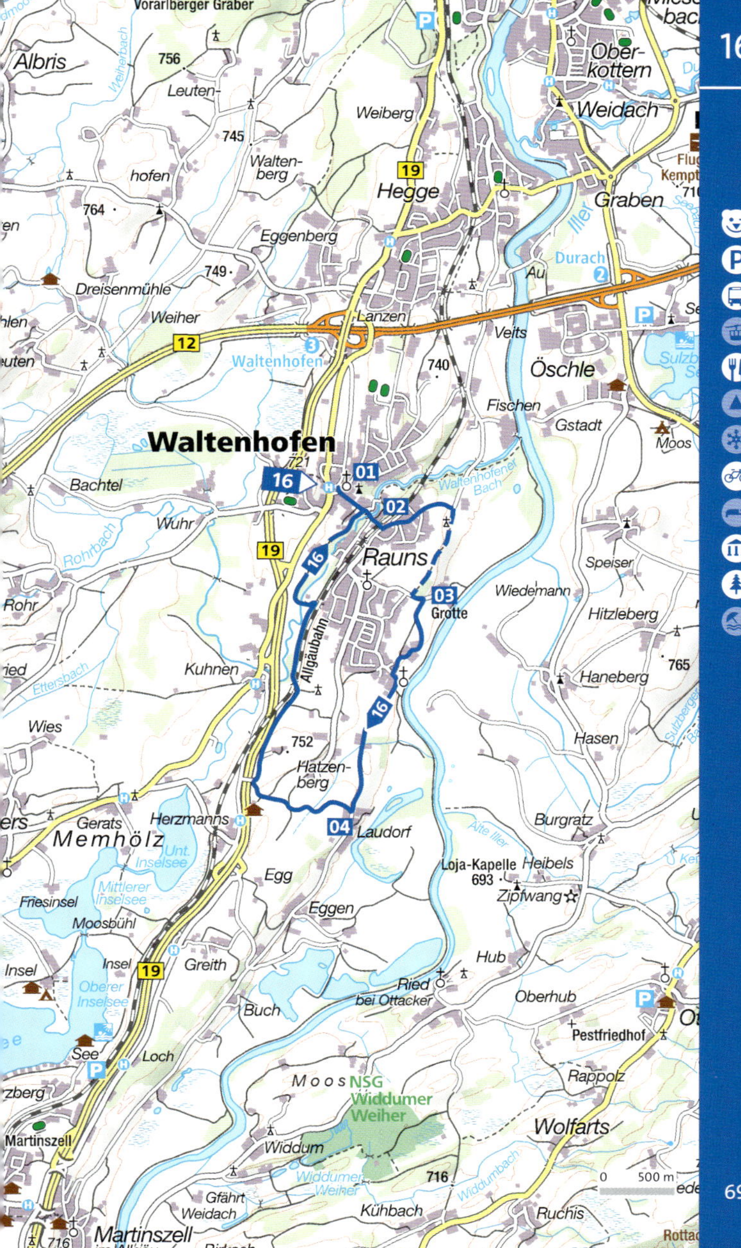

Vorarlberger Gräber
Albris
756
Leuten-
hofen
745
Walten-
berg
Weiberg
19
Hegge
Ober-
kottern
Weidach
Graben
Iller
764
Eggenberg
749
Dreisenmühle
Weiher
12
Lanzen
Durach
2
Au
Veits
Öschle
3
Waltenhofen
740
Fischen
Gstadt
Moos
Waltenhofen
721
16
01
02
Waltenhofener Bach
Bachtel
Wuhr
Rohrbach
19
Rauns
Rohr
03
Grotte
Wiedemann
Speiser
Hitzleberg
Allgäubahn
Kuhnen
Haneberg
765
Ettersbach
Wies
752
Hatzen-
berg
Hasen
Gerats
Herzmanns
Memhölz
04
Laudorf
Burgratz
Alte Iller
Unt. Inselsee
Mittlerer Inselsee
Friesinsel
Egg
Loja-Kapelle
693
Heibels
Zipfwang
Moosbühl
Eggen
Insel
Insel
19
Greith
Hub
Oberer Inselsee
Ried
bei Ottacker
Oberhub
Buch
Pestfriedhof
See
Loch
Moos
NSG
Widdumer
Weiher
Rappolz
Martinszell
Widdum
Wolfarts
Widdumer Weiher
716
Widdumbach
0
500 m
Gfährt
Weidach
Kühbach
Ruchis
716
Martinszell
im Allgäu
Birkach

17

# WIDDUMER WEIHER

## Naturoase aus zweiter Hand

 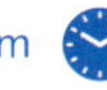 10 km 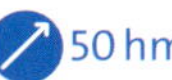 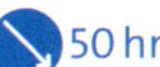  187

2:30 h | 50 hm | 50 hm

START | Sulzberg/Ottacker, Bushaltestelle bei der Kirche, Parkplatz [GPS: UTM Zone 32 x: 600.160 m y: 5.277.280 m]
CHARAKTER | Unwesentliche Anstiege, überwiegend beschilderte Wirtschaftswege, mitunter feuchte Pfadspuren und verkehrsarme Sträßchen, kurzer wegloser Abschnitt.

Stressfreies und doch begeisterndes Alpenvorland-Wandern.

Ein kaum befahrenes Sträßchen mit hervorragendem Ausblick übers Illertal zu Hauchenberg, Stoffelberg und Blender verbindet die Kirche in **Ottacker** 01 mit dem Ortsteil **Oberhub** 02. Nach kurzem Talkurs schwenken wir zum Einödhof Zehren ab.

Jenseits eines Bächleins ist der leicht steigende Feldweg ein kleines Stück durch eine Viehweide unterbrochen. Ab einer Verzweigung geht's teils auf Feldwegen, teils auf amüsanten, mitunter feuchten Pfadspuren durch eine herrlich ursprüngliche Streuwiesensenke zum Naturschutzgebiet **Widdumer Weiher** 03.

Entlang des Waldufers schlendern wir zum Auslauf des zauberhaften Gewässers und lassen uns von der Beschilderung „Häusern" den Weg zur Fischerhütte im Waltenhofer Weiler **Widdum** 04 zeigen. Dort kann man sich eine leckere

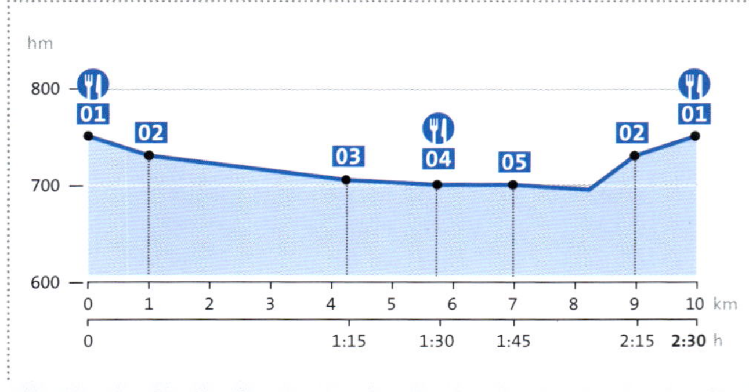


01 Ottacker, 750 m; 02 Oberhub, 730 m; 03 Widdumer Weiher, 705 m; 04 Widdum, 700 m; 05 Moos, 700 m

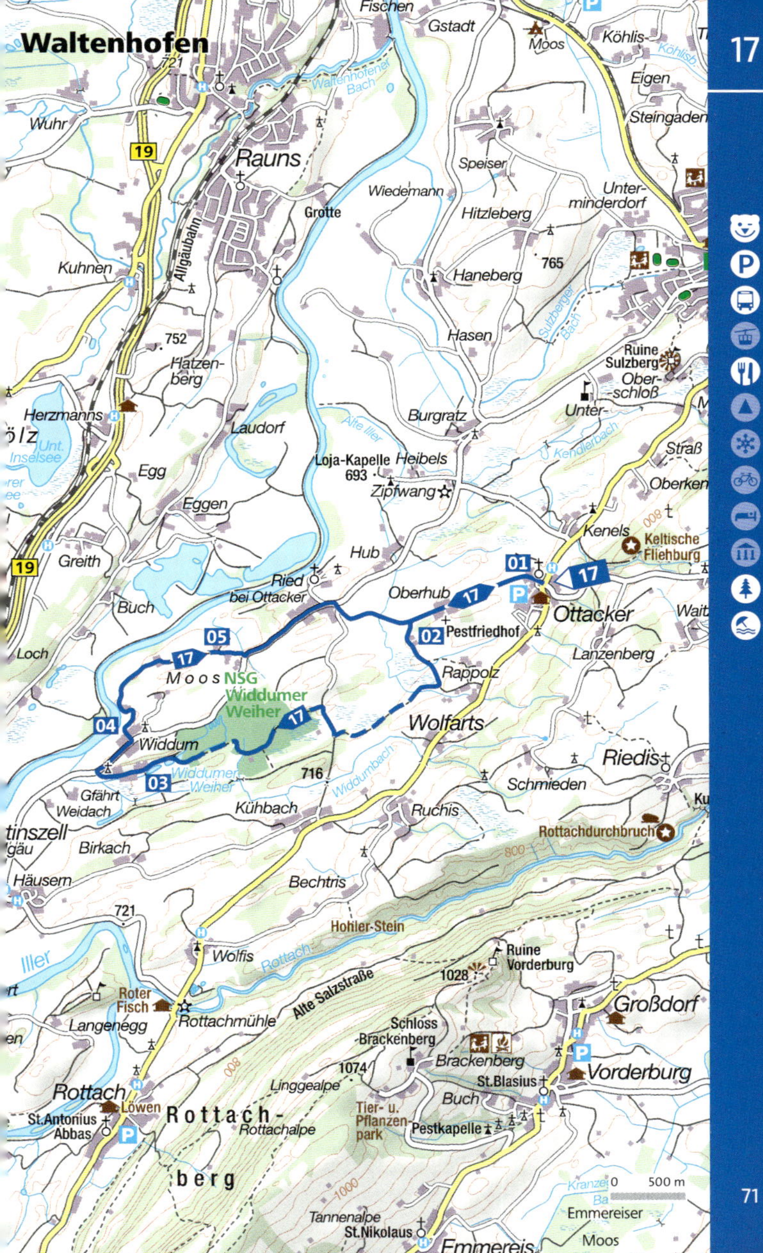
Waltenhofen
Rauns
Allgäubahn
Grotte
Wiedemann
Fischen
Gstadt
Moos
Köhlis
Eigen
Steingaden
Speiser
Unter-
minderdorf
Hitzleberg
Haneberg
765
Wuhr
Kuhnen
752
Hatzen-
berg
Hasen
Ruine
Sulzberg
Ober-
schloß
Unter-
Herzmanns
Laudorf
Alte Iller
Burgratz
Egg
Eggen
Loja-Kapelle
693
Heibels
Zipfwang
Straß
Oberken
Kenels
Keltische
Fliehburg
Greith
Hub
Ried
bei Ottacker
Oberhub
Ottacker
Pestfriedhof
Buch
Loch
Moos
NSG
Widdumer
Weiher
Rappolz
Lanzenberg
Wolfarts
Widdum
Riedis
Schmieden
716
Gfährt
Weidach
Kühbach
Widdumbach
Ruchis
Rottachdurchbruch
Birkach
Häusern
Bechtris
721
Hohler-Stein
Wolfis
Iller
Rottach
Ruine
Vorderburg
1028
Roter
Fisch
Rottachmühle
Alte Salzstraße
Langenegg
Schloss
Brackenberg
Brackenberg
Großdorf
Vorderburg
1074
Linggealpe
St.Blasius
Rottach
Löwen
St.Antonius
Abbas
Rottach-
Rottachalpe
berg
Tier- u.
Pflanzen-
park
Buch
Pestkapelle
Tannenalpe
St.Nikolaus
Emmereis
Emmereiser
Moos
0
500 m
17
01
02
03
04
05

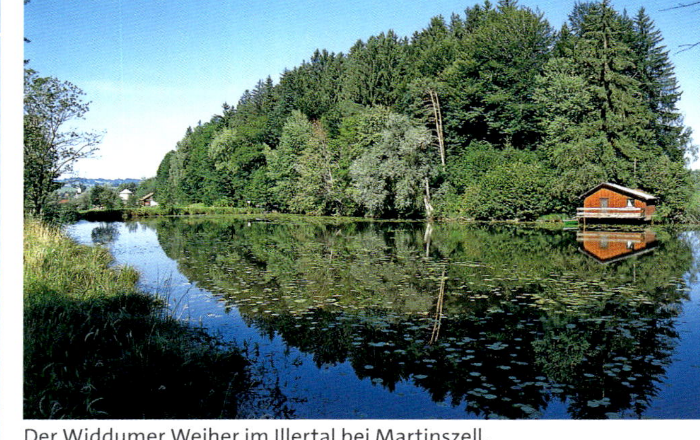

Der Widdumer Weiher im Illertal bei Martinszell.

Fisch-Brotzeit servieren lassen. An der Einmündung in die Straße von Martinszell gehen wir kurz zurück zu den nördlichen Häusern von Widdum und schlagen an der Bushaltestelle den Feldweg zu den Illerstromschnellen ein. An der Gabelung bei einem Tümpel wandert man anschließend rechts zu den Anwesen von **Moos** **05**. Dort leitet links die bekannte, stille Straße zum Sulzberger Weiler Ried.

Nach einem sanften Anstieg geht es von **Oberhub** **02** auf der Startetappe zurück nach **Ottacker** **01**.

## Naturidyll Widdumer Weiher

Man sieht dem seerosengeschmückten Widdumer Weiher seinen künstlichen Aufstau auf den ersten Blick nicht mal an, so harmonisch schmiegt er sich in die sanft hügelige Umgebung. Die vom letzten Eiszeitgletscher modellierte Senke füllte einstmals ein natürlicher Schmelzwassersee, der jedoch irgendwann verlandet war.

Das im Mittelalter von Ritter Konrad von Sulzberg für 1000 Pfennige an das Kloster Kempten verkaufte Gewässer ist heute ein wichtiges Rückzugsgebiet für gefährdete Pflanzen und Tiere, aber auch für die Zugvögel. Stillgewässer und Flachwassergebiete, Verlandungszonen sowie Nieder- und Übergangsmoore liegen unmittelbar beieinander.

1991 erwarb die Kreisgruppe Oberallgäu des Landesbundes für Vogelschutz, unterstützt von so manchem Spender, das nicht allzu weit vom Illerufer entfernte Feuchtbiotop.

# VON MOOSBACH NACH SCHMIEDEN

18

## Einfache Aussichtsrunde am Rottachsee

  8 km  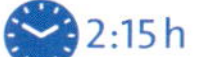 2:15 h 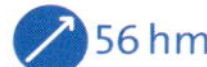 56 hm  56 hm  188

START | Sulzberg/Moosbach, Bushaltestelle Ortsmitte, Parkplatz bei der Kirche
[GPS: UTM Zone 32 x: 602.430 m y: 5.277.430 m]
CHARAKTER | Gemütliche Steigungen, meist beschilderte Wirtschaftswege und stille Sträßchen, kurzer Pfad.

Besonders an Wochenenden und Feiertagen pilgern die Natursüchtigen nicht selten in ganzen Heerscharen um den schlanken Rottachsee. Doch nicht nur der zugegeben vortrefflich angelegte Rundweg lohnt einen Besuch dieser malerischen Ecke. Eine Vielzahl empfehlenswerter Wanderwege strebt vom bunten Treiben an und auf dem beliebten Freizeitgewässer über entlegene Weiler und Einöden den aussichtsreichen Höhen entgegen. So auch der folgende Routentipp von der Moosbacher Grotte nach Schmieden, auf dem man bestens die Seele baumeln lassen kann.

▶ Wir starten in der Ortsmitte von **Moosbach** 01 Richtung Bodelsberg und zweigen am Dorfrand auf den Grottenweg ab. Nach dem Gasthaus geht es auf einem geteerten Wirtschaftsweg, später auf einem Pfad, mit Ausblicken über den Rottachsee an einem bewaldeten Bachgraben bergab

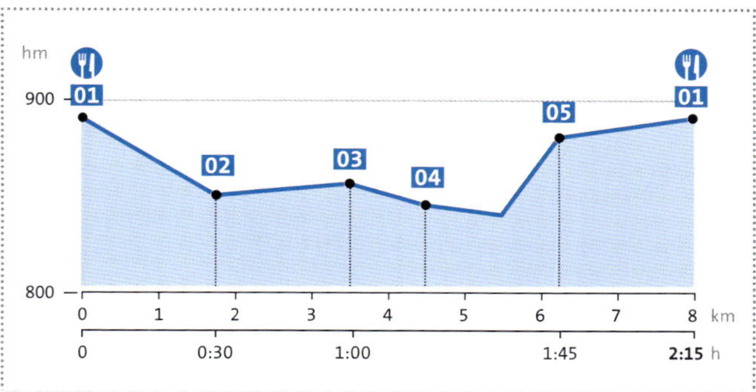


01 Moosbach, 890 m; 02 Rottachsee-Bad, 850 m; 03 Riedis, 856 m; 04 Schmieden, 845 m; 05 Waitzis, 880 m

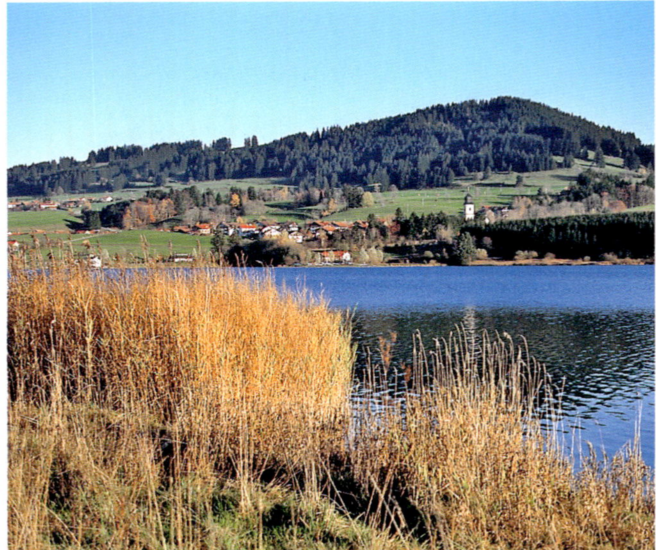
Über Petersthal am Rottachsee ragt das Burgkranzegger Horn auf.

zu einem Nagelfluhfindling. Der Felsen beherbergt eine natürliche, von Efeu umrankte Grotte, die ein winziger Garten schmückt.

Am **Rottachsee** 02 rechts in den Seerundweg einschwenkend, setzt eine gemächliche Schlenderei an. Hinter dem Badestrand erläutert die Tafel des Wasserwirtschaftsamtes, neben einer Übersichtskarte, Zweck und Funktionen des Rottachsees.

Vom Ende des Stausees müssen wir ein Stück mit der leicht ansteigenden Straße Richtung Sulzberg vorlieb nehmen, bis wir an einer Kreuzung auf das stille, flache Sträßchen – vor uns der Grünten – zum Weiler **Riedis** 03 abbiegen können. Nach der Kirche wandert man auf einem Wirtschaftsweg über der Waldfurche der Rottach zu den Bauernhöfen von **Schmieden** 04, dem Wendepunkt des Erholungsganges.

Auch auf dem folgenden Sträßchen, das wiederum an einer weiteren winzigen Nagelfluhgrotte vorbei leitet, wird uns kaum ein Auto begegnen. Kurz vor Lanzenberg weist das Schild „Waitzis“ auf einen gemütlich bergwärts führenden Feldweg.

Von der bald erreichten Kuppe bietet sich ein traumhafter Blick übers Illertal und zu den Immenstädter Bergen. Auf einsamer Höhenwanderung gelangen wir über ein paar Viehweiden zu den wenigen Anwesen von **Waitzis** 05. Verkehrsarme Straßen leiten uns von dort schließlich wieder zurück nach **Moosbach** 01.

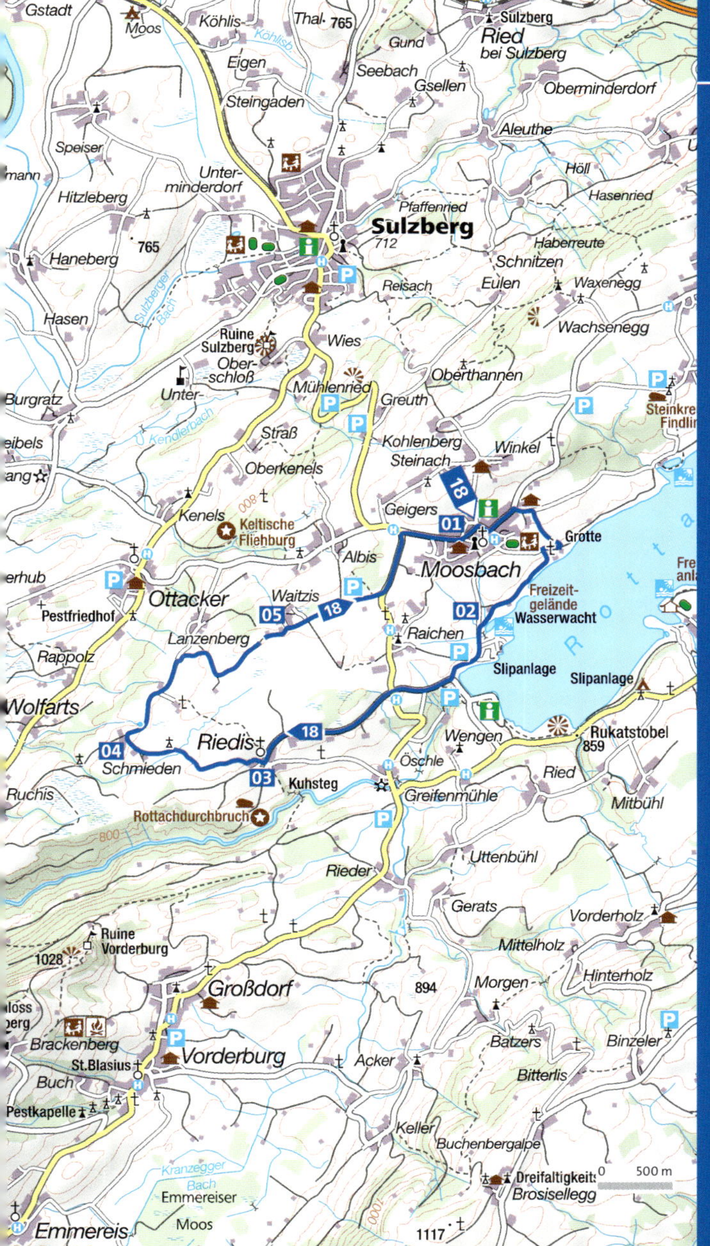

Gstadt
Moos
Köhlis
Thal 765
Gund
Sulzberg
Ried bei Sulzberg
Eigen
Seebach
Gsellen
Oberminderdorf
Steingaden
Aleuthe
Speiser
Unterminderdorf
Höll
Hasenried
Hitzleberg
Pfaffenried
Sulzberg
712
765
Haberreute
Haneberg
Schnitzen
Reisach
Eulen
Waxenegg
Hasen
Sulzberger Bach
Wachsenegg
Ruine Sulzberg
Ober-schloß
Wies
Mühlenried
Unter-
Oberthannen
Burgratz
Greuth
Steinkreis Findling
Kendlerbach
Straß
Kohlenberg
Winkel
Steinach
Oberkenels
Kenels
Keltische Fliehburg
Geigers
Grotte
Albis
Moosbach
Ottacker
Waitzis
Freizeit-gelände
Wasserwacht
Pestfriedhof
Raichen
Lanzenberg
Rappolz
Slipanlage
Slipanlage
Rottach
Wolfarts
Wengen
Rukatstobel
859
Riedis
Schmieden
Öschle
Ried
Kuhsteg
Ruchis
Greifenmühle
Mitbühl
Rottachdurchbruch
800
Uttenbühl
Rieder
Gerats
Vorderholz
Ruine Vorderburg
Mittelholz
1028
Hinterholz
Großdorf
894
Morgen
Brackenberg
Batzers
Binzeler
Vorderburg
St.Blasius
Acker
Buch
Bitterlis
Pestkapelle
Keller
Buchenbergalpe
Kranzegger Bach
Emmereiser
Moos
Emmereis
1117
Brosisellegg
0 500 m

# SCHWARZENBERGER WEIHER

## Auf Umwegen zu einem Naturidyll

 9 km 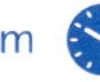 2:30 h 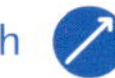 128 hm 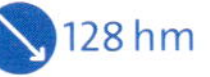 128 hm 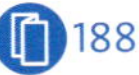 188

START | Oy/Unterschwarzenberg, Bushaltestelle beim südlichen Dorfeingang, Parkplatz am Wirtshaus
[GPS: UTM Zone 32 x: 610.080 m y: 5.280.240 m]
CHARAKTER | Kaum Steigungen, teilweise bezeichnete Wirtschafts- und undeutliche Feldwege, kurze Abschnitte auf Pfaden und verkehrsarmen Straßen. Orientierungssinn ratsam.

Nach der Devise „Wer sucht, der findet" starten wir an der Bushaltestelle in **Unterschwarzenberg** 01 zur individuellen Umrundung der Schwarzenberger Höhe. Beim Wirtshaus lenkt uns die Beschilderung „Alpe Wildberger Hof, Bachtel" durch die Kreisstraßen-Unterführung.

Der anschließend links abzweigende Wirtschaftsweg wechselt bald in einen undeutlichen Feldweg. Wir überschreiten den Obbach und passieren in einer Schleife einen Moorflecken. An der nächsten Gabelung wandern wir geradeaus und genießen an Gebüschreihen sanft bergan die Schau in die Tannheimer und östlichen Oberallgäuer Berge.

Nun geben wir uns nordwärts ein kleines Stück mit der Kreisstraße zufrieden, biegen Richtung Nagelfluhfindling auf einen Wirtschaftsweg ab und halten uns an einer Verzweigung an den

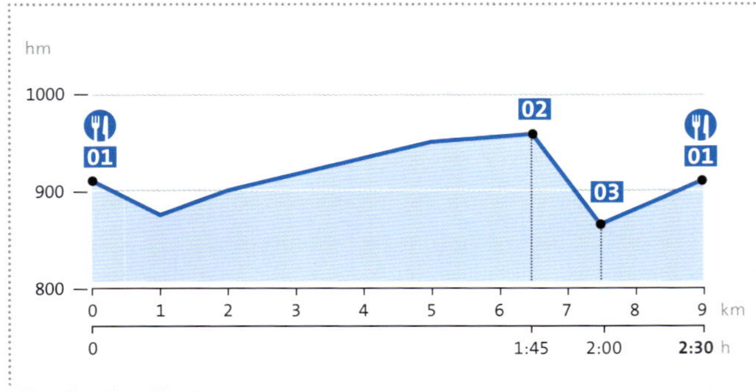


01 Unterschwarzenberg, 910 m; 02 Kreuzbänkle, 958 m;
03 Schwarzenberger Weiher, 865 m

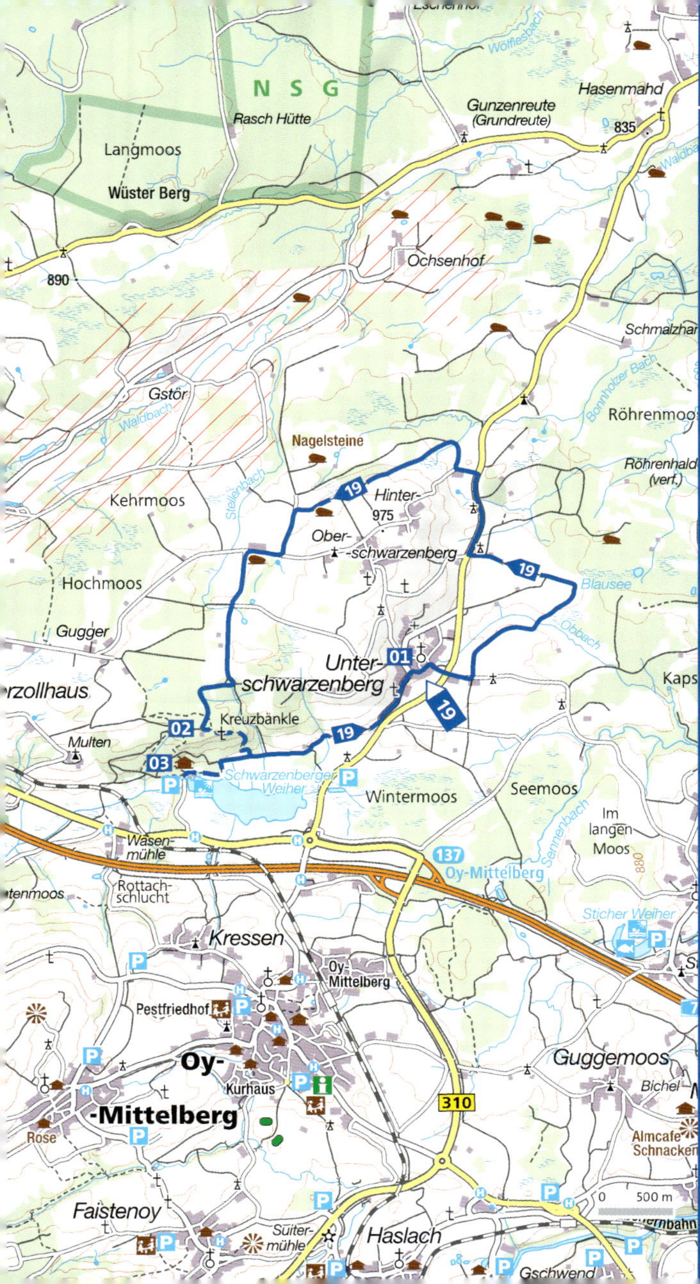

NSG
Rasch Hütte
Langmoos
Wüster Berg
Wölflesbach
Hasenmahd
Gunzenreute (Grundreute)
835
890
Ochsenhof
Schmalzhar
Bonnholzer Bach
Röhrenmoos
Röhrenhald (verf.)
Gstör
Waldbach
Nagelsteine
Kehrmoos
Stellenbach
Hinter-
975
Ober-
-schwarzenberg
Hochmoos
Blausee
Obbach
Gugger
Unter-
schwarzenberg
01
19
Kaps
rzollhaus
Kreuzbänkle
02
Multen
03
Schwarzenberger Weiher
Wintermoos
Seemoos
Sennenbach
Im langen Moos
880
Wasen-
mühle
137
Oy-Mittelberg
Rottach-
schlucht
tenmoos
Sticher Weiher
Kressen
Oy-
Mittelberg
Pestfriedhof
Oy-
-Mittelberg
Kurhaus
Rose
Guggemoos
Bichel
Almcafe
Schnacken
310
Faistenoy
Suiter-
mühle
Haslach
Gschwend
0 500 m

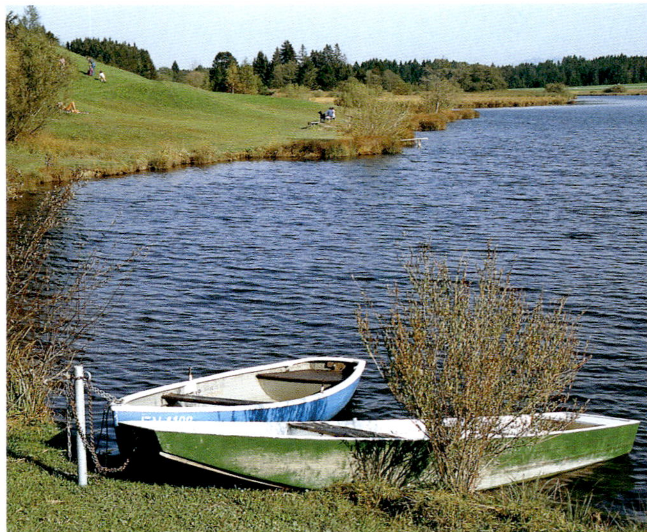

Schwarzenberger Weiher bei Oy.

gewohnten Wegweiser. Nach einem Wechsel von Waldflecken und Lichtungen schaltet sich auf undeutlichem Feldweg eine Wiesenquerung ein. An der Gabelung beim Teerbeginn bestätigt der gelb-weiße Pfeil die Richtigkeit des Kurses.

Wenig später lenkt man den Schritt auf das Sträßchen von Oberschwarzenberg, das man kurz darauf, bei dem hinter einer Hecke versteckten Findling, auf zwischendurch asphaltiertem Wirtschaftsweg Richtung **Kreuzbänkle** 02 wieder verlässt.

In leichtem Auf und Ab spaziert man über Viehweiden. Wieder im Wald, gestaltet sich die Fahrbahn zusehends feuchter. Der rot-weiße Pfeil dirigiert uns nun auf einen Pfad, der zum Kreuzbänkle leitet.

Von dem ungestörten Plätzchen überrascht ein einprägsamer Tiefblick auf den Schwarzenberger Weiher.

Die rot-weiße Markierung weist uns anschließend auf einen talwärts führenden Zickzackpfad. Am Bergfuß genehmigen wir uns noch – entlang an Feuchtwiesen – einen kurzen Abstecher zum **Schwarzenberger Weiher** 03, wo sich bei Badetemperaturen eine kleine Erfrischung geradezu aufdrängt.

Die Zugspitze bestimmt den Hintergrund dieses prachtvollen Landschaftsbildes.

Dann begeben wir uns auf den Rückweg, kreuzen auf einem Fahrweg zwei Bäche und treffen schon recht bald wieder in **Unterschwarzenberg** 01 ein.

# FAISTENOYER BACH UND MITTELBERGER RÜCKEN

## Informativer Dorf-Spaziergang

  7 km  2:15 h  153 hm 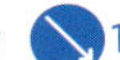 153 hm  188

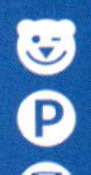

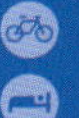

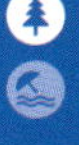

START | Oy/Bahnhof, Parkplatz
[GPS: UTM Zone 32 x: 609.470 m y: 5.278.040 m]
CHARAKTER | Leichte Anstiege, gut beschilderte Wirtschaftswege und Pfade (kurze Pfadspuren), ruhige Sträßchen.

Beginnen wir die kleine Erlebnisrunde am Bahnhof in **Oy** 01. Vom Parkplatz steigt ein Fußgängerweg an der Kneippanlage vorbei zur Dorfmitte. Wir nehmen links die Gehsteige der Hauptstraße und Wertacher Straße, bis am Verkehrsamt das Täfelchen „Faistenoy" auf einen talwärts leitenden Wirtschaftsweg lenkt.

Das Zeichen des Schwäbisch-Allgäuer-Wanderwegs dirigiert uns über ein wegloses Wiesenstück. Danach gehen wir auf einem Pfad bergab zum **Faistenoyer Bach** 02, queren die zum gleichnamigen Ort führende Straße und folgen auf dem vergnüglichen Mühlbachweg, dreimal das Ufer wechselnd, dem bewaldeten Wasserlauf.

Nach dem Kreuzen der Straße von Faistenoy bleiben wir Richtung Horn dem Bachpfad treu. An der Gabelung – nach einem weiteren Steg – richten wir uns nach dem

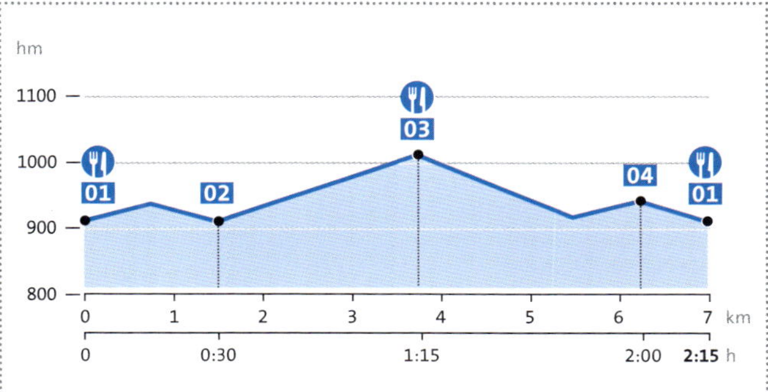


01 Oy, 909 m; 02 Faistenoyer Bach, 908 m; 03 Mittelberg, 1010 m; 04 Kressen, 940 m

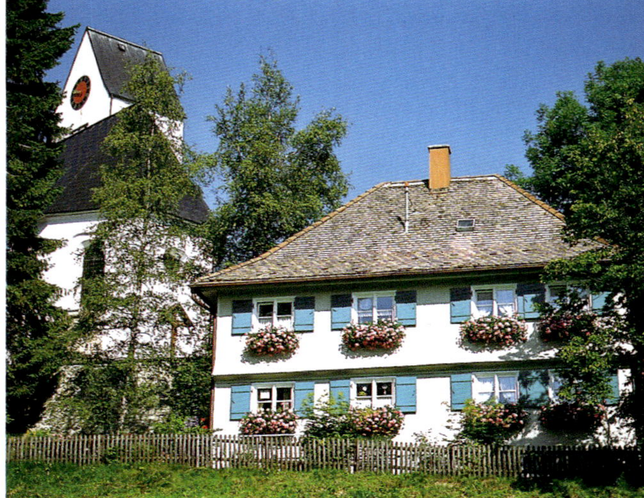
Das einladende Dörfchen Mittelberg.

Schild „Mittelberg" und bummeln an einem murmelnden Seitenbächlein bergauf.

An einer Verzweigung hält man sich an die Oyer Route und trifft in Kürze im hoch gelegenen Filialort **Mittelberg** 03 mit seinen bewahrten alten Höfen ein.

Der Steinlehrpfad, ein Feldweg und später eine kurz fallende Wiesenspur, bringt uns mit Blick in die Ammergauer Alpen – daneben imponiert die Zugspitze – zum Pestfriedhof. Zuvor erläutert eine Tafel auf dem Moränenwall am Rand des einstigen Lechgletschers Wissenswertes über die Gestal-

## Oyer Steinlehrpfad

Wer dem naturkundlich-geschichtlichen Lehrpfad in seiner gesamten Länge nachspüren möchte, der kann sich anhand der Übersichtskarte beim Mittelberger Pestfriedhof ein Bild über den Routenverlauf machen.
Die 8 Kilometer lange so genannte Steinmeile zwischen Oy und Mittelberg informiert anschaulich auf insgesamt sieben Tafeln über das erdgeschichtliche Werden des Mittelberger Rückens sowie über Geschichte und Kultur der Gemeinde. Die vortreffliche Gestaltung hat kein Geringerer als der Kempter Geologe Dr. Herbert Scholz vorgenommen.

tung des Alpenvorlandes während der letzten Eiszeit. Es bedarf einiger Phantasie, sich vorzustellen, dass der Illergletscher gut 200 m den Standort der Mittelberger Kirche überragt hatte.

Nach dem Pestfriedhof mit Denkmal an den Schwarzen Tod, gehen wir entlang der Steinmeile ein Stück auf der Straße und dann zwischen Gehölzstreifen auf einem Wirtschaftsweg an einem Bachgraben bergab in Richtung Rottachschlucht. Von der nächsten Kreuzung geht es bald auf einem Sträßchen hinauf zum Weiler **Kressen** 04 mit betagtem Einfirst-Haus und zurück nach **Oy** 01.

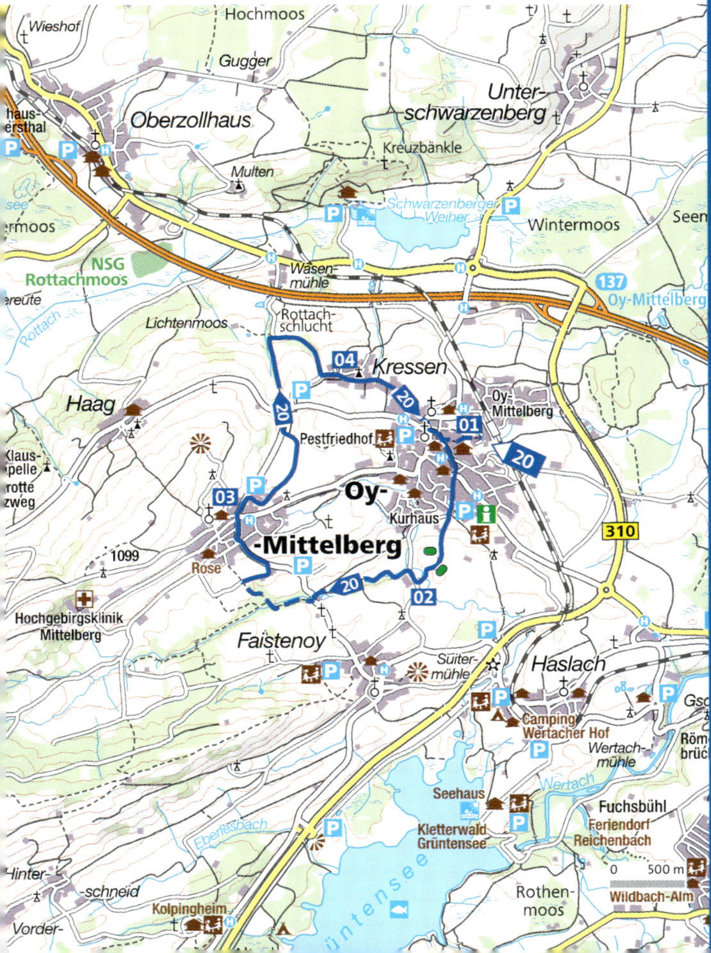

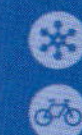

# SPECKBACH-WASSERFALL

## Berg- und Talkurs für passionierte Pfadfinder

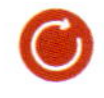 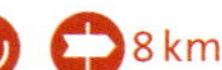 8 km 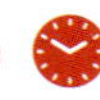  2:00 h 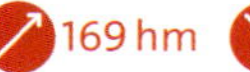 169 hm 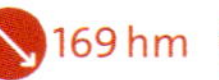 169 hm  187

START | Weitnau/Hellengerst, Gasthof Goldenes Kreuz, Parkplatz [GPS: UTM Zone 32 x: 590.300 m y: 5.279.340 m]
CHARAKTER | Einfache Steigungen, dürftig bezeichnete Wirtschaftswege und meist verkehrsfreie Sträßchen, kurze Fahr- und Pfadspuren, mehrere weglose Abschnitte, zuletzt Radweg. Orientierungssinn erforderlich.

Wegen der wiederholt neckisch weglosen Einlagen ist diese kurzweilige Unternehmung über dem Weitnauer Tal als mittelschwer einzustufen. Es handelt sich dabei wohlgemerkt nicht um eine willkürliche Schikane, sondern um spannende offizielle Wanderrouten, die selten begangen werden.

▶ Das Täfelchen „Fuchsmühle" weist beim Gasthof Goldenes Kreuz in **Hellengerst** 01 an der Kirche bergab zum letzten Haus. Die Bezeichnung Weg ist für die erste Etappe allerdings leicht übertrieben. Zwei Schilder erleichtern zumindest die Orientierung über eine größere spurlose Wiese. Auf einem kurzzeitig von einem Zufahrtssträßchen unterbrochenen Feldweg leitet der Talkurs an einem Engelwarzer Einödhof vorbei. In der Talsohle begleitet uns der Fuchsbach, im weiteren Verlauf auf einem verkehrsfreien Sträßchen, nach **Eisenbolz** 02.

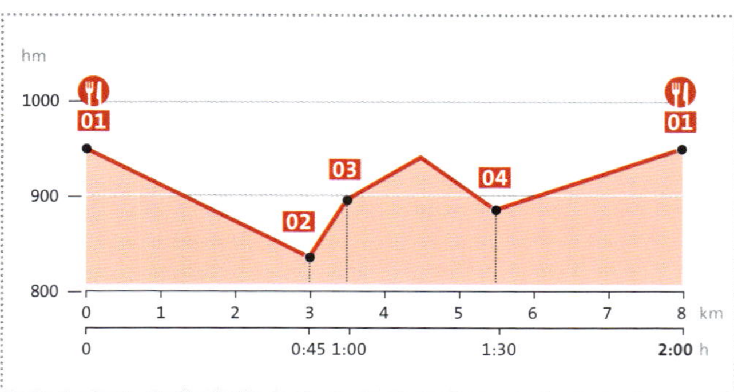


01 Hellengerst, 949 m; 02 Eisenbolz, 835 m; 03 Kreut, 895 m;
04 Speckbach-Wasserfall, 885 m

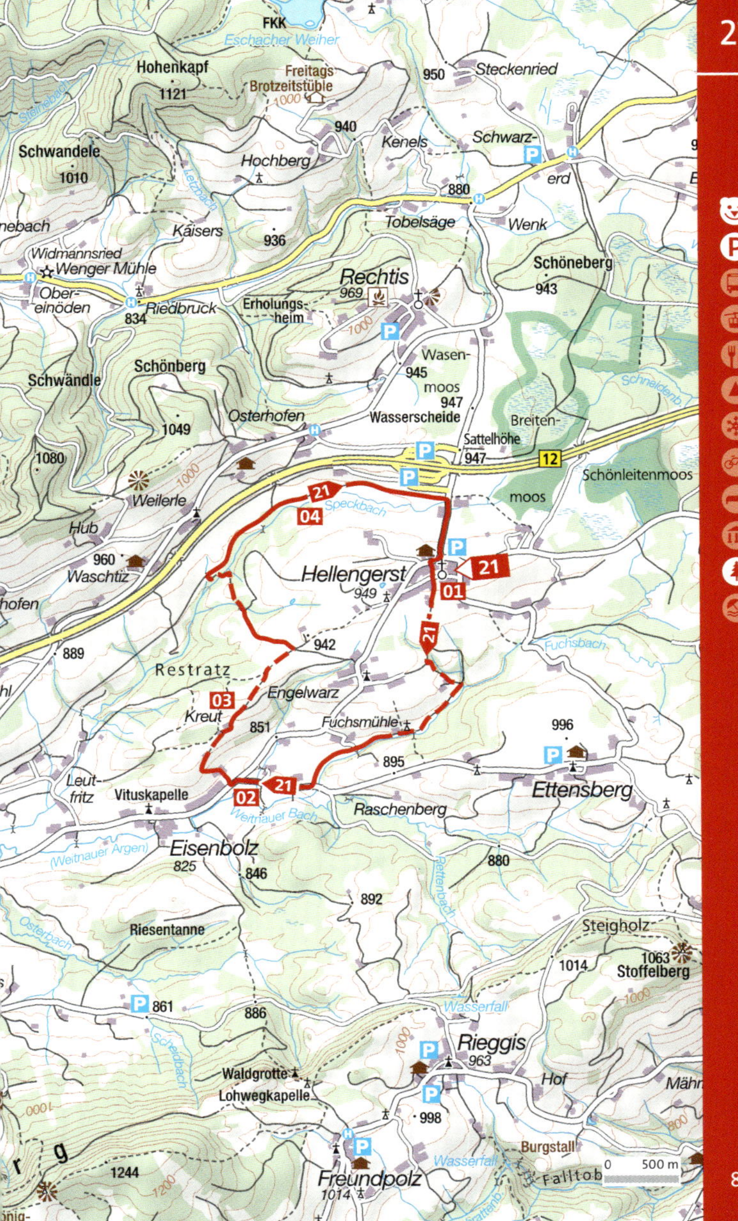

Eschacher Weiher
FKK
1000
Hohenkapf
1121
Freitags-Brotzeitstüble
Steckenried
950
940
Kenels
Schwarz-
erd
Schwandele
1010
Hochberg
880
Tobelsäge
Wenk
Kaisers
936
Widmannsried
Wenger Mühle
Ober-
einöden
834
Riedbruck
Erholungs-
heim
Rechtis
969
Schöneberg
943
Wasen-
moos
945
947
Wasserscheide
Schwändle
Schönberg
1049
Osterhofen
Breiten-
moos
Sattelhöhe
947
12
Schönleitenmoos
1080
Weilerle
Hub
Speckbach
960
Waschtiz
Hellengerst
949
942
889
Fuchsbach
Restratz
Engelwarz
Kreut
851
Fuchsmühle
996
895
Ettensberg
Leut-
fritz
Vituskapelle
Raschenberg
Weitnauer Bach
Eisenbolz
825
846
880
892
Riesentanne
Steigholz
1063
1014
Stoffelberg
861
886
Wasserfall
Rieggis
963
Hof
Waldgrotte
Lohwegkapelle
998
Burgstall
Wasserfall
1244
Freundpolz
1014
Falltob
0
500 m

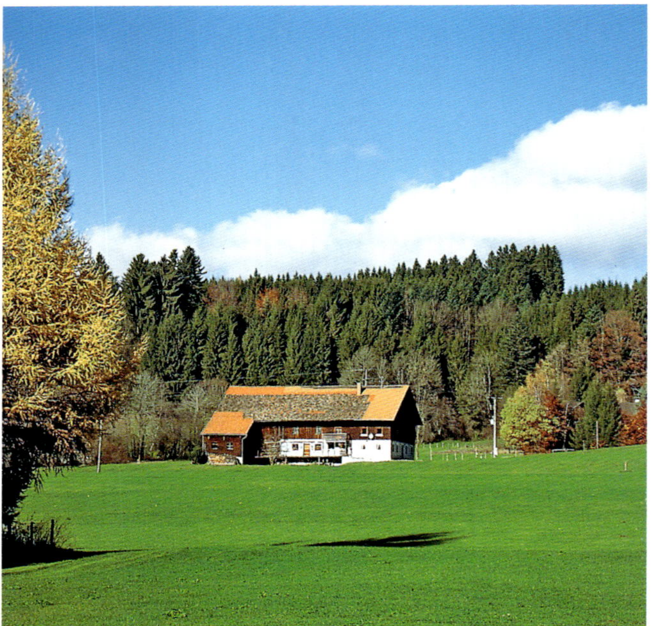

Bei Eisenbolz.

Am Ortsanfang halten wir uns an den Wegweiser „Wasserfall“ und wandern auf einem geteerten Wirtschaftsweg in einer Kehre bergwärts, zur Linken der bewaldete Hauchenberg. An einem Stadel dirigiert uns der Richtungszeiger „Hellengerst“ auf eine Fahrspur. Nach kaum nennenswerter, wegloser Weidequerung gehen wir noch vor dem Einödhof **Kreut** 03 an einer mit der vereinzelt auftauchenden Markierung „9“ bezeichneten Fichtenreihe hinauf zu einer Anhöhe.

Eine Pfadspur durchzieht anschließend einen kleinen dunklen Waldfleck, dann müssen wir uns Richtung Hellengerst am Waldrand entlang abermals mit einem weglosen Abschnitt begnügen. Wieder auf freier Weide behält man die Richtung bei und stößt auf einen Wirtschaftsweg. Diesem folgt man talwärts und schlendert zuletzt wieder ohne Weg am Waldsaum zum **Speckbach-Wasserfall** 04, der sich in diesem verschwiegenen Winkel über eine Felsstufe ergießt.

Nach einem Bachsteg spazieren wir rechts auf dem vom Weitnauer Tal sanft ansteigenden Radweg, der die Trasse des Isny-Bähnles benützt, unter dem Gestüt Osterhof vorbei zum ehemaligen Bahnhof **Hellengerst** 01 und zurück zum Ausgangspunkt.

# NACH WILHAMS UND AUFS LÜSSECK



## Zwischen Sonneneck und Hauchenberg

 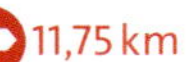 11,75 km 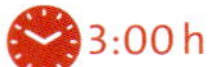 3:00 h 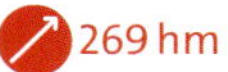 269 hm  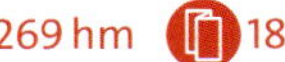 269 hm 187

START | Weitnau/Hellengerst, Gasthof Goldenes Kreuz, Parkplatz [GPS: UTM Zone 32 x: 590.300 m y: 5.279.340 m]
CHARAKTER | Einfache Steigungen, dürftig bezeichnete Wirtschaftswege und meist verkehrsfreie Sträßchen, kurze Fahr- und Pfadspuren, mehrere weglose Abschnitte, zuletzt Radweg. Orientierungssinn erforderlich.

Als Startpunkt für den individuellen Orientierungskurs wählen wir den Festsaal in **Weitnau** 01. Der Hirnbeinweg bringt uns zur Kirche. Dort leitet der Wanderwegweiser „Rieder" zu einem Wiesenpfad.

Bei einem Einzelanwesen setzt ein Waldhang an. An einem Viehstall vorbei sind mehrere weglose, flache Viehweiden zu queren, wobei man auf die Durchgänge zu achten hat. Schöne Ausblicke ergeben sich über das Weitnauer Tal zum langen Sonneneck-Höhenzug. Über einen Bachsteg gelangt man mit zwei letzten Weidequerungen zum Weiler **Rieder** 02.

Richtung Missen geht es auf dem rechten Feldweg an einem Bächlein entlang. Der Wegweiser „Missen über Höllanger" zwingt zum Queren wegloser, aber bestens beschilderter Viehweiden. Danach folgen wir einem Pfad, später einem Waldweg und an

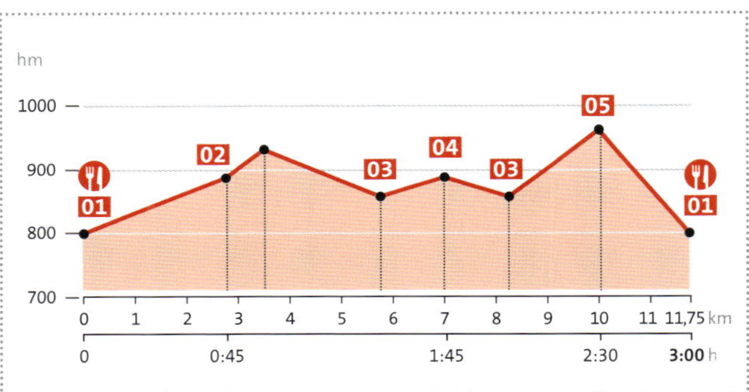


01 Weitnau, 797 m; 02 Rieder, 885 m; 03 Trettenbach, 855 m; 04 Wilhams, 886 m; 05 Lüßeck, 960 m

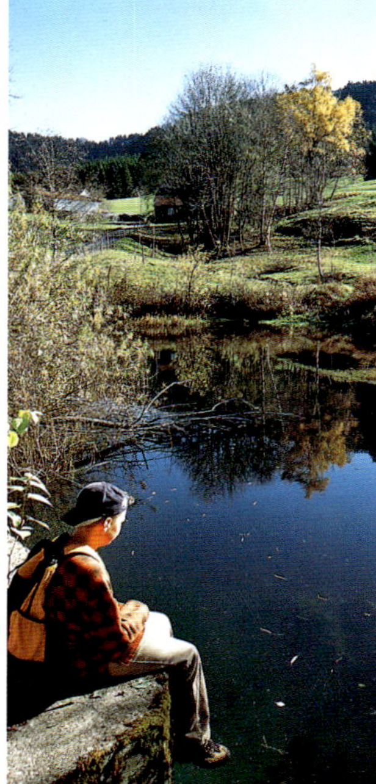
Verträumter Weiher im Weitnauer Weiler Rieder.

der Wegspinne bei einem Teich mit Unterstand dem Hirnbeinweg Richtung Sibratshofen, ein Trettenbach-Quellwasser als Begleiter. Die lobenswerten Schautafeln vermitteln einiges über Wald, Alpwirtschaft und Bergbäche.

Der beschauliche Wanderweg über Bachstege wird später vom Wirtschaftsweg nach **Wilhams** 04 abgelöst, der durch das ruhige Wiesental des Trettenbachs leitet. Noch ein kleiner Aufschwung, dann ist am Ostfuß des bewaldeten Hauchenbergs das Dörfchen erreicht.

Nach gemütlicher Einkehr wandern wir zurück durch das Wiesental und nehmen am Ende der Lichtung die leicht bergwärts leitende Abzweigung des Wurzelpfades in Richtung Sibratshofen. Dieser wechselt dann später in einen Waldweg, der sich jedoch bald wieder als Pfad entpuppt. Ab der Anhöhe **Lüßeck** 05, geht es auf einem quer laufenden Forstweg gemütlich abwärts und zurück nach **Weitnau** 01.

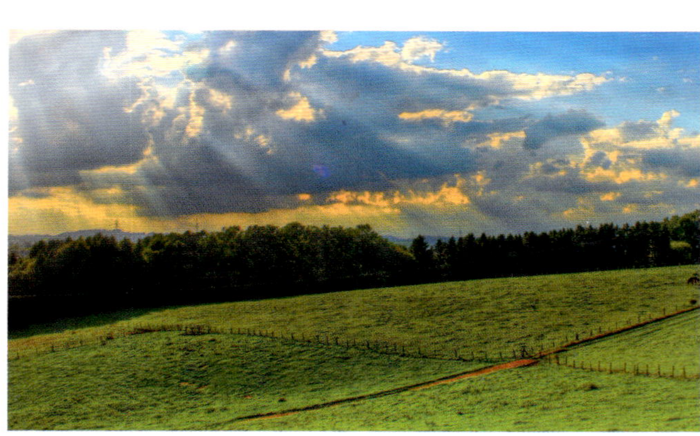
Herrliche Wolkenstimmung im Wiesental.

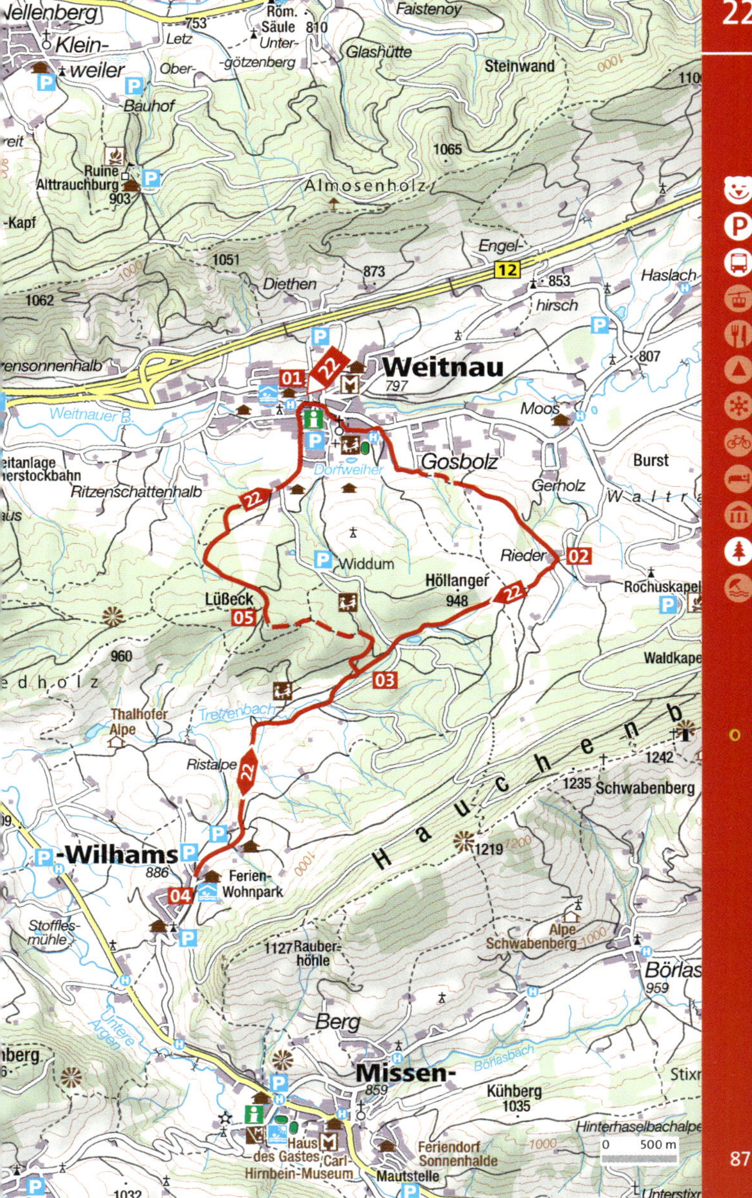
Nellenbruck
Weitnau
797
Gosbolz
Widdum
Höllanger
948
Rieder
Lüßbeck
Wilhams
886
Missen-
859
Ferien-
Wohnpark
Hauchenberg
Schwabenberg
Alpe Schwabenberg
Rauberhöhle
Dorfweiher
Almosenholz
Ristalpe
Thalhofer Alpe
Tretzenbach
Haus des Gastes
Carl-Hirnbein-Museum
Feriendorf Sonnenhalde
Kühberg
1035
0 500 m

# OCHSENBERG • 1126 m

## Einsamer Waldschopf über der Unteren Argen

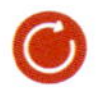 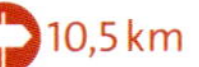 10,5 km 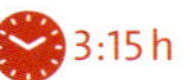 3:15 h 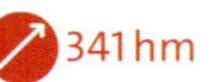 341 hm 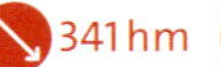 341 hm  187

START | Missen/Unterwilhams, Bushaltestelle am Restaurant Sennstube, Parkplatz
[GPS: UTM Zone 32 x: 583.620 m y: 5.272.790 m]
CHARAKTER | Längere mäßige Steigungen, teilweise schwach bezeichnete und undeutliche Pfade sowie Zieh- und Forstwege, anfangs kleines Stück auf Staatsstraße, ein wenig Orientierungssinn wird gebraucht.

Wir finden uns zu dieser kaum bekannten Minigipfel-Überschreitung am Restaurant Sennstube in **Unterwilhams** 01 ein. Kurz folgt man der Straße taleinwärts und achtet beim Ortsteil Stoffelsmühle auf das Schild „Aigis".

Ein Anliegersträßchen schwingt sich nach der Brücke über die Untere Argen in wenigen Kurven hinauf zu einem Einzelgehöft. Auf einem Feldweg überwindet man einen Wiesenhang nach **Aigis** 02.

An der Kapelle vorbei spazieren wir durch den hoch gelegenen Ort und zweigen auf die Straße „Im Gern" ab. Nach dem letzten Haus leitet eine Wiesenspur am Zaun entlang, bergan auf den bewaldeten Ochsenberg zu.

Das gleichnamige Täfelchen zeigt uns auf einem Ziehweg über Jungviehweiden die weitere Richtung an. Bald wechselt die Route in einen angenehmen Waldpfad, der kurzzeitig oberhalb

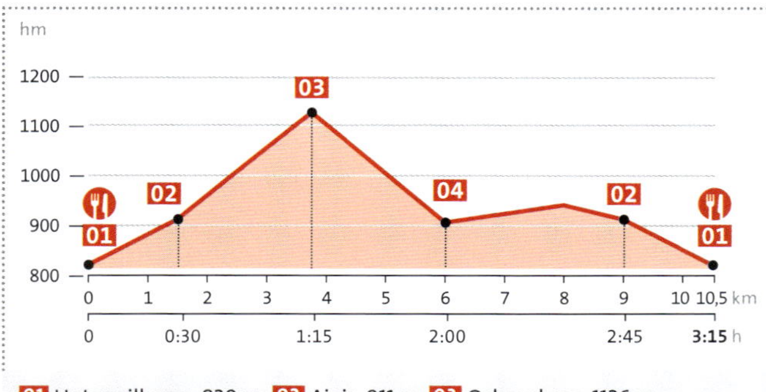


01 Unterwilhams, 820 m; 02 Aigis, 911 m; 03 Ochsenberg, 1126 m; 04 Geratsried, 905 m

respekteinflößender Abstürze verläuft. Wenige Meter vor dem Wegweiser bei der Einmündung in einen Forstweg folgen wir dem Kammweg Richtung Geratsried neben dem steigenden Forstweg zum **Ochsenberg** 03. Wegen der Fichten ist die Aussicht von der Ruhebank auf dem höchsten Punkt leider begrenzt.

Auf weiterhin wenig ausgeprägtem, zunehmend verwachsenerem Pfad, der ein bisschen Pioniergeist fordert, bleiben wir mit kurzem Blick zu den Rindalpen dem Kamm treu. Wer einen komfortableren Kurs vorzieht, wählt hier die Fahrspur talwärts und schwenkt rechts in einen Forstweg ein.

Beide Routen treffen bei einem Nagelfluhblock wieder zusammen. Der Kammweg ist nun am Waldrand besser begehbar. Auf einem Ziehweg treffen wir in **Geratsried** 04 ein.

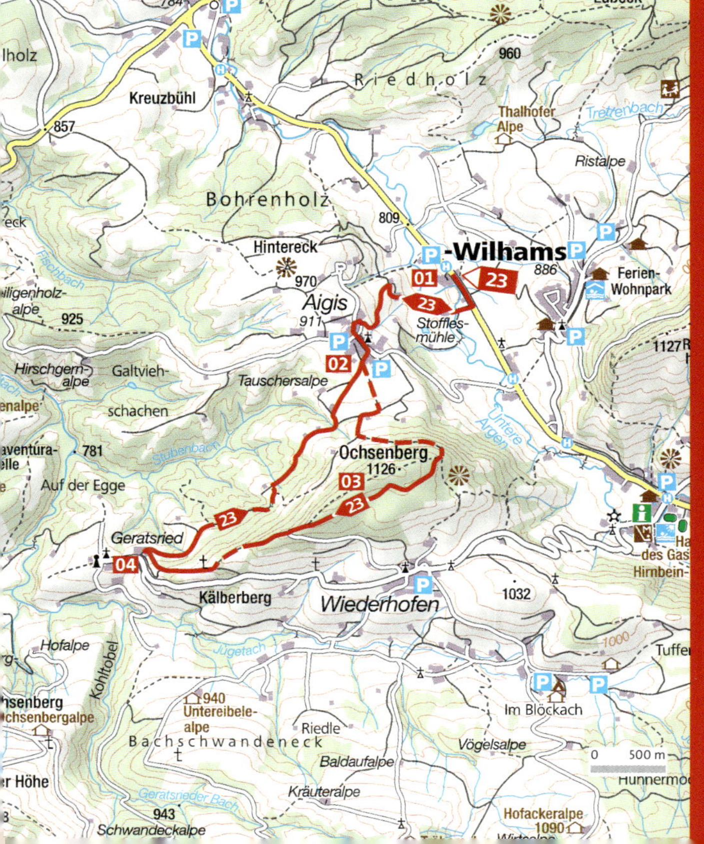

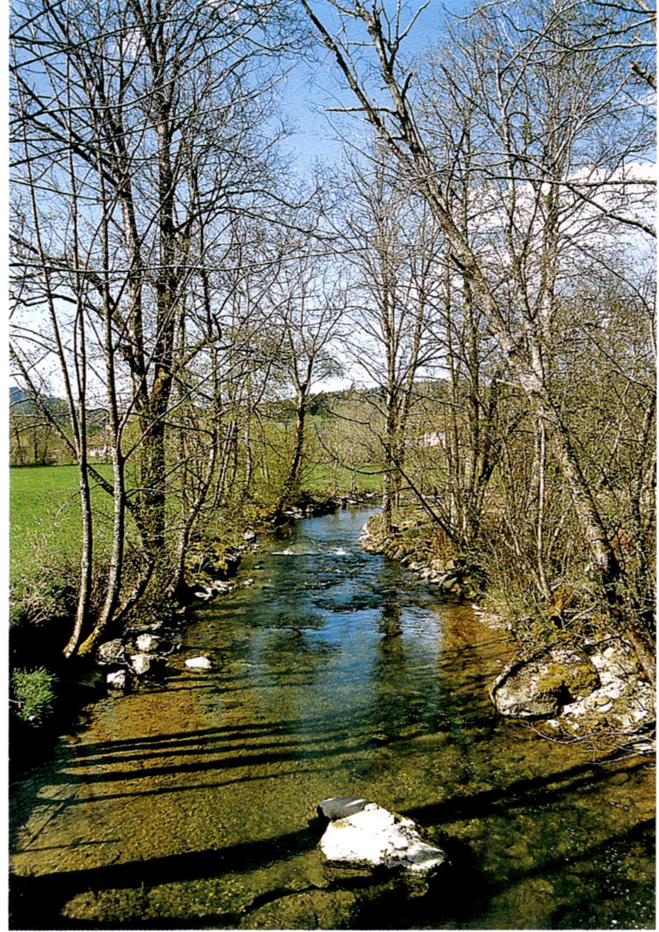
Die junge Untere Argen im Missener Ortsteil Stoffelsmühle.

Dort wählen wir den Feldweg Richtung Aigis. Über reich zertalter Landschaft geht's mit kleinen Steigungen durch lockeren Bergwald. An der Gabelung hinter einem Brunnen geradeaus haltend, verschmälert sich der Kurs zum Wanderweg. Nach einem Tobelsteg schlendern wir gemütlich auf einem Forstweg nach **Aigis** 02 und auf der bereits bekannten Route zurück zu unserem Ausgangspunkt am Restaurant Sennstube in **Unterwilhams** 01.

# JUGETHÖHE • 1024 m

## Begeisternde Stixner-Tal-Rundtour

  11,75 km 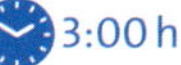 3:00 h 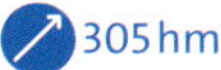 305 hm 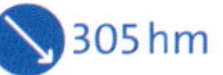 305 hm  187

START | Missen, Bushaltestelle in der Ortsmitte, Parkplatz in der Nähe
[GPS: UTM Zone 32 x: 584.750 m y: 5.272.220 m]
CHARAKTER | Meist gut beschilderte Feld- und Forstwege, kurze Wanderwege und Pfade (kleine Abschnitte auf Pfadspuren), zuletzt Mautsträßchen.

Der erste Höhepunkt dieser prächtigen Aussichtstour ist der außerordentlich schöne Tiefblick auf **Missen** 01, der den Wanderer auf dem anfangs geteerten Wirtschaftsweg vom Parkplatz bei der Ortsmitte Richtung Kühberg erwartet. Vor einem Einödhof weist uns das Routentäfelchen auf einen zwischendurch undeutlichen Feldweg.

Ein kleiner Abschnitt über eine Viehweide erweist sich sogar als weglos. Der genussreiche Kurs folgt stets dem etwa parallel zum Hauchenberg verlaufenden Kühbergrücken. Im Süden grüßen die Nagelfluhberge. Bei der **Hinterhaselbachalpe** 02 (auch Kaplanalpe genannt) weitet sich das Panorama über den klotzigen Daumen zu den Hintersteiner Bergen.

Wir bummeln nun auf flachem Forstweg Richtung Knottenried. Später bleibt man dem vorbild-

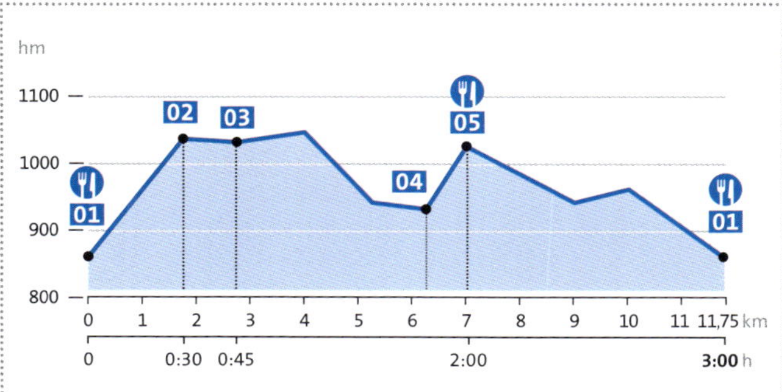


01 Missen, 859 m; 02 Kühberg, 1035 m; 03 Hinterhaselbachalpe, 1030 m; 04 Schlettermoos, 930 m; 05 Jugethöhe (Siedelalpe), 1024 m

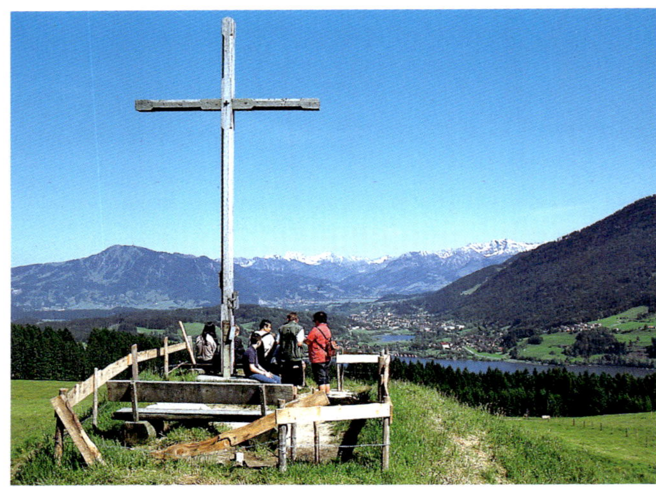

Vom Aussichtsbuckel bei der Siedelalpe bietet sich ein schöner Rundblick.

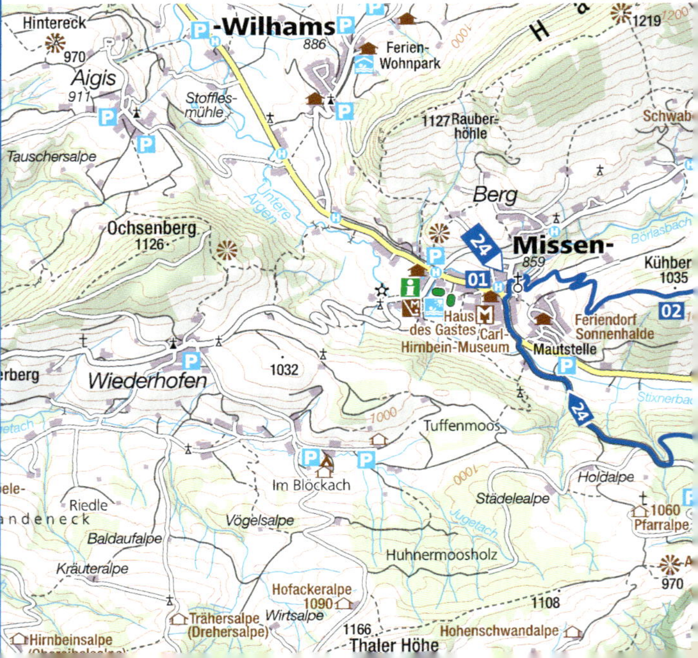

lich ausgeschilderten und bald fallenden Forstwegkurs zum **Schlettermoos** 04 treu, das man nach einem kurzen Wanderweg und der Querung der Staatsstraße von Missen erreicht. Das Schild „Siedelalpe“ weist erneut auf einen Wanderweg, der an einer Wollgraswiese entlang führt.

Im Wald queren wir einen Forstweg. Dort lenkt das Täfelchen „Waldweg zur Siedelalpe“ auf einen leicht steigenden Wurzelpfad, der Richtung Siedel in einen Waldweg mündet. Nach einem kleinen Pfadabschnitt geht's auf einem Alpweg vollends bergauf zur **Siedelalpe** 05 mit behaglicher Einkehr.

Rasch steigen wir auf der mit „Jugetalpe“ ausgewiesenen Pfadspur hinauf zum warzenartigen Aussichtsbuckel mit Kreuz. Damit das Kind einen Namen hat, wollen wir es **Jugethöhe** 05 taufen. Ein höchst malerisches Bild gibt die Immenstädter Talsenke mit dem Kleinen Alpsee ab. Auf der Rückseite unseres liebenswerten Voralpen-Gipfelchens steigen wir jetzt hinunter zur Jugetalpe.

Hinter der einfachen Hütte leitet ein Pfad an der Bergstation des Stixner Skilifts vorbei und talwärts über einen bewaldeten Höhenzug. Nach einem Bachsteg wählt man den mit „Pfarr-Alpe“ beschilderten Waldweg, der mit einem leichten Gegenanstieg aufwartet. Anschließend bringt uns ein Mautsträßchen in ein paar Schleifen zu einer Kneippanlage und nach **Missen** 01.

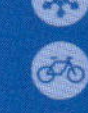

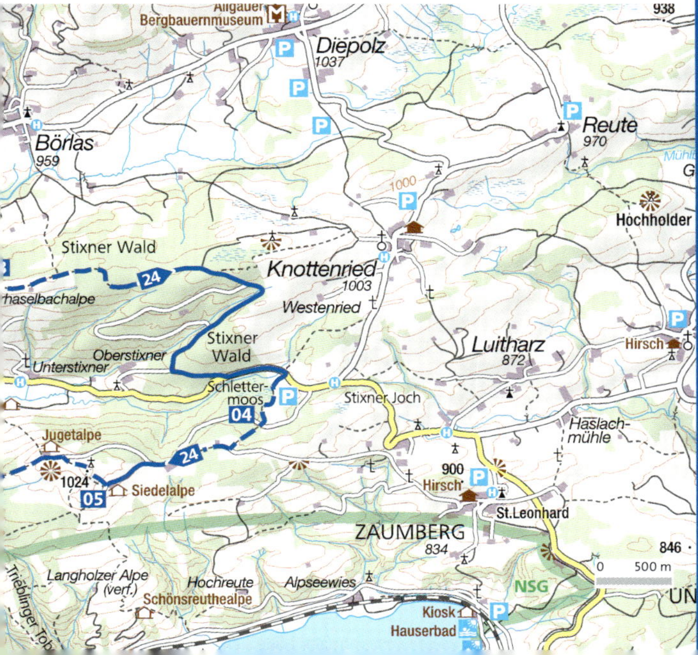

# KAPF • 998 m

## Schauwarte über dem Weißachtal

 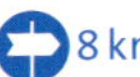 8 km  2:15 h  223 hm 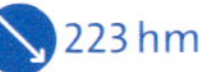 223 hm 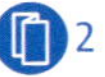 2

START | Oberstaufen, Bahnhof, Parkplatz
[GPS: UTM Zone 32 x: 577.120 m y: 5.267.200 m]
CHARAKTER | Kurzzeitig steilere Aufstiege, meist beschilderte Forst-, Feld- und Spazierwege, Pfade und verkehrsfreie Sträßchen.

Obwohl der Oberstaufer Kapf nicht mal eine vierstellige Gipfelhöhe vorzuweisen vermag, darf er sich dennoch als vortreffliche Schauwarte rühmen. Am einprägsamsten erweist sich allerdings nicht der schnelle „Diretissima-Aufstieg" nach dem Motto „Wie gewonnen, so zerronnen", sondern beispielsweise die hier vorgeschlagene Rundwegschleife über den Quellwassern der Oberen Argen mit Abstieg zum Café Paradies.

Wir spazieren vom Bahnhof in **Oberstaufen** 01 auf dem Gehsteig zur Kirche, wo der Wegweiser zur Sparkasse lenkt. Ein Stück dem Gehweg der Schlossstraße folgend, beachten wir die Tafel „Sinswang". Der vorbildlich angelegte, mit „Kalvarienberg" beschilderte Wanderweg führt uns durch einen erfrischenden Bachtobel.

Ab einem Aussichtspunkt geht's auf einem schmalen, verkehrsfreien Sträßchen erholsam an Weidehängen entlang wieder stets Richtung Sinswang.

Nach einem kleinen Höhenverlust mühen wir uns vor einer Doppelkurve mit prächtigem Hochgrat-

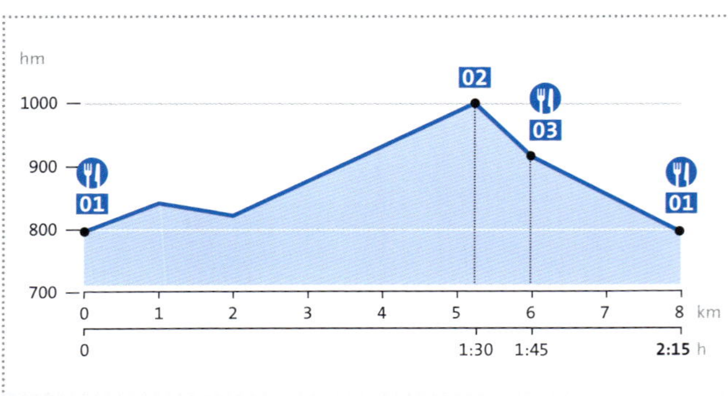


01 Oberstaufen, 795 m; 02 Kapf, 998 m; 03 Café Paradies, 915 m

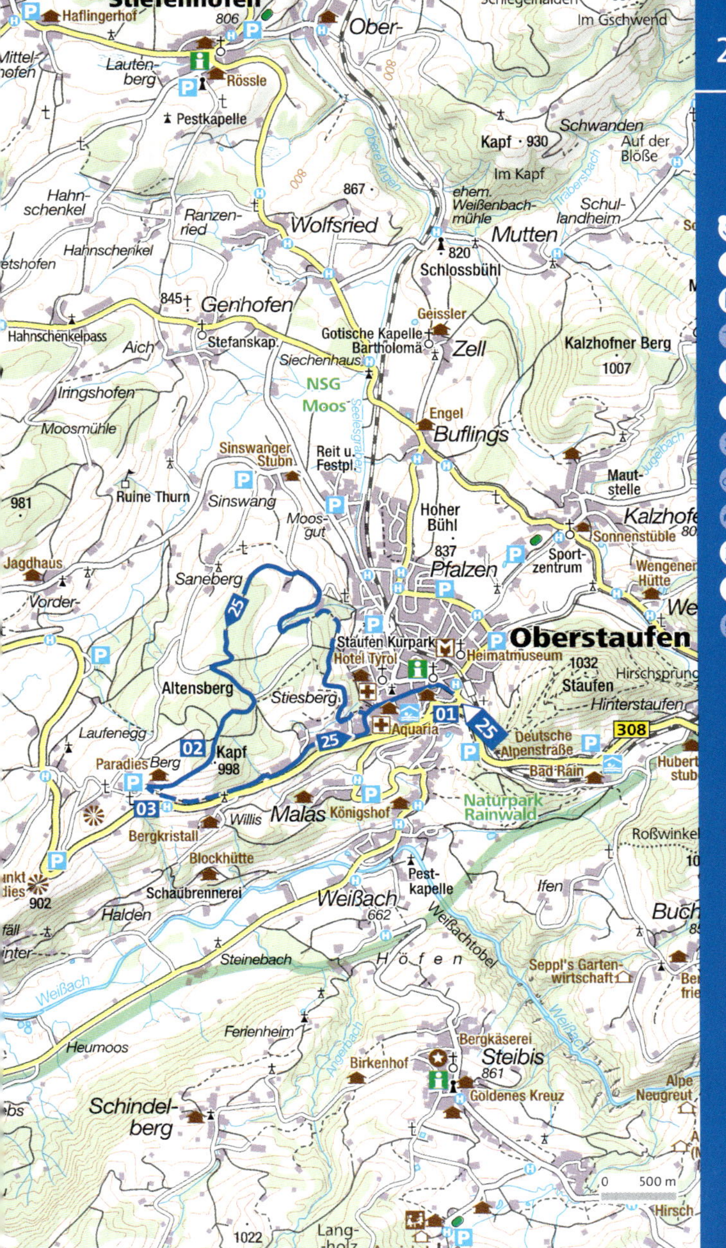

Stiefenhofen
861
806
Haflingerhof
Ober-
Schlegelhalden
987
Im Gschwend
Mittel-
hofen
Lauten-
berg
Rössle
Pestkapelle
Schwanden
Kapf · 930
Auf der
Blöße
Im Kapf
Trabersbach
Obere Argen
867
Hahn-
schenkel
Ranzen-
ried
Wolfsried
ehem.
Weißenbach-
mühle
Schul-
landheim
Mutten
Hahnschenkel
820
Schlossbühl
845
Genhofen
Geissler
Hahnschenkelpass
Aich
Stefanskap.
Gotische Kapelle
Bartholomä
Zell
Kalzhofner Berg
1007
Siechenhaus
NSG
Moos
Seelesgraben
Iringshofen
Engel
Buflings
Moosmühle
Sinswanger
Stubn
Reit u.
Festpl.
Jugelbach
Maut-
stelle
Ruine Thurn
Sinswang
Hoher
Bühl
837
Kalzhofe
981
Moos-
gut
Sonnenstüble
Sport-
zentrum
Jagdhaus
Saneberg
Pfalzen
Wengener
Hütte
Vorder-
25
Oberstaufen
Staufen Kurpark
Hotel Tyrol
Heimatmuseum
1032
Staufen
Hirschsprung
Altensberg
Stiesberg
Hinterstaufen
01
25
308
Laufenegg
02
Kapf
998
25
Aquaria
Deutsche
Alpenstraße
Paradies
Berg
Bad Rain
Hubert
stub
03
Willis
Malas
Königshof
Naturpark
Rainwald
Bergkristall
Roßwinkel
Blockhütte
Pest-
kapelle
Ifen
902
Schaubrennerei
Weißach
662
Halden
Buch
Weißachtobel
Steinebach
H ö f e n
Seppl's Garten-
wirtschaft
Weißach
Ferienheim
Heumoos
Angerbach
Bergkäserei
Steibis
861
Birkenhof
Goldenes Kreuz
Alpe
Neugreut
Schindel-
berg
0
500 m
Hirsch
1022
Lang-
-holz
Auwinkel

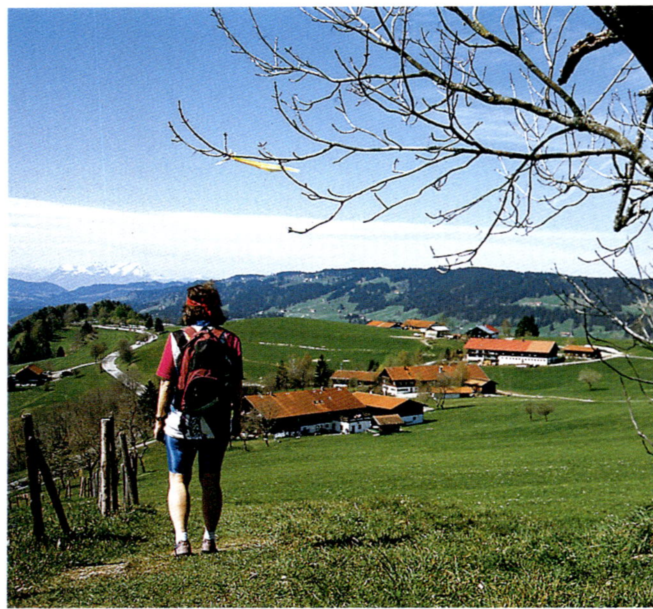

Während des bequemen Abstiegs vom Kapf zum Café Paradies hat man über dem Weißachtal stets den wuchtigen Säntis vor der Nase.

blick links den anfangs kräftig steigenden Forstweg bergauf. An der Gabelung über einem weiteren Mischwaldtobel nehmen wir den nach Sinswang ausgeschilderten Feldweg und finden ab dem folgenden Einzelanwesen über dem Talbecken der Oberen Argen eine wieder geteerte Fahrbahn vor.

Bei einem Bauernhof verlässt man die Sinswanger Route und begibt sich auf ein aussichtsreiches Alpsträßchen, das bald von einem Waldweg abgelöst wird. Zuletzt leitet ein teilweise wurzeliger Pfad ohne große Anstrengung auf die bewaldete Bergkuppe namens **Kapf** 02. Von hier oben haben wir direkt die Kette der auffallend horizontal strukturierten Rindalpen vor der Nase. Unter uns öffnet sich die tiefe Kerbe des Weißachtals und in der Ferne setzen sich die Bregenzerwaldberge und der stolze Säntisstock in Szene. Das richtige Plätzchen zum Träumen und Schwärmen.

Ebenfalls auf einem Pfad genießen wir nun am Waldrand die Talbummelei Richtung Laufenegg. Beim **Café Paradies** 03 im Ortsteil Berg beginnt ein Spazierweg, der uns zurück nach **Oberstaufen** 01 führt. Dort nehmen wir zum Schluss das Sträßchen an der Schlossbergklinik bergab und den uns schon bekannten Weg zum Bahnhof.

# HÜNDLEKOPF • 1112 m

## Wirtshauswanderung mit charmantem Bergziel

  11,5 km  3:45 h  450 hm  450 hm  2

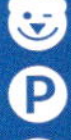
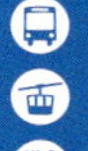

START | Oberstaufen/Weißach, Bushaltestelle bei der Weißachmühle, Parkplatz
[GPS: UTM Zone 32 x: 576.750 m y: 5.266.300 m]
CHARAKTER | Mäßig steile Aufstiege, ausreichend beschilderte Zieh- und Alpwege, Pfade und ruhige Sträßchen.

Eine angenehme Besonderheit auf dieser harmlosen Bergtour sind, neben der ständigen Panoramaaussicht, die wiederholt auftauchenden, sehr gemütlichen Wirtshäuser.

So kann man den Rucksackproviant diesmal getrost zu Hause lassen und dafür beschwingten Fußes das zwischen Konstanzer Tal und Weißachtal dem Prodelkamm vorgelagerte, liebenswerte Gipfelchen ansteuern.

▶ An der Weißachmühle in **Weißach** 01 nehmen wir den Sennereiweg und achten an einer Gabelung auf den Wanderwegweiser „Ifen". Der am Ortsende ansetzende Ziehwegaufstieg bietet einen herrlichen Ausblick nach Oberstaufen.

Im oberen Bereich geht's auf einem Pfad am Waldrand hinauf und im abgelegenen Weiler **Ifen** 02 auf verkehrsfreiem Sträßchen ein Stück am tief ein-

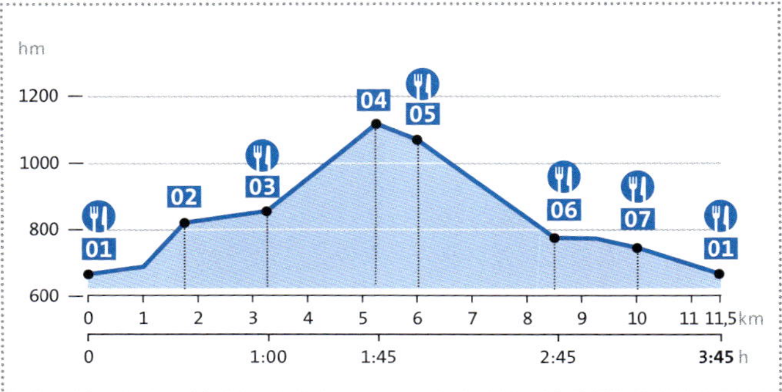


01 Weißach, 662 m; 02 Ifen, 816 m; 03 Buchenegg, 851 m; 04 Hündlekopf, 1112 m; 05 Hündlealpe, 1065 m; 06 Hündle-Stuben, 770 m; 07 Bad Rain, 740 m

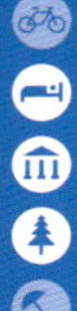

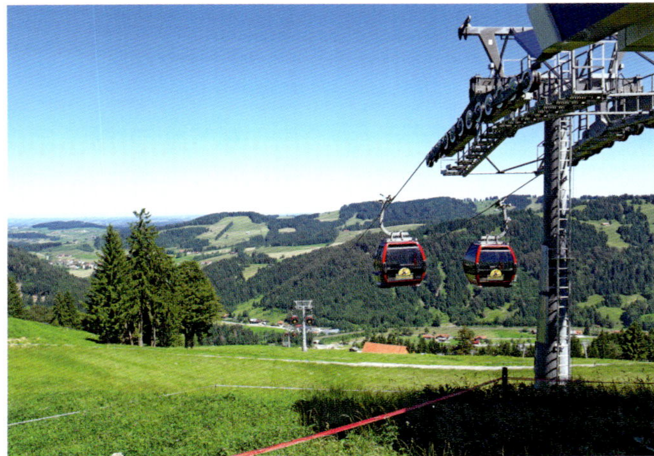

Herrlicher Ausblick von der Hündlebahn-Bergstation.

geschnittenen Weißachtobel entlang. An der Straßenteilung bei einer Weißtanne spazieren wir auf den Hochgrat zu und in der alten Bauernsiedlung **Buchenegg** **03** in Richtung Hündlealpe.

Ein geteerter Alpweg passiert eine Schranke und windet sich bergan über Weidehänge, wobei sich eine hübsche Schau ins Weißachtal ergibt. Vor dem Wegende nahe der Hündlealpe präsentiert sich über

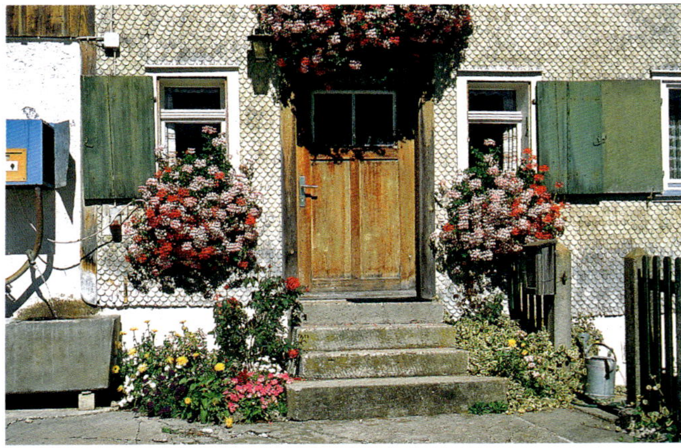

Im Oberstaufener Weiler Ifen.

Steibis der wuchtige Säntis. In Kürze erreichen wir auf einem Pfad den **Hündlekopf** **04**. Der Alpsee und das Westallgäu breiten sich vor uns aus. Im Süden erstreckt sich der Nagelfluhkamm. Herrlich ist es hier oben zu sitzen und das Auge über Täler und Höhen streichen zu lassen.

Wir streben anschließend der Hündlealpe zu und gehen auf einem Ziehweg hinüber zur **Gaststätte Hündlealpe** **05** mit der Bergstation des Sessellifts. Das Schild „Talstation" lenkt uns auf einen Pfad, der gemächlich über Viehweiden bergab führt. Bei einem Schlepplift mündet der Kurs in einen Alpweg. Auf diesem gelangt man in Kehren zum Wirtshaus **Hündle-Stuben** **06** im Konstanzer Tal. Nach der Bundesstraßen-Unterführung folgt man dem stillen, flachen Sträßchen, vorbei an den Häusern von Hinterstaufen zum Ortsteil **Bad Rain** **07**. Dort zweigt man auf den Waldweg ab, der an einem Bächlein talwärts nach **Weißach** **01** führt.

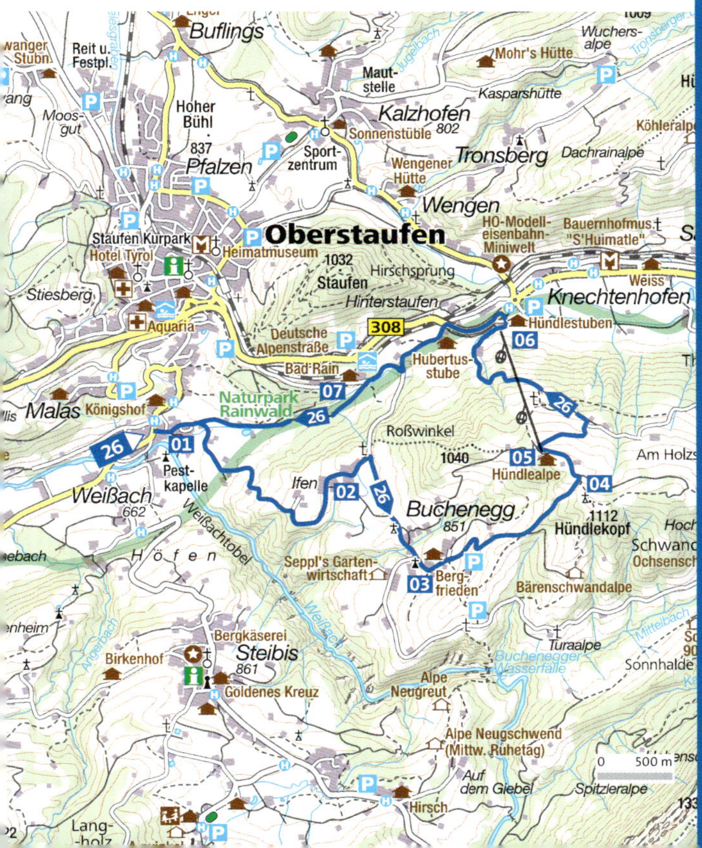

27

# KLAMMEN • 1470 m

## Wenig begangene Tour über dem Konstanzer Tal

 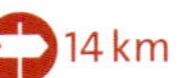 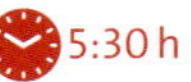 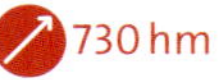 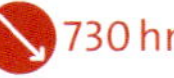 

START | Oberstaufen/Wiedemannsdorf, Bushaltestelle an der Abzweigung nach Thalkirchdorf, Parkplatz beim Freibad [GPS: UTM Zone 32 x: 581.840 m y: 5.267.460 m]
CHARAKTER | Längere steile Aufstiege, mitunter spärlich bezeichnete Pfade und Steige, Wander- und Ziehwege, zuletzt Alpsträßchen, kurz weglos. Trittsicherheit erforderlich.

Man sollte den Klammen im Prodelkamm wegen seiner geringen Gipfelhöhe nicht unterschätzen. Der Nordaufstieg verlangt eine gewisse Kondition ab. Heute ist es kaum mehr vorstellbar, dass diese Hanglagen noch vor ungefähr 100 Jahren reines Weidegebiet waren und erst später aufgeforstet wurden.

▶ Wir begeben uns in **Wiedemannsdorf** 01 von der Abzweigung nach Thalkirchdorf durch die B 308-Unterführung und auf einem Gehsteig zum Ortsanfang von **Thalkirchdorf** 02. Ein Wirtschaftsweg und später ein Fußweg begleiten die Konstanzer Ach nach **Osterdorf** 03.

Dort queren wir die Straße und folgen dem mit „Kuhschwand" beschilderten Ziehweg in Kehren über steile Weidelichtungen. Ab einer kleinen, abseits stehenden

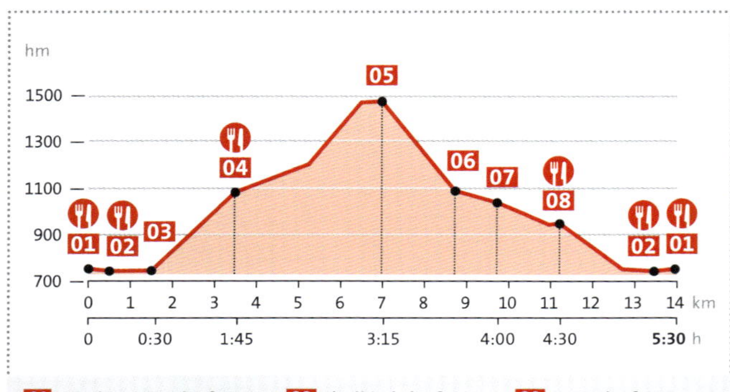


01 Wiedemannsdorf, 750 m; 02 Thalkirchdorf, 740 m; 03 Osterdorf, 742 m; 04 Kuhschwandalpe, 1080 m; 05 Klammen, 1470 m; 06 Herrebergalpe, 1086 m; 07 Bärenschwändlealpe, 1035 m; 08 Schwändle, 945 m

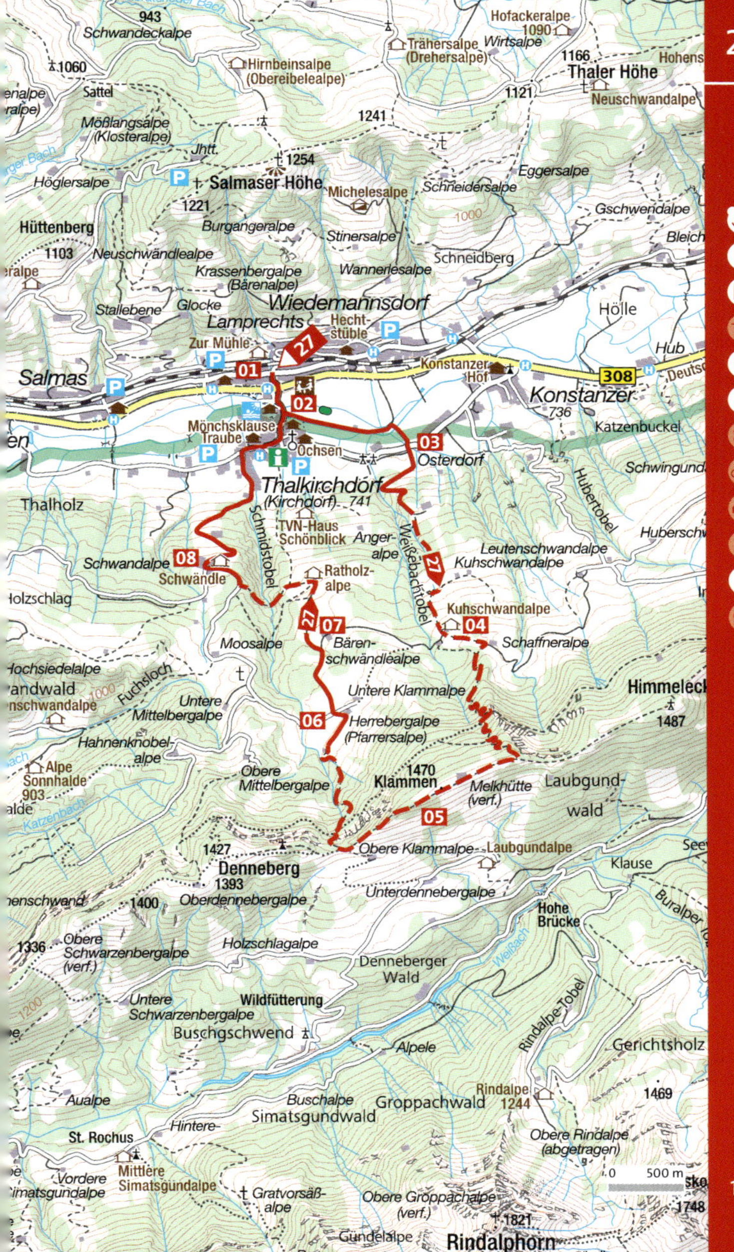
Kräuteralpe
Schwandeckalpe
Hirnbeinsalpe (Obereibelealpe)
Trähersalpe (Drehersalpe)
Hofackeralpe 1090
Wirtsalpe
Thaler Höhe
Neuschwandalpe
Mößlangsalpe (Klosteralpe)
Salmaser Höhe
Höglersalpe
Michelesalpe
Schneidersalpe
Eggersalpe
Gschwendalpe
Hüttenberg
Neuschwändlealpe
Burgangeralpe
Stinersalpe
Schneidberg
Krassenbergalpe (Bärenalpe)
Wannerlesalpe
Wiedemannsdorf
Lamprechts
Hecht-stüble
Zur Mühle
Salmas
Konstanzer Hof
Konstanzer
736
Katzenbuckel
Mönchsklause
Traube
Ochsen
Osterdorf
Thalkirchdorf (Kirchdorf) 741
Thalholz
TVN-Haus Schönblick
Angeralpe
Schwandalpe
Schwändle
Ratholzalpe
Leutenschwandalpe
Kuhschwandalpe
Schaffneralpe
Moosalpe
Bärenschwändlealpe
Untere Klammalpe
Himmeleck 1487
Untere Mittelbergalpe
Herrebergalpe (Pfarrersalpe)
Hahnenknobelalpe
Alpe Sonnhalde 903
Obere Mittelbergalpe
Klammen 1470
Melkhütte (verf.)
Laubgundwald
Obere Klammalpe
Laubgundalpe
Denneberg 1393
Oberdennebergalpe
Unterdennebergalpe
Hohe Brücke
Obere Schwarzenbergalpe (verf.)
Holzschlagalpe
Denneberger Wald
Untere Schwarzenbergalpe
Wildfütterung
Buschgschwend
Alpele
Gerichtsholz
Rindalpe 1244
Aualpe
Buschalpe
Simatsgundwald
Groppachwald
St. Rochus
Mittlere Simatsgundalpe
Obere Rindalpe (abgetragen)
Gratvorsäßalpe
Obere Groppachalpe (verf.)
Gündelalpe
Rindalphorn
1821
1748
0 500 m
308
01
02
03
04
05
06
07
08

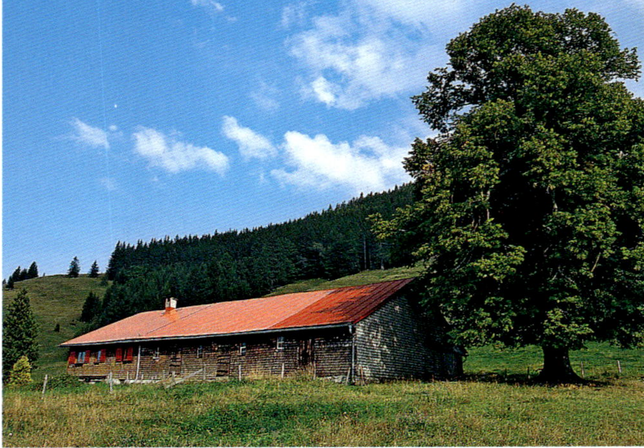

Die Untere Klammalpe am Nordfuß des Klammen.

Alphütte zieht der Weg durch Wald kräftiger an und bei den unteren Kuhschwandalpen legt die nur noch als Fahrspur ausgeprägte Wanderroute zur Einkehr **Kuhschwandalpe** 04 nochmals an Steigung zu.

Das Schild „Schaffner Alpe" zeigt nun auf einen Pfad, der über Weidehänge zu einem Viehstall führt.

Dort geht's Richtung Klammen erst flach durch Brombeergestrüpp, dann auf zunehmend steilerem Waldpfad in anhaltendem Zickzack auf die beweidete Kammhöhe. Über die verfallene Melkhütte zum unscheinbaren höchsten Punkt namens **Klammen** 05 erwartet uns nur noch ein Höhenspaziergang.

Jenseits der Weißachfurche zeigen sich, wie auf einer Perlenkette aufgereiht: die Rindalpen.

Der nun schmälere, licht bewaldete Höhenzug erfordert kurz Trittsicherheit. Nach einem kleinen Rücken setzen wir von einem Sattel den Abstieg Richtung Thalkirchdorf auf einem Mischwaldsteig fort. Zuletzt erreicht man über eine weglose Alpweide die **Herrebergalpe** 06. Ein Fahrweg führt zur nahen Untere Klammalpe und weiter zur **Bärenschwändlealpe** 07. Dort achtet man auf das Täfelchen „Schwendle" und trifft kurz darauf bei der Rotholzalpe ein. Jetzt leitet ein Wanderweg über eine Viehweide und im Schmidstobel über zwei Bachstege. Anschließend folgt ein Treppenaufstieg.

Zum Schluss bummeln wir dann auf einem Alpsträßchen über die Schwandalpe und das **Brotzeitstüble Schwändle** 08 nach **Thalkirchdorf** 02 und zurück nach **Wiedemannsdorf** 01.

# LOHWEGKAPELLE – GOPPRECHTS

## Diepolzer Höhenrundkurs

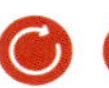 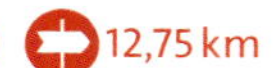 12,75 km 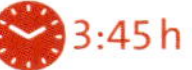 3:45 h 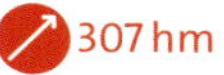 307 hm  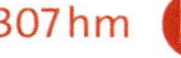 307 hm  3

START | Immenstadt/Diepolz, Bushaltestelle in der Ortsmitte, Parkplatz bei der Kirche
[GPS: UTM Zone 32 x: 588.600 m y: 5.274.220 m]
CHARAKTER | Kleine Steigungen, sparsam bezeichnete Pfade und Pfadspuren, Wirtschafts- und Forstwege sowie teils feuchte Waldwege, kurze Sträßchen. Orientierungssinn ist nötig.

Die Tafel „Hauchenberg" zeigt uns in der Ortsmitte von **Diepolz** 01 den Beginn dieser kurzweiligen Runde. Bei der Kirche setzt das steile Wirtschaftssträßchen mit Alpenblick Richtung Freundpolz an. Am Teerende wechselt der Freundpolzer Kurs, der Kapfweg, in einen flachen Waldweg, wenig später in eine Pfadspur über Weiden und Wiesen. Wo die Höhenbummelei auf den mit „Lohweg" beschilderten Waldweg stößt, folgen wir diesem kurz und finden am Wald erneut eine Pfadspur vor.

Bergab zur **Lohwegkapelle** 03, einer unter Felsen geduckten Doppelgrotte, ist es nun mit einer weiteren Wiesenquerung nicht mehr weit. Nach kurzem Rückweg wählen wir an einer Gabelung auf orange markiertem Waldpfad den Anstieg Richtung Rieggis. Weidespuren leiten ab einer jäh abstürzenden Kuppe am Waldsaum talwärts. Das nach Niedersonthofen

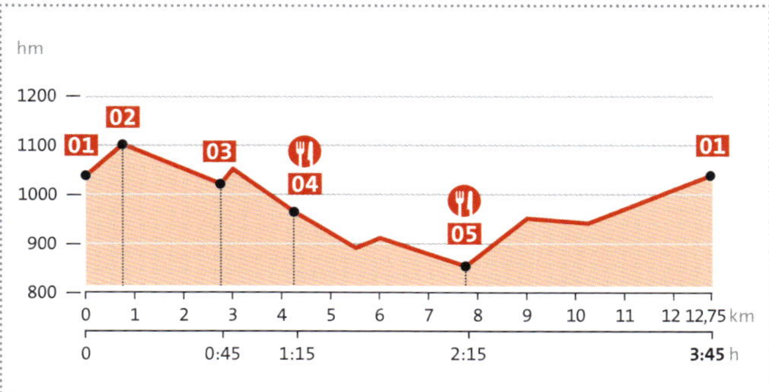


01 Diepolz, 1037 m; 02 Höflealpe, 1100 m; 03 Lohwegkapelle, 1020 m; 04 Rieggis, 963 m; 05 Gopprechts, 853 m

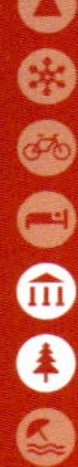

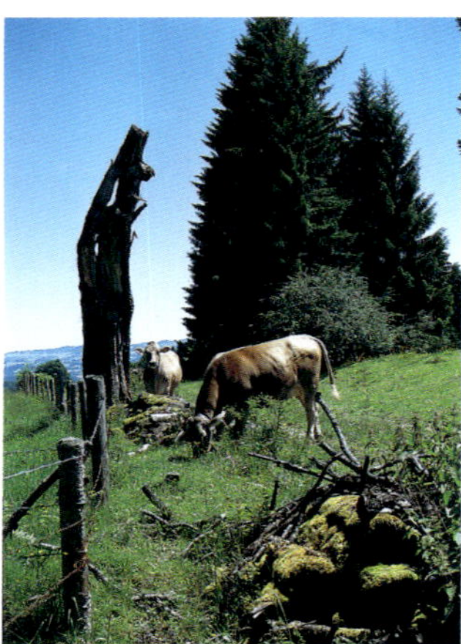

Bei Gopprechts.

führende Sträßchen bringt uns nach **Rieggis** 04.

Wir kreuzen Richtung Gopprechts die Vorfahrtsstraße. Vor einem Einzelanwesen weist das Wandertäfelchen auf eine Wiesenspur. Im Wald entdeckt man einen Pfad, der am Falltobel zu einer Verzweigung führt. Die Gopprechtser Route quert den Schrattenbach zu einer Feuchtwiese.

Nach einer nochmaligen kurzen Pfadspur, die einen Stadel passiert, folgen wir einem Feldweg bis zu einer Kurve und gehen hinter einem Zaunüberstieg weglos links an einem Jägerstand vorbei über ein Weidegebiet. Ein Feldweg leitet nach **Gopprechts** 05.

An der Kapelle wählt man das Anliegersträßchen Richtung Diepolz bergauf zu einer Wasserversorgung. Bei einer Alphütte wechselt man zu einem Parallelweg und wandert im weiteren Verlauf auf flacher Wiesenspur zum bereits sichtbaren Beginn eines weiteren Feldwegs, der im Wald von einem Pfad abgelöst wird.

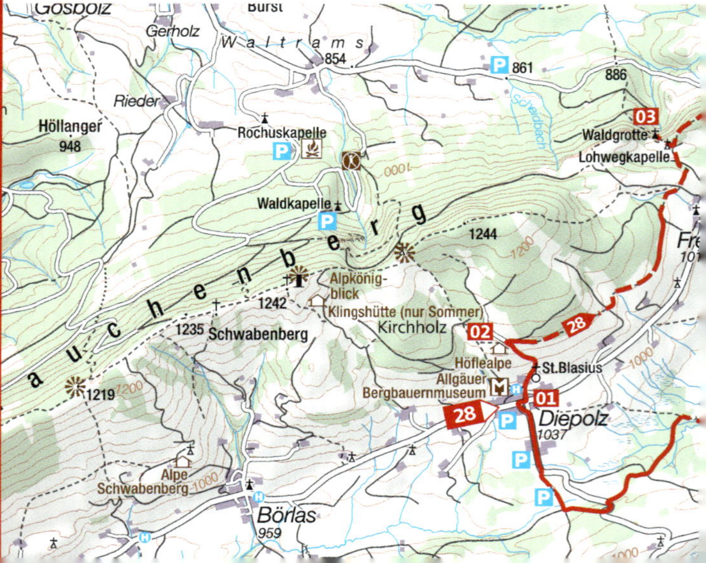

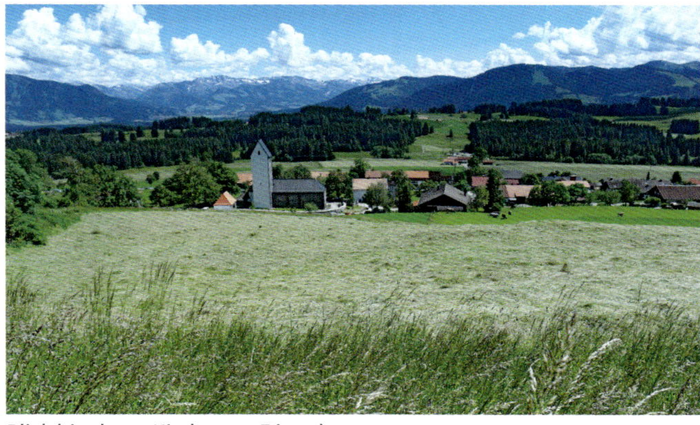

Blick hinab zur Kirche von Diepolz.

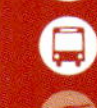

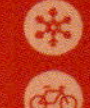

Zwischendurch mit einem feuchten Waldweg vorlieb nehmend, stoßen wir auf ein Sträßchen. Wir halten uns auf einem Naturlehrpfad immer weiter Richtung Diepolz und kommen schließlich an einer erquickenden Kneipp-Gesundheitsanlage vorbei. Ab der Gabelung nach dem Schrattenbachsteg benützt der Naturlehrpfad einen Forst- und zuletzt einen Wirtschaftsweg zurück nach **Diepolz 01**.

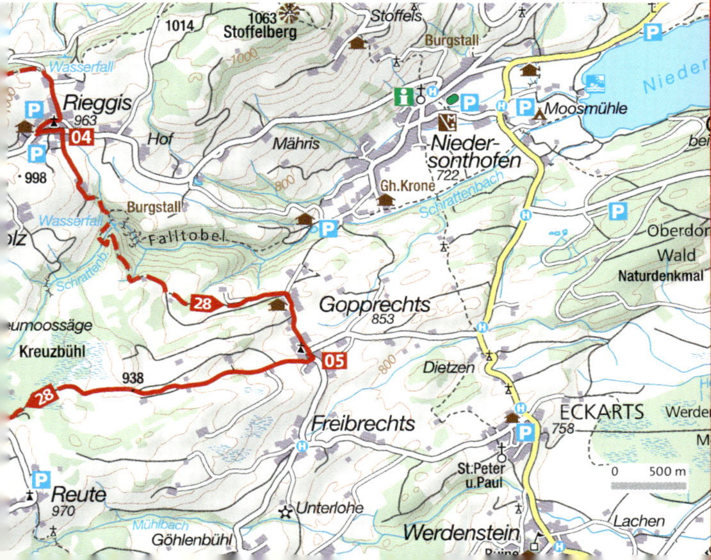

# ÜBER AKAMS NACH OBEREINHARZ

## Im mannigfaltigen Bergstättgebiet

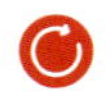
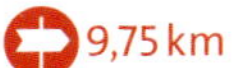

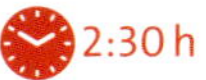

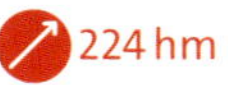

224 hm

3

START | Immenstadt/Knottenried, Bushaltestelle, Parkplatz [GPS: UTM Zone 32 x: 589.170 m y: 5.272.560 m]
CHARAKTER | Einfache Anstiege, ausreichend beschilderte Feldwege, Pfade und Pfadspuren, kurze Sträßchen, mehrere weglose Abschnitte. Orientierungssinn empfehlenswert.

Sonnige Bergweidegebiete, hoch gelegene Feuchtwiesen, geheimnisvolle Waldtobel, faszinierendes Alpenpanorama und blitzsaubere Weiler mit heimeligen Wirtshäusern... Das zu Immenstadt gehörende Bergstättgebiet zwischen Hauchenberg und Alpsee ist trotz seiner eindrucksvollen Wanderrouten erfreulicherweise noch nicht in aller Munde.

Das Sträßchen bei der Bushaltestelle in **Knottenried** **01** Richtung Akams hinunter zu einem Einzelanwesen erfreut mit einem Ausblick in die Daumengruppe. Auf dem Naturlehrpfad, der anfangs einen flachen Feldweg benützt, schlendern wir über eine Viehweide. Nach kurzem Waldweg folgen – wieder mit „Akams“ beschildert – zwei weglose Wiesenquerungen.

Erneut auf einem Feldweg talwärts spazierend, schaltet sich am Wilden Bichel wieder eine weglose Wiese ein. In **Akams** **02** nehmen wir dann am Kirchlein bergab

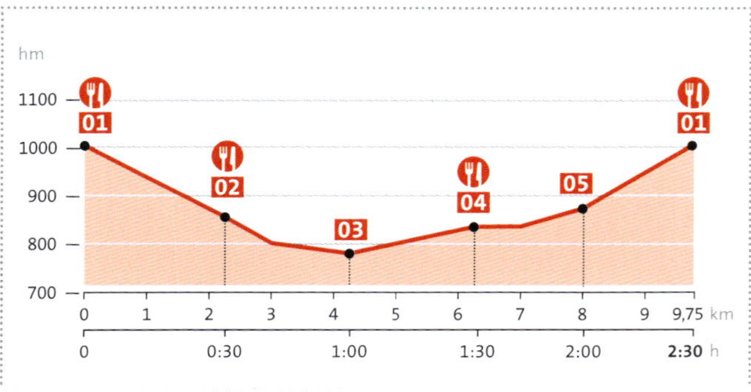


**01** Knottenried, 1003 m; **02** Akams, 854 m; **03** Obereinharz, 779 m; **04** Zaumberg, 834 m; **05** Luitharz, 872 m

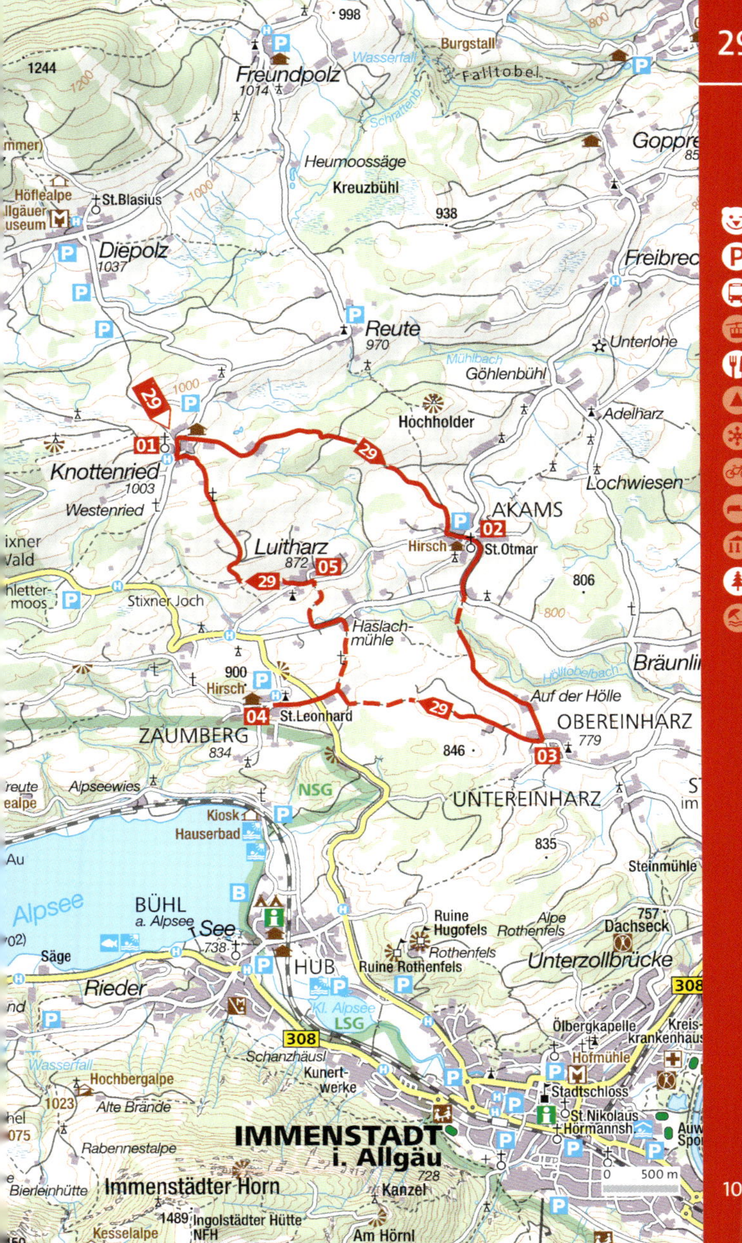

Lohwegkapelle
998
Burgstall
Wasserfall
Freundpolz
1014
Falltobel
1244
1200
Schrattenb.
Goppre
Heumoossäge
Kreuzbühl
Höflealpe
St.Blasius
1000
938
Diepolz
1037
Freibrec
Reute
970
Unterlohe
Mühlbach
Göhlenbühl
29
1000
Hochholder
Adelharz
01
Knottenried
1003
Westenried
29
Lochwiesen
AKAMS
02
Hirsch
St.Otmar
Luitharz
872
05
806
29
Stixner Joch
800
Haslach-
mühle
Bräunli
900
Hölltobelbach
Hirsch
Auf der Hölle
04
St.Leonhard
29
OBEREINHARZ
779
ZAUMBERG
834
846
03
Alpseewies
NSG
UNTEREINHARZ
Kiosk
Hauserbad
835
Au
Steinmühle
Alpsee
BÜHL
a. Alpsee
See
738
Ruine
Hugofels
Alpe
Rothenfels
757
Dachseck
Säge
Rothenfels
Unterzollbrücke
HUB
Ruine Rothenfels
Rieder
308
Kl. Alpsee
LSG
Ölbergkapelle
Kreis-
krankenhaus
308
Schanzhäusl
Hofmühle
Wasserfall
Kunert-
werke
Hochbergalpe
Stadtschloss
1023
Alte Brände
St.Nikolaus
Hörmannsh.
Rabennestalpe
IMMENSTADT
i. Allgäu
728
0
500 m
Bierleinhütte
Immenstädter Horn
Kanzel
1489
Ingolstädter Hütte
NFH
Kesselalpe
Am Hörnl
Wildengundalpe

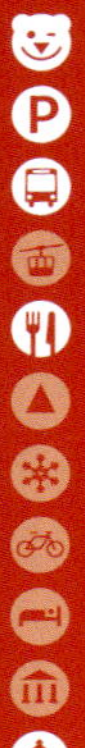

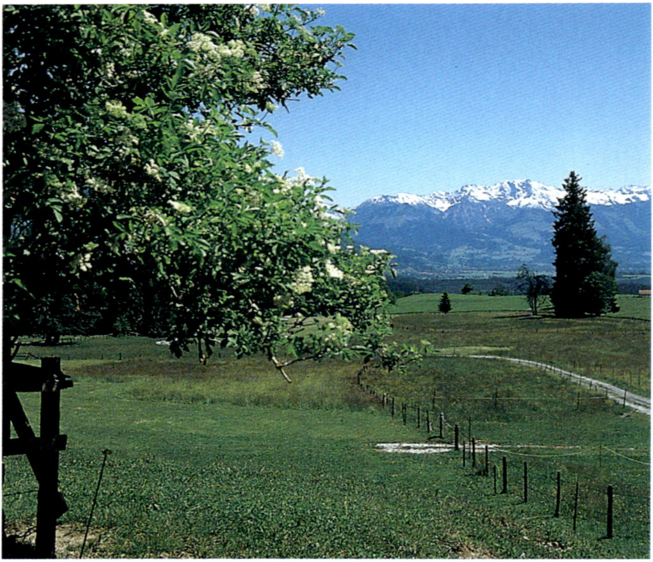

Auf aussichtsreichen Schleichwegen zwischen Knottenried und Akams.

kurz die Straße in Richtung Einharz. Bei zwei Häusern geht es auf einem Pfad über eine Wiese, im Wald über die Hölltobelbachbrücke und leicht fallend nach **Obereinharz** **03**.

Jetzt orientiert man sich am Wegweiser „Zaumberg" und wandert bergauf zu einem einzelnen Hof. Hinter diesem durchschreitet man links auf einem Feldweg eine Wiesenmulde. Das Schildchen „Wanderweg" weist später auf eine Pfadspur. Zwischendurch passiert man ein Waldstück und trifft schon bald in **Zaumberg** **04** ein, wo sich nochmals eine Einkehr anbietet.

Anschließend gehen wir kurz zurück zum Straßenende, wo das Schild „Luitharz (Säge)" wieder mal eine weglose Weidequerung einleitet. Auf der folgenden Pfadfinderei über eine kleine Wiesenkuppe sind die Wanderweg-Schilder zu beachten.
An der Luitharzer Säge (auch Haslachmühle) nehmen wir kurz die westwärts führende Straße und gelangen im weiteren Verlauf auf einem Wiesenpfad an einem Wollgrasflecken vorbei hinein nach **Luitharz** **05**.

Man steigt nun auf einem schmalen Sträßchen bergan in Richtung Knottenried und nimmt vor einer Einöde den abzweigenden Feldweg.

Das Finale über die weiten Wiesenhänge nach **Knottenried** **01** beschert noch eine längere weglose Etappe.

# ALPSEE-RUNDWANDERWEG

## Um den größten Natursee des Allgäus

 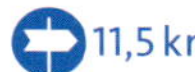 11,5 km  3:15 h  200 hm  200 hm 3

START | Bühl (Stadt Immenstadt), Bushaltestelle, Parkplatz beim See
[GPS: UTM Zone 32 x: 589.750 m y: 5.269.150 m]
CHARAKTER | Kleine Steigungen, vorbildlich beschilderte Wander- und Feldwege, Pfade und Anliegersträßchen.

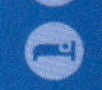

Unser Genießerausflug beginnt an der Bushaltestelle in **Bühl** 01 auf dem Gehweg der Rieder Steige. Am Ortsende weist das Schild „Ergelweg n. Rieder“ zu einem ansprechenden Wanderweg.

Dieser begleitet den Dorfrand und steigt in ein paar Windungen über dem Alpsee durch Buchenwald nach Rieder. Dort halten wir uns in Richtung Gschwend und folgen gleich darauf einem flachen Fahrweg. Später zieht sich ein Pfad durch den Mischwald zum Wasserfall, der über zwei hohe Felsstufen in eine Tobelkerbe prasselt. Ein Treppenanstieg bringt uns nach **Gschwend** 02.

Das Sträßchen Richtung Hintersee verläuft nun an einer Kapelle vorbei zu einem Einödhof. Dort lenkt die Eisvogel-Markierung des Alpsee-Rundwanderwegs auf einen Feldweg. Beim nächsten Einzelanwesen beginnt ein Waldpfad, der in reizvoller Anlage über zwei Bachstege und Stufen zum Weiler **Hintersee** 03 am Ende des

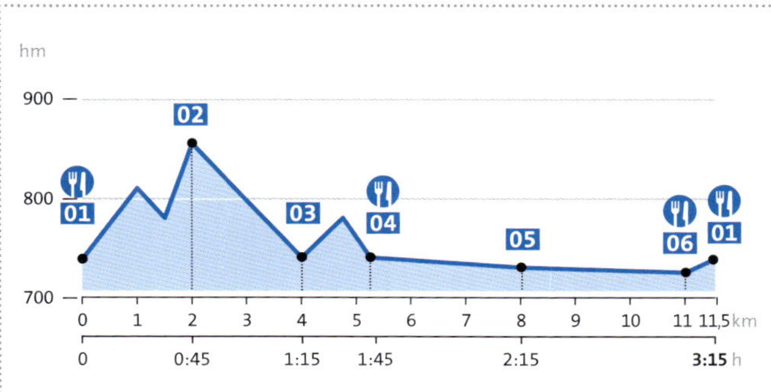


01 Bühl, 738 m; 02 Gschwend, 855 m; 03 Hintersee, 740 m;
04 Ratholz, 740 m; 05 Trieblings, 730 m; 06 See, 725 m

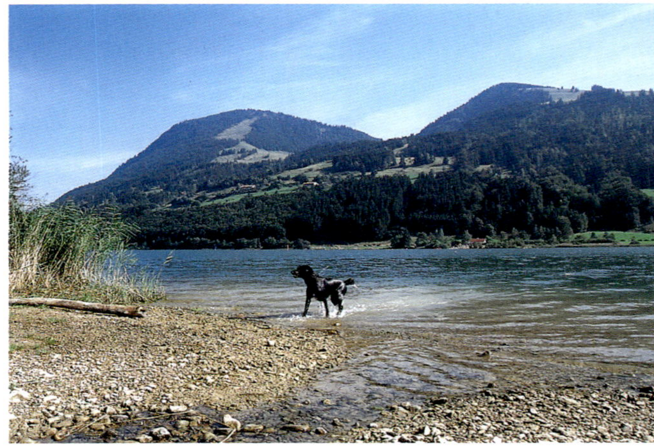

Alpsee mit Waldschopf-Duo Immenstädter und Gschwender Horn.

## Eine versunkene Stadt im Alpsee?

Nahe des Alpsee-Ostufers soll einstmals eine prachtvolle Stadt den Eingang ins Konstanzer Tal geschmückt haben. So behauptet es zumindest die Sage. Die ungewöhnlich fruchtbare Umgebung verwöhnte die Menschen mit einem Überangebot an Milch, Butter und Käse. So griff mit der Zeit die Verschwendungssucht um sich. Ja, manchen Einwohnern stieg der Reichtum sogar so zu Kopf, dass sie als Baumaterial für ihre Kellertreppen Käselaibe verwendeten. Doch die Strafe Gottes ließ nicht lange auf sich warten. Die Stadt versank samt den fetten Wiesenauen im Erdboden. Ein riesiger See füllte fortan den Talboden.

Alpsees führt. Etwas oberhalb der Queralpenstraße und des Teufelssees wandert man, zwischendurch kurz auf einem Alpweg, nach **Ratholz** 04.

Beim Gasthof Hornstub'n sind am Fuß des Ratholzer Tobels noch-

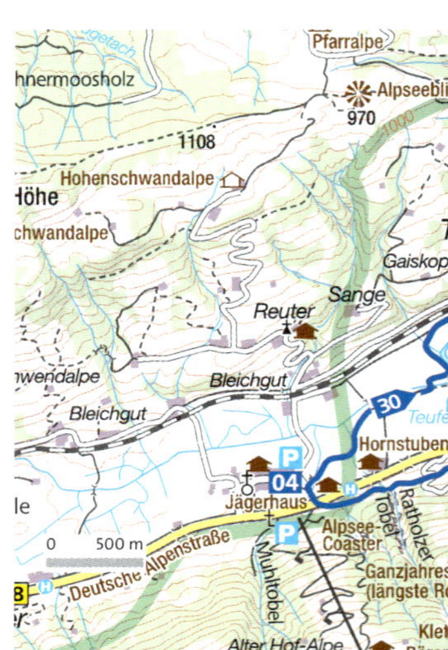

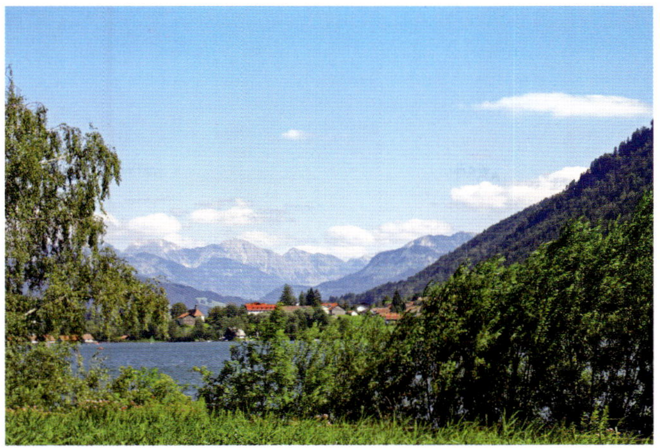

Blick über den Alpsee nach Bühl und in die Allgäuer Alpen.

mals zwei Bachquerungen zum Gasthof Jägerhaus fällig, wo es an der Sommerrodelbahn durch die B 308-Unterführung geht. Teils auf einem Feldweg, teils auf einem Pfad, gelangen wir über die Konstanzer-Ach-Brücke zum Alpsee und nach **Trieblings** **05**. Nach dem Bahnübergang spazieren wir auf dem uferbegleitenden Anliegersträßchen an der Einöde Alpseewies vorbei, bis die stimmungsvolle Seepromenade durch eine enge Bahnunterführung nach **See** **06** leitet. Bald treffen wir auf der Kirchsteige wieder in **Bühl** **01** ein.

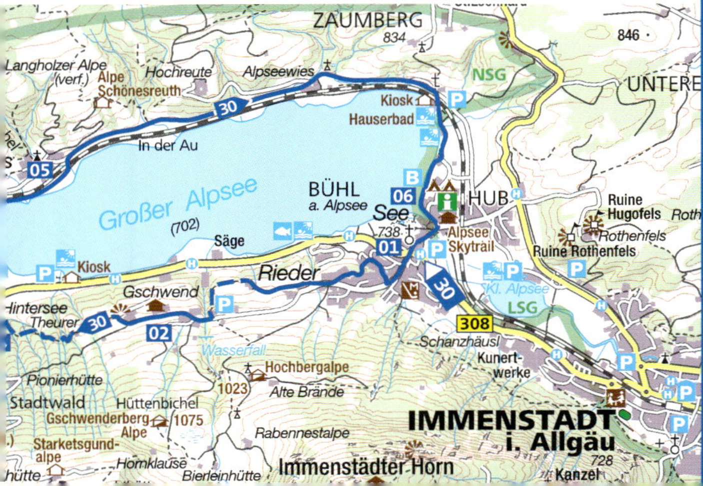

31

# FALKENSTEIN • 1115 m

## Kitzliger Felsenthron über der Iller

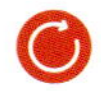 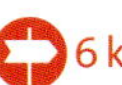 6 km 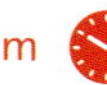 2:00 h 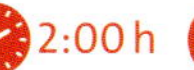 309 hm 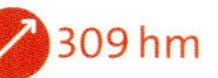 309 hm 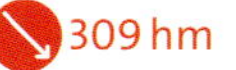 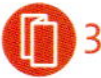 3

START | Rettenberg, Bushaltestelle am Rathaus, Parkplatz an der Turnhalle
[GPS: UTM Zone 32 x: 597.300 m y: 5.269.720 m]
CHARAKTER | Kurzzeitig steilerer, wiederholt mit Drahtseilen gesicherter und etwas ausgesetzter Gipfelaufstieg. Meist gut bezeichnete Pfade und Pfadspuren, kleine Abschnitte auf Steig und Waldweg sowie auf Feldwegen.

Von der Häuserschar des am Grünten-Bergfuß versammelten, anmutigen Dorffleckens Rettenberg erschließen gleich mehrere Wanderwege den lang gezogenen Rottachberg-Höhenzug mit dem 400 m über dem Illertal thronenden Falkenstein, auch „Auf dem Falken“ genannt. Wir wollen für den Besuch des überraschend exponierten Aussichtsfelsens eine Kombination aus dem wildromantischen Waldweg und dem pfiffigen Gratweg wählen, eine durchaus schon als mittelschwer einzustufende Spritztour.

▶ Man nimmt in **Rettenberg** 01 am Rathaus den Gehsteig zur Ortsmitte und hinter dem Gasthof Adler-Post, an einem bewahrten alten Holzhaus vorbei, den ansteigenden Falkensteinweg, bis der Wanderwegweiser „Kleiner Rundweg – Gebhardshöhe“ in die Bergstraße weist. Ab dem Ortsende bie-

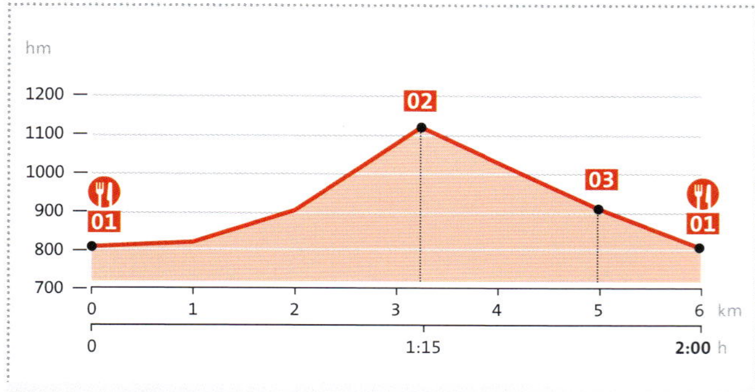


01 Rettenberg, 806 m; 02 Falkenstein, 1115 m; 03 Gebhardshöhe, 905 m

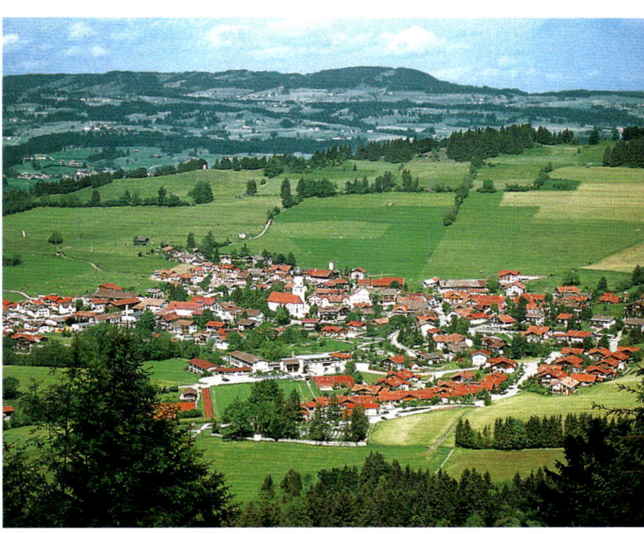

Malerisch schmiegt sich der Erholungsort Rettenberg an den Südrücken des Falkensteins. Über dem Illertal grüßt der Hauchenberg.

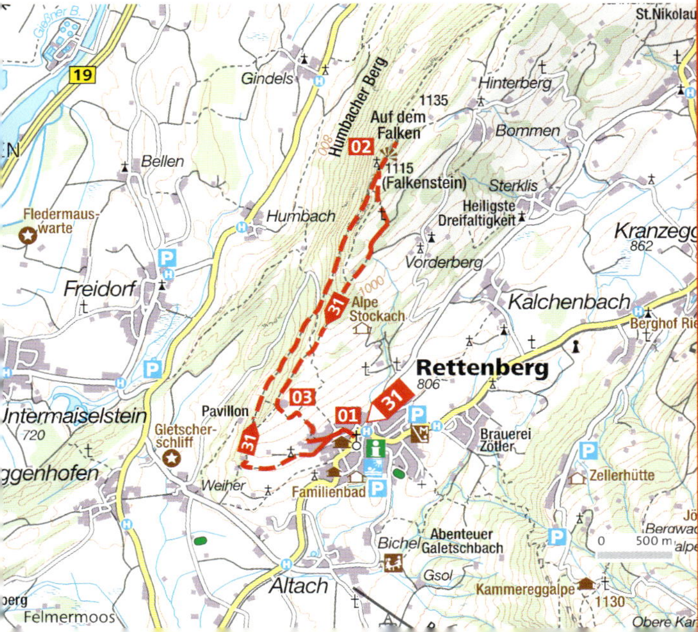

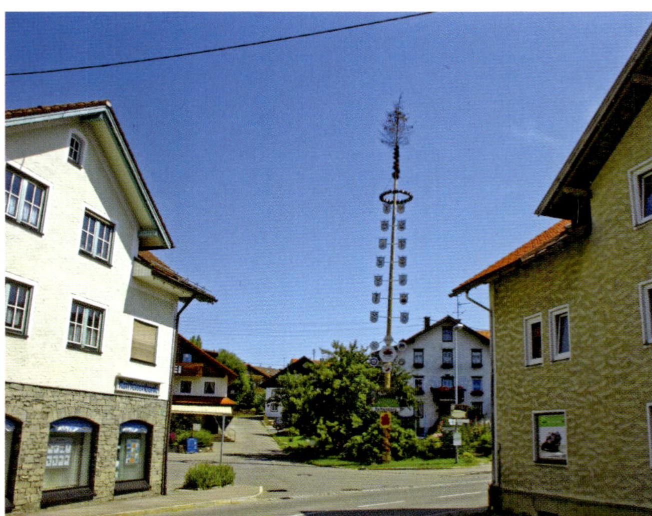

In der Ortsmitte von Rettenberg.

tet ein flacher Feldweg freie Sicht ins obere Illertal und in den Formenreichtum der Allgäuer Hochalpen. Ein Wiesenpfad leitet von einem Flurkreuz zu einer Rastbank unter einer ausladenden Eiche.

Den Kurs zur Gebhardshöhe verlassen wir an der Routenteilung auf dem Waldweg Richtung Falkenstein. Kaum spürbar geht es bergan durch Mischwald. Bald findet man wieder einen Pfad vor, der sich über, später auch unter Nagelfluhabstürzen deutlicher empor schwingt. An einer Kreuzung bleibt man dem gewohnten Wegweiser treu.

Der mit zahlreichen Drahtseilen gesicherte Aufstieg gestaltet sich gelegentlich etwas ausgesetzt. Ab der Gabelung bei einer kleinen Hochmulde ist es nicht mehr weit zum **Falkenstein** **02**. Unter uns breitet sich großflächig und beiderseits der Iller ein beeindruckendes Mosaik aus Wiesen und Waldflecken mit eingestreuten Siedlungen bis weit nach Kempten hin aus.

Zurück an der Gabelung bei der Hochmulde stoßen wir erneut auf die Tafel „Gebhardshöhe". Nach kleinem Gegenanstieg mit kurzer Felsstufe setzt der reizvolle Abstiegssteig an. Der so genannte Gratweg folgt einem schmalen, bewaldeten Bergkamm.

Weiter unten führt ein zwischendurch undeutlicher Pfad über einen bequemen Rücken mit Weidelichtungen zum Aussichts-Pavillon auf der **Gebhardshöhe** **03**. Nach einem Viehtrieb schließt sich auf dem direkten Dorfabstieg in **Rettenberg** **01** das schlanke Tourenoval.

# ELLEGGHÖHE • 1136 m

## Malerisches Seenland und ein „Grüner Pfad“

  15 km  4:15 h 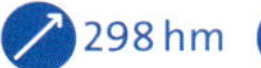 298 hm 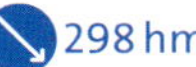 298 hm  3

START | Wertach, Bushaltestelle beim Verkehrsamt, Parkplatz [GPS: UTM Zone 32 x: 606.240 m y: 5.273.050 m]
CHARAKTER | Einfache Steigungen, meist gut beschilderte Wirtschafts- und Forstwege, Pfade und Pfadspuren, stille Sträßchen.

Die Genießertour beginnt beim Verkehrsamt in **Wertach** 01. Ein Schild weist uns an einem skurrilen Erosionsgebilde vorbei zur Sennerei im Kramerweg.

Nach Queren der Marktstraße steigt bei der Bäckerei eine Sackgasse an zur Kirche. Auf dem Panoramaweg geht's an der Hauptschule vorbei. Den Wanderwegweiser „Wolfsgrube“ beachtend, schlendern wir auf einem Feldweg am Hang entlang und halten uns an einer Gabelung geradeaus.

Die blaue Markierung lenkt zum Campingplatz. Beim Spielplatz queren wir den Peterlesbach. Richtung Grüntensee passiert man im weiteren Verlauf auf einer Wiesenspur einen Feldstadel und überschreitet dann einen weiteren Bachlauf. Ein Pfad schwingt sich am Waldrand kurz bergan.

Nach einem kleinen Waldstück stoßen wir vor dem Kolpingheim auf einen Wirtschaftsweg. Dieser bringt uns zum Weiler **Hinterschneid** 02. Der über dem

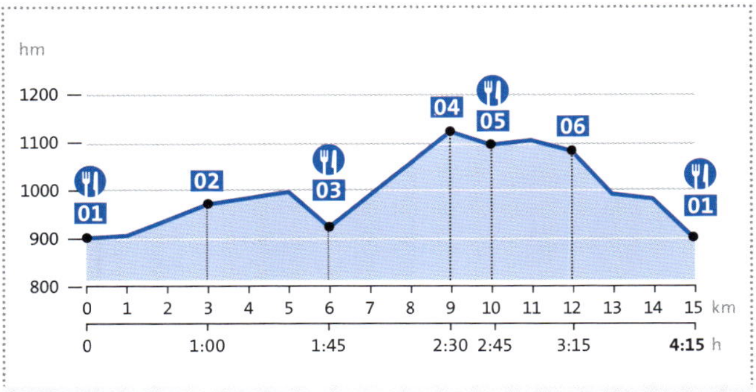


01 Wertach, 900 m; 02 Hinterschneid, 970 m; 03 Faistenoy, 922 m; 04 Ellegghöhe, 1120 m; 05 Oberellegg, 1093 m; 06 Binzeler, 1080 m

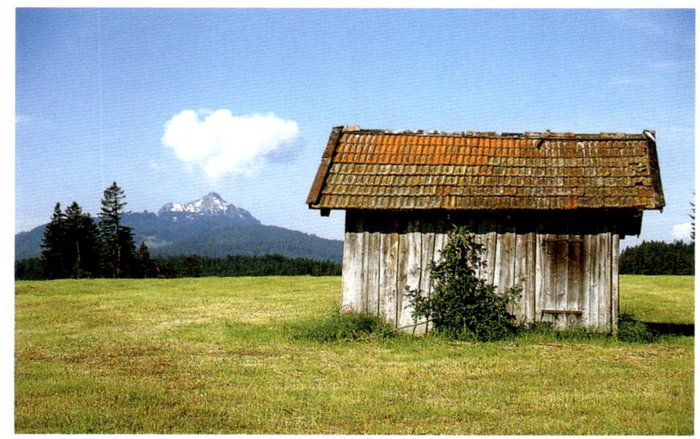

Während des Abstiegs nach Wertach zeigt sich der Grünten.

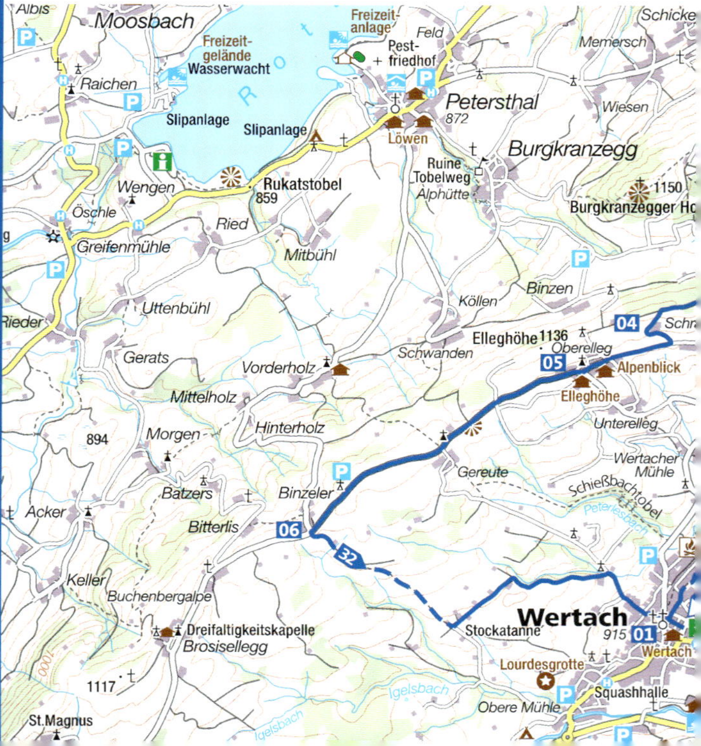

Grüntensee entlang der Ellegghöhe verlaufende, aussichtsreiche Kurs nach **Faistenoy** 03 verschmälert sich für eine Weile zum Pfad. Wir wandern oberhalb der Kirche vorbei und folgen links der Brunnenstraße. Das Täfelchen „Oberelleg" weist am Ortsende auf den Schwäbisch-Allgäuer-Wanderweg, einen Wirtschaftsweg. An der Gabelung, im Anschluss an einen Aufschwung, wechselt der Kurs in einen Forstweg, der zwischendurch deutlich ansteigend zur **Ellegghöhe** 04 mit den Höfen von Schray leitet.

Auf dem verkehrsfreien Höhensträßchen über Wiesenhänge nach **Oberellegg** 05 und auf den Grünten zu nach Gereute mit betagter Kapelle kommt man an einer Panoramatafel vorbei. Bei den Höfen von **Binzeler** 06 begeben wir uns – nach einem Ausblick zum Rottachsee und übers Illertal – links auf einen talwärts führenden Feldweg, vor uns die Tannheimer Felszinnen. Kurz nach einer Gabelung geht's auf höchst einsamer Pfadspur über eine Reihe von Viehweiden. Auf einem als „Grüner Pfad" eingerichteten, zuletzt geteerten Wirtschaftsweg kehrt man zurück nach **Wertach** 01 und erfährt dabei noch so manches über Land- und Forstwirtschaft.

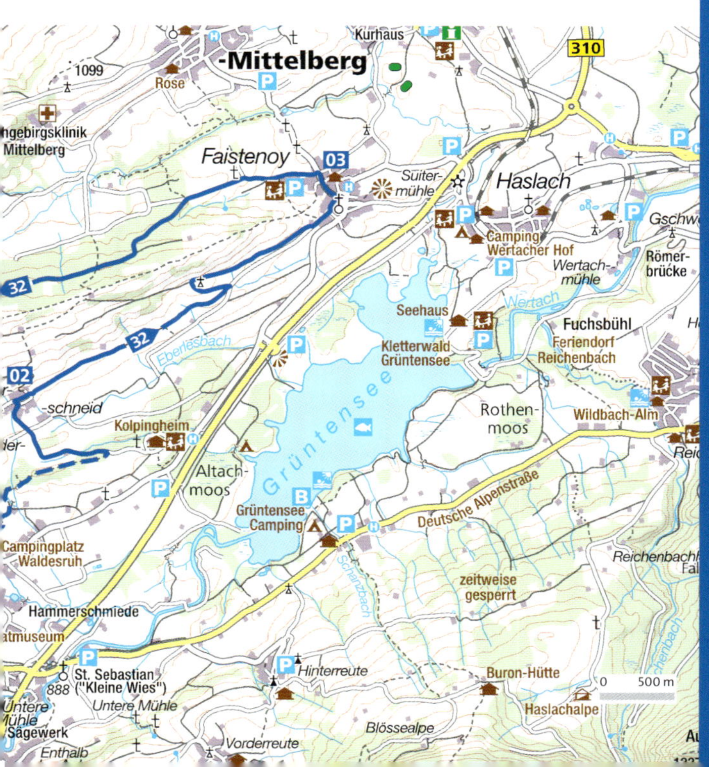

# BÄRENKOPF • 1463 m

## Wandern bergab

  9 km  3:00 h 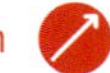 176 hm 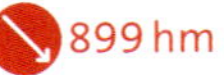 899 hm  2

START | Immenstadt, Parkplatz an der Talstation der Mittagbahn, ebenso am Bahnhof
[GPS: UTM Zone 32 x: 599.400 m y: 5.270.800 m]
CHARAKTER | Kaum nennenswerte Anstiege, längerer Steilabstieg, meist gut bezeichnete Pfade und Steige, kurz auf Alpweg, Sträßchen, Pfadspur und weglosem Abschnitt.

Bevor die leichtfüßige Bergwanderung beginnt, spazieren wir kurz vom Bahnhof in **Immenstadt in** Richtung Stadtmitte, nach der Bierstube über die Fußgänger-Bahnüberführung in die Adolph-Probst-Straße, geradeaus zur Gottesackerkapelle, passieren die Schranke der Anliegerstraße, queren mittels der holzgedeckten Sepp-Gammel-Brücke den Steigbach und gelangen so auf dem Wanderweg zur **Mittagbahn-Talstation**. Die Gondel bringt uns in zwei Sektionen zur Bergstation-Gaststätte.

▶ Im Nu geht's von der **Bergstation** 01 auf dem mit „Bärenköpfle" beschilderten Pfad zum **Mittag** (auch Mittagberg) hinauf. Die Ausschau nach Norden wird leider durch Fichten behindert. Dafür grüßen über dem Illertal die All-

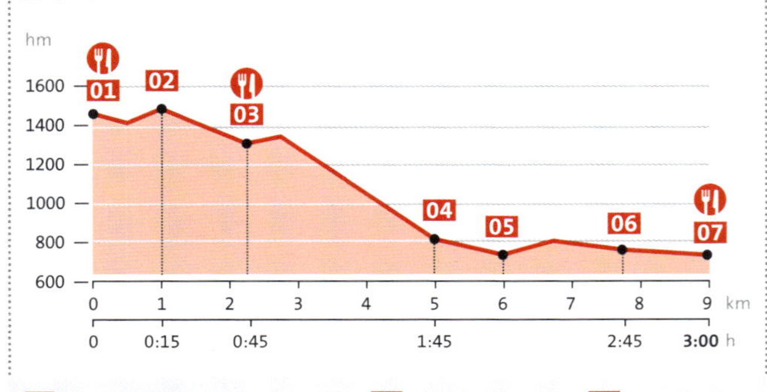


01 Mittagbahn-Bergstation, 1451 m; 02 Bärenkopf, 1476 m; 03 Sennalpe Oberberg, 1300 m; 04 Ettensberg, 810 m; 05 Altmummen, 730 m; 06 Mittagbahn-Talstation, 755 m; 07 Immenstadt, 728 m

gäuer Hochalpen. Auf dem locker bewaldeten Kamm bummeln wir zu einem Nagelfluhfelsen mit dem Gedenkkreuz des Gebirgstrachten- und des Heimatvereins Blaichach.

Im Westen reckt sich die Felsnase des Steinebergs empor. Von der kleinen Schulter am Bärenkopf weitet sich der Blickwinkel ins Bregenzerwaldgebirge. Die letzten Meter zum **Bärenkopf** 02 mit leider wieder eingeschränkter Aussicht gewinnt man weglos über einen kleinen Weidehang. Zurück am Gedenkkreuz nehmen wir den Pfad durch eine Mulde und einen

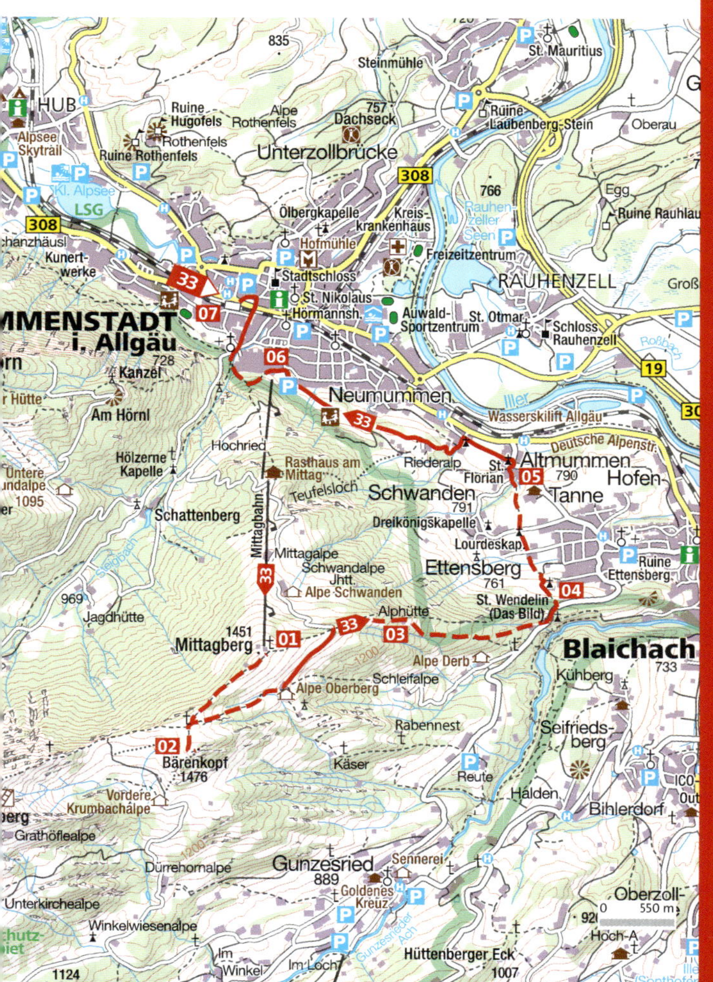

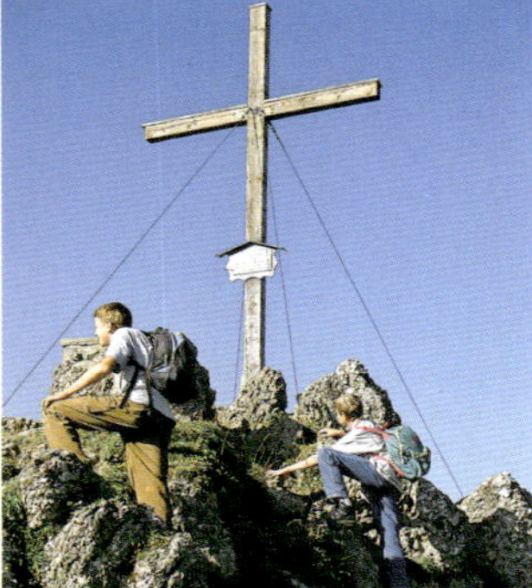

Gedenkkreuz am Fuß des Bärenkopfs.

Waldstreifen hinunter zur **Sennalpe Oberberg** **03**, wo die Möglichkeit einer Sennerei-Besichtigung mit Käseprobe besteht.

Nun folgen wir dem flachen Alpweg auf den Grünten zu und zweigen gleich in der ersten Kurve auf den Steig Richtung Ettensberg ab. Über Lichtungen steigen wir zunehmend steiler an einer kleinen Hütte vorbei. Beim Unterstand mit dem leicht übertriebenen Namen Hotel Poldi benützt unser Kurs talwärts kurz ein stilles Sträßchen.

Nach der Bild-Kapelle (auch Sühnekapelle) passiert der Pfad Richtung Altmummen am Ortsbeginn von **Ettensberg** **04** Schmidelers Kapelle. Wir schlendern über Pferdeweiden und auf flacher Wiesenspur nach **Altmummen** **05**. Zu den nahen Häusern von Neumummen führt uns wieder ein Pfad.

Mit einem kleinen Treppen-Gegenanstieg geht es zum Ortsteil Riederalp, bevor uns ein Anliegersträßchen zur **Mittagbahn-Talstation** **06** und nach **Immenstadt** **07** bringt.

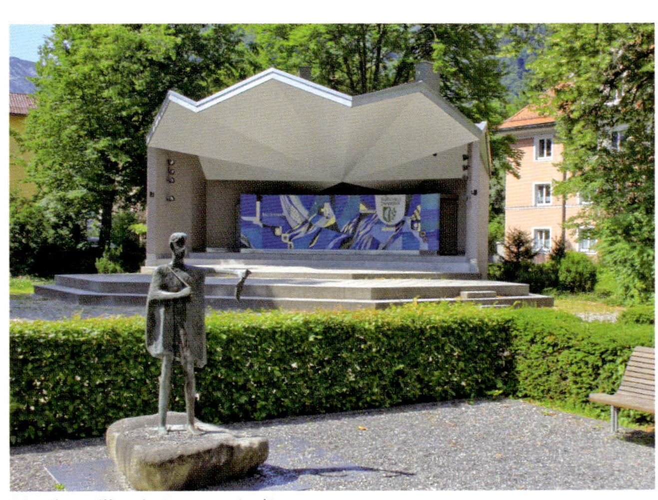

Musikpavillon in Immenstadt.

# BERGGASTHOF KRANZEGG

## Lachsalven auf dem Witz-Wanderweg

 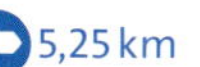 5,25 km 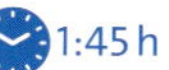 1:45 h 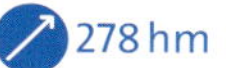 278 hm 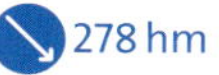 278 hm  2

START | Rettenberg/ Kranzegg, Bushaltestelle am westlichen Ortsrand, 855 m; Parkplatz am Grüntenlift, außerhalb des Dorfes [GPS: UTM Zone 32 x: 599.399 m y: 5.270.800 m]
CHARAKTER | Kurzer, mäßig steiler Aufstieg. Gut bezeichnete Steige und Pfade, kurz Feldweg und Pfadspuren, zuletzt Alpweg.

Auf den meisten Wanderwegen werden bekanntlich nur wenige Muskelpartien trainiert. Ganz anders auf vorliegendem kleinen Ausflug. Nein, nicht die Oberarme sind gemeint. Die Skistöcke kann man angesichts der recht einfachen Routenführung getrost zu Hause lassen.

Heute geht es ausnahmsweise mal um Muskelstränge, die im arbeitsreichen Alltagsleben ohnehin von der Kümmernis bedroht sind: die Lachmuskeln. Unzählige Bild- und Texttafeln erheitern den lesefreudigen Geher auf „Oberallgäus lustigem Wanderweg" am laufenden Band.

▶ Wir benützen in **Kranzegg** 01 vom westlichen Dorfrand aus den Gehsteig zum Alpengasthof Kreuz. Dort nehmen wir dann den Fußgängerweg an einem Bach bergauf und lassen uns vom Täfelchen „Oberallgäus lustiger Wanderweg" den Kurs zeigen.

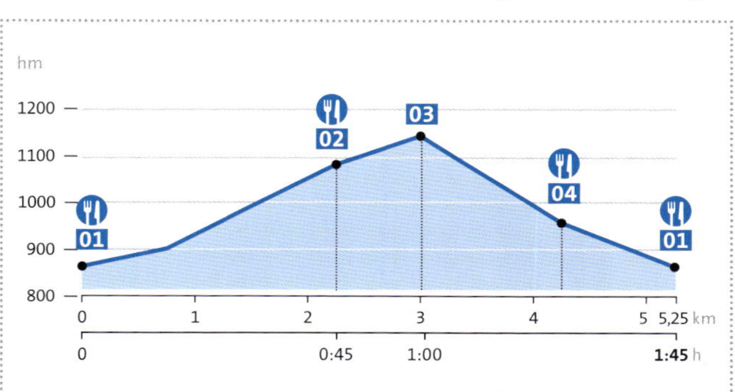


01 Kranzegg, 862 m; 02 Berggasthof Kranzegg, 1080 m;
03 Geißalp, 1140 m; 04 Berghof Riesen, 955 m

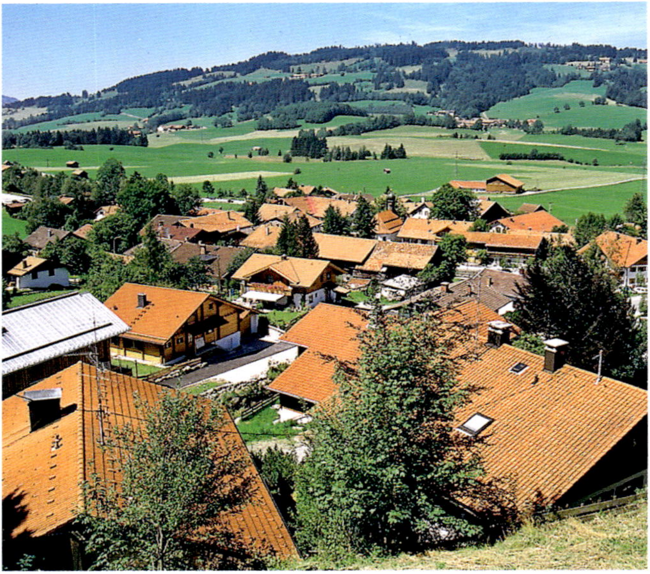

Im Rettenberger Filialort Kranzegg startet der Witz-Wanderweg.

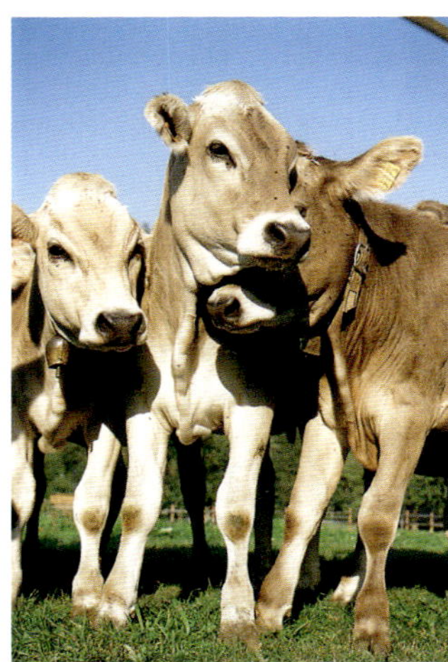

Neugierig-verschämtes Kleeblatt auf der Bergweide.

Die unterhaltsame Runde folgt in der ersten Kurve dem mit „Haus Kranzegg“ beschilderten, mäßig steilen Tobelweg, einem spannenden Waldsteig.

An der nächsten Gabelung quert der Witzkurs den Wildbach und passiert einen kleinen Wasserfall. Auf einem Forstweg kreuzen wir einen Quellarm dieses Bachlaufs und gelangen auf einem Pfad unter dem Hochbehälter vorbei zum **Berggasthof Kranzegg** **02**, der zu einer gemütlichen Einkehr verlockt.

Bei der anschließenden Privathütte weist das Schild „Alpe Kammeregg“ auf eine kurze Weidespur, die unter zwei Skiliften hindurch zur Schwarzalp leitet. Dort kreuzt die

Witzroute ein Alpsträßchen. An der darauffolgenden Ruhebank genießt man einen hübschen Ausblick vom Hauchenberg über den langen Rottachberg – dahinter grüßt der Blenderturm – zum Rottachsee.

Ein kaum mehr steigender Feldweg hält nun auf den Grünten zu und bringt uns zur betagten **Geißalp** 03, dem höchsten Punkt der Tour.

Nun zeigen sich auch Mittag, Steineberg und Immenstädter Horn. Ein kleines Stück später verläuft ein Pfad über Weidehänge bergab Richtung Kranzegg. Bald nimmt uns ein geteerter Alpweg auf, der talwärts nochmals unter den beiden Skiliften hindurch führt.

Zuletzt geht's an der hölzernen Asante-Christus-Kapelle und dem **Berghof Riesen** 04 vorbei nach **Kranzegg** 01.

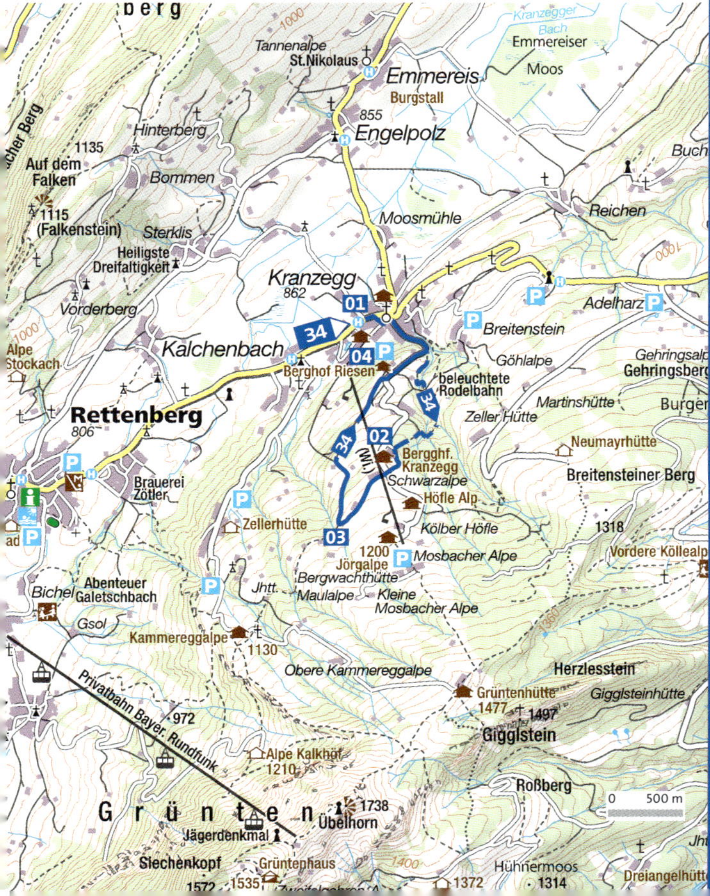

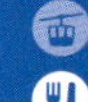

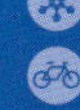
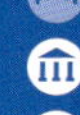

# HOCHGRAT • 1834 m

## Zum höchsten Punkt des Allgäuer Voralpenlandes

  7,25 km 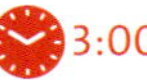 3:00 h 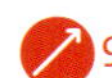 981 hm 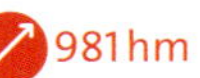 132 hm 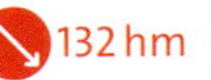 2 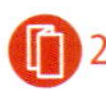

START | Parkplatz an der Talstation der Hochgratbahn [GPS: UTM Zone 32 x: 579.720 m y: 5.262.360 m]
CHARAKTER | Meist breite, aber teils steile Wanderwege zur Bergstation, schmaler, felsiger Pfad mit Treppenstufen zum Gipfel.

Der Hochgratgipfel gehört als höchster Punkt des Allgäuer Voralpenlandes natürlich zum Repertoire dieses Auswahlführers, genießt er doch dank seiner leichten Erreichbarkeit – durch die Hochgratbahn – und seiner grandiosen Gipfelaussicht eine herausragende touristische Bedeutung.

Wir starten an der **Talstation** 01 der Hochgratbahn in Steibis, gehen auf der Zufahrtsstraße ein paar Meter rechts, bis links ein asphaltiertes Sträßchen abzweigt (Mark. Hochgrat). Wenig später verlassen wir das Sträßchen und kürzen über einen ziemlich direkt ansteigenden, ebenfalls asphaltierten Fußweg die großen Straßenkehren ab. Kurz bevor wir auf die Abzweigung treffen, die rechts Richtung Obere Stiegalpe und Falkenhütte weist, wandern wir wieder auf dem Fahrsträßchen stetig berghoch. Wir passieren die **Unterlauchalpe** 02 und gelangen bei einem Viehgatter zu einer

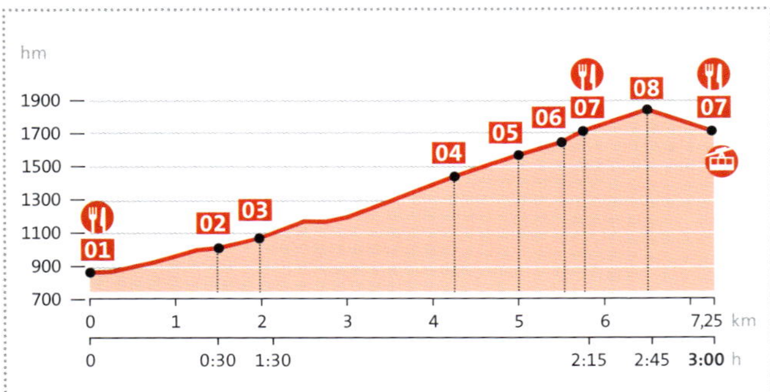


01 Parkplatz Hochgratbahn, 855 m; 02 Untere Lauchalpe, 1000 m; 03 Abzw.Schilprealpe, 1070 m; 04 Obere Lauchalpe, 1430 m; 05 Pfad Staufnerhaus, 1560 m; 06 Abzw. Staufnerhaus, 1637 m; 07 Hochgratbahn-Bergstation, 1704 m; 08 Hochgrat-Gipfel, 1834 m

scharfen Linkskurve und zu einer **Verzweigung 03**. Rechts von uns rauscht ein Bach und nach rechts ist auch der Weg zur Schilprealpe markiert. Wir bleiben aber auf dem Normalweg, der nach links Richtung Hochgrat über das Stauferhaus ausgeschildert ist.

## Tipp:

Nehmen Sie den Abschnitt des Parkscheins mit, dann erhalten Sie Rabatt auf die Talfahrt!

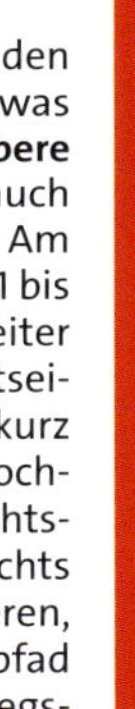

Der kontinuierlich ansteigende Weg wird jetzt etwas schmäler, ist nicht mehr asphaltiert, und führt, mit schöner Aussicht ins Tal hinab, am Hang entlang hoch. Wir umrunden ein Almgebäude – hier geht es kurzzeitig sogar etwas bergab –, dann passieren wir rechts die Materialseilbahn, die zum Stauferhaus hoch führt.

Es folgen nun immer wieder steilere, direktere Anstiegspassagen, bis wir wieder auf ein Viehgatter treffen und der kurvenreiche Weg deutlich flacher wird, rechts fließt ein Bach. Wir verlassen den Wald und wandern auf die etwas oberhalb von uns liegende **Obere Lauchalpe 04** zu. Von hier ist auch die Hochgratbahn zu sehen. Am Wochenende ist die Alpe von 11 bis 16:30 Uhr geöffnet. Es geht weiter in Serpentinen bergan, gottseidank teils im Schatten, bis wir kurz vor dem Unterqueren der Hochgratbahn und vor einer Rechtskurve eine **Abzweigung 05** rechts hoch zum **Staufnerhaus** passieren, einen schmalen, steilen Hangpfad (den wir als alternativen Anstiegsweg nehmen können).

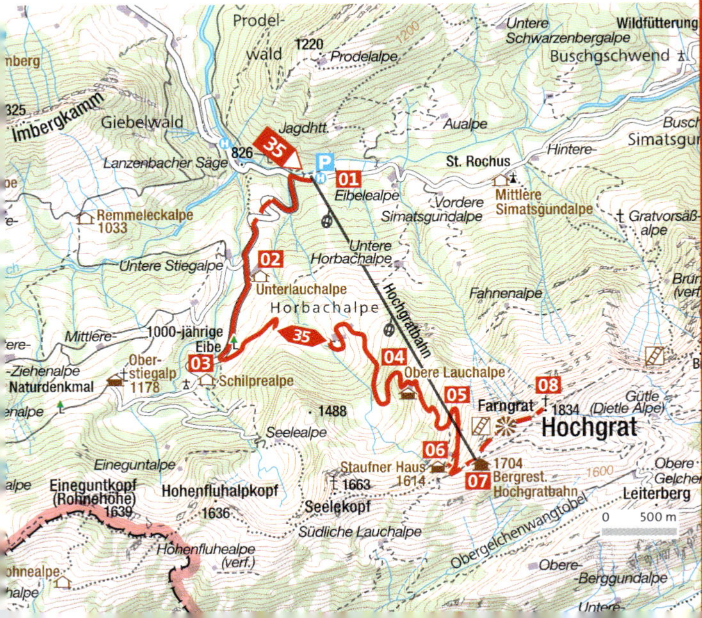

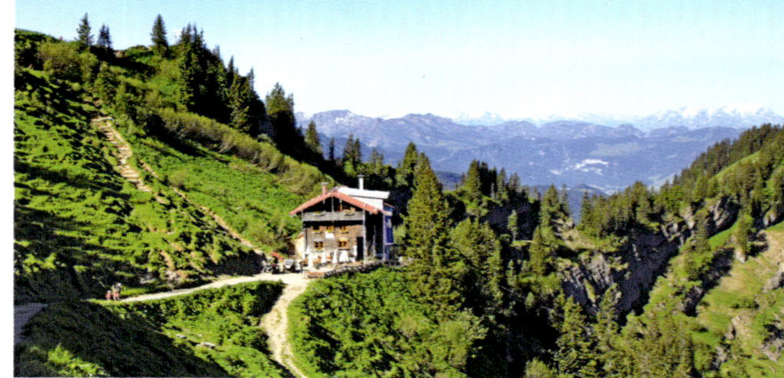

Das Staufnerhaus liegt nur wenige Meter neben dem Anstiegsweg.

Wir bleiben jedoch auf dem Hauptweg, unterqueren erneut die Hochgratbahn und stoßen auf eine weitere **Abzweigung** 06 zum Staufnerhaus – hier sind es nur wenig Meter auf breitem Weg leicht abwärts. Geradeaus führt der Weg zu einer scharfen Linkskehre, hier ist nach rechts der gut sichtbare Seelekopfgipfel mit 20 min angeschrieben. Wir schwenken nach links und sind ein paar Minuten später an der **Bergstation** 07 der Hochgratbahn; die letzten Meter des Anstiegs kann man sich durch die Benutzung von Treppenstufen auf der linken Seite erleichtern. Fantastischer Ausblick, rechts ist der Schweizer Säntis gut zu sehen. Hinter der Bergstation geht es über Treppenstufen hoch und dann weiter am felsigen Grat entlang, der durch ein Geländer markiert ist. Über angelegte Stufen und Felsabsätze bringt uns der nach beiden Seiten sehr aussichtsreiche Gratweg hoch zum Gipfel des **Hochgrat** 08.

Zurück zur Bergstation und mit der Hochgratbahn hinab zur Talstation.

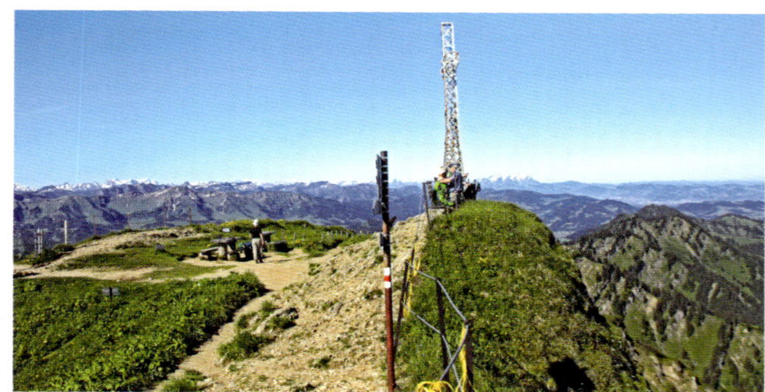

Gipfelschau vom Hochgrat.

# EISTOBEL UND RIEDHOLZER KUGEL • 1068 m

## Durch den naturgeschützten Eistobel auf den höchsten Berg des Westallgäus

 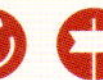 9,5 km  3:15 h  412 hm  412 hm  187

START | Parkplatz an der Eistobelbrücke
[GPS: UTM Zone 32 x:577.000 m y: 5.276.930 m]
CHARAKTER | Pfade und Steige, teils mit Geländer gesichert im Eistobel, Wald- und Forstwege im Aufstieg, wurzeliger Pfad im Abstieg von der Kugel.

„Schluchtenfeeling" im Naturschutzgebiet bietet das Flüsschen Obere Argen im Eistobel, der sich auf über 2 km zwischen bis zu 130 Meter hohen Felshängen hindurch zwängt und mehrere Wasserfall-Kaskaden aufweist, die im Winter zu Eis erstarren und der Schlucht zu ihrem Namen verhelfen. Und zum Ausgleich bietet uns die Riedholzer Kugel, als höchstem Punkt des Westallgäus, eine fantastische Rundumsicht, vor allem in die Allgäuer und in die Schweizer Berge.

▶ Nach Lösen des Eintrittbillets (1,50 EUR) beim Infozentrum am **Parkplatz Eistobelbrücke** 01 stei-

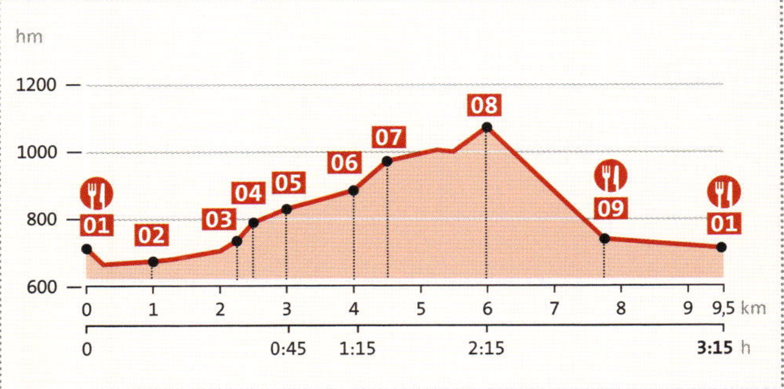


01 Parkplatz Eistobelbrücke, 708 m; 02 Großer Wasserfall, 670 m; 03 Eissteg, 730 m; 04 Kapelle, 785 m; 05 Seminarhaus Hohenegg, 825 m; 06 Hohenegg, 880 m; 07 Iberger Skilift, 967 m; 08 Riedholzer Kugel, 1068 m; 09 Riedholz, 735 m

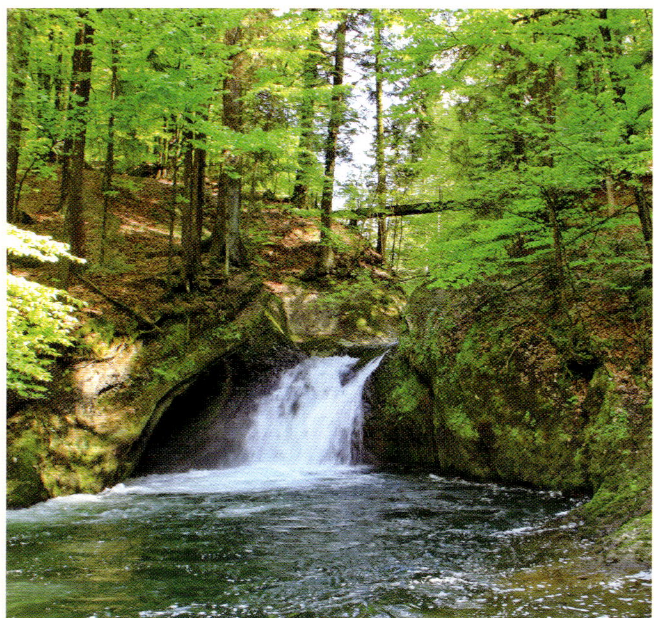

Im Eistobel, im Hintergrund der Eissteg.

gen wir über steile Stufen hinab, die gigantische Argentobelbrücke im Blick. Unten folgen wir rechts dem Bachlauf, an einer Höhle vorbei und lassen uns durch die am Wanderweg angebrachten Infotafeln inspirieren. Der breite Weg führt in leichtem Auf und Ab durch den schattigen Wald am Wasser entlang. Wir gelangen zu einer Lichtung, treffen kurz darauf auf den Kolmusbrunnen und einen Picknickplatz. Eine Tafel informiert uns über das Molasseprofil des Eistobels und hier tauchen auch die ersten kleineren Wasserfälle auf.

Es geht nun auf einem schmäleren Steig rechts am Bach entlang steiler hoch, teils über geländergesicherte Stufen. Vor uns können wir schön den **Großen Wasserfall** **02** sehen. Ein mit Holztritten angelegter Wegabschnitt führt uns direkt an den Felsen vorbei zum Standort Zwinger, der nach links einen tollen Ausblick bietet. Großteils ist der Weg, der immer wieder über Holzstufen verläuft, mit Geländer gesichert, bis er in einen schmäleren Naturpfad übergeht, der wieder in leichtem Auf und Ab am Waldhang entlang verläuft.

Wir stoßen dann auf eine große Kiesfläche direkt am Wasser, ein vor allem bei Familien und Kindern beliebter Rast- und Picknickplatz. Wieder über einen Holzsteg gehen wir rechts am Bach entlang weiter, nach einem weiteren Wasserfall steigt der Weg leicht an und bringt uns zu einer Verzweigung bei der Pos. **Eissteg** **03**. Wir überqueren den Steg, halten uns auf der anderen Bachseite rechts Richtung Kugel. Der steile und wurzelige Weg bringt uns zur nächsten Verzweigung.

Wir bleiben auf dem weiter ordentlich ansteigenden und breiter werdenden Kiesweg. Fünf Minuten später haben wir die Möglichkeit, über einen Pfad und ein paar steile Meter einer kleinen **Kapelle** **04** rechts neben dem Weg einen Besuch abzustatten; sie steht an der Stelle der abgegangenen Burg Hohenegg.

Zurück auf dem Hauptweg folgen wir dem Schild Richtung Kugel, der gekieste Forstweg wird flacher und bei einer großen Waldlichtung passieren wir das **Seminar- und Freizeithaus Hohenegg** **05**. Der nächsten kreuzenden Forststraße folgen wir rechts und kurz darauf geht es in einer scharfen Linkskurve wieder leicht berghoch.

Bei der Pos. **Hohenegg** **06** treffen wir auf Häuser und Asphalt. Bei der nächsten Verzweigung folgen wir der kürzeren Anstiegsvariante zur Kugel (mit blauem Punkt markiert) und halten uns links auf einem Wiesenweg in Richtung Wald.

Wir steigen hoch zur **Bergstation** **07** des Iberger Skilifts,

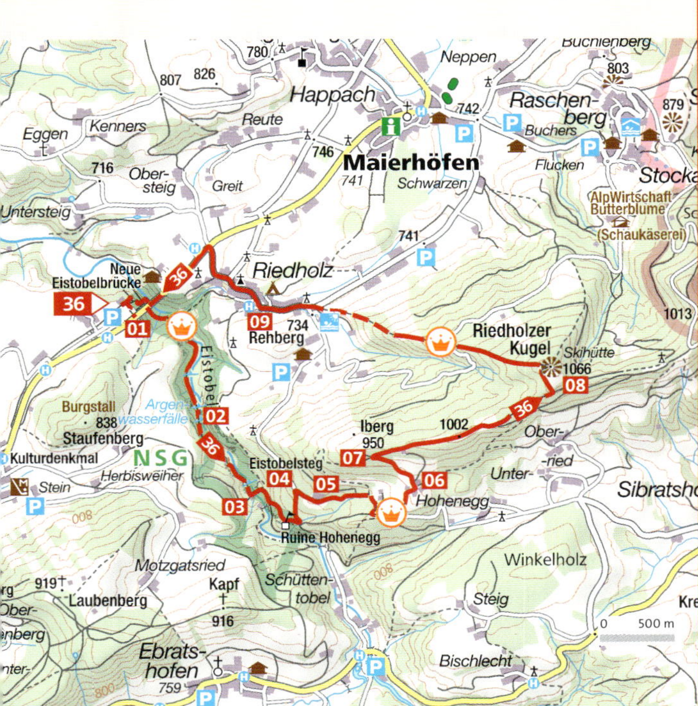

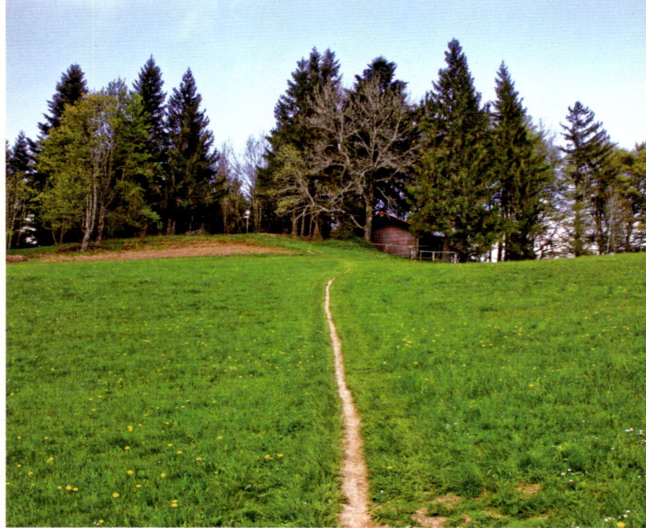

Die letzten Pfadmeter hoch zum wenig spektakulären Gipfelpunkt...

schwenken nach rechts und wandern auf dem schmalen Wiesen-, dann Waldpfad am Zaun entlang.

Nach einem Waldstück verlassen wir den breiter gewordenen Kiesweg und folgen einem schmalen Pfad links in den Wald hoch. Nach einem flacheren Zwischenstück gelangen wir über einen Wiesenhang links hoch zur **Riedberger Kugel 08**.

Über einen schmalen wurzeligen, teils steinigen Pfad geht es in leichten Kehren Richtung Riedholz bergab, bei einem kreuzenden Forstweg gehen wir geradeaus weiter, der Weg wird etwas breiter und führt an einer schönen Aussichtsbank vorbei. Wir folgen dem teils steileren und wieder schmäler werdenden Pfad weiter bergab, bis wir auf die Teerstraße treffen, die uns nach **Riedholz 09** bringt.

Wir durchqueren den Ort und wandern links, entlang der Autostraße, zurück zur Eistobelbrücke und unserem Ausgangspunkt.

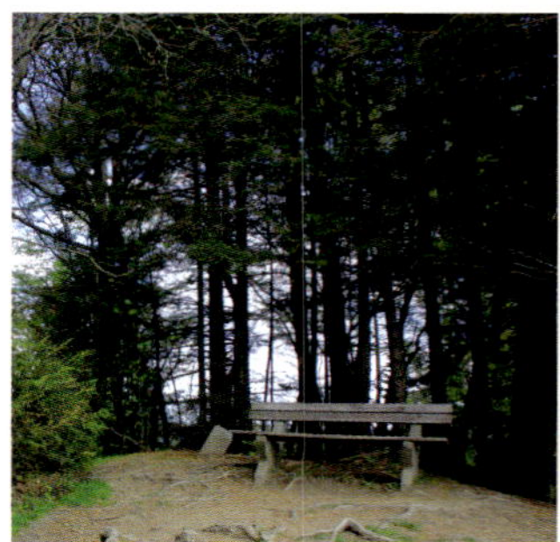

...der bewaldeten Riedberger Kugel.

# HAUSBACHKLAMM – OBERREUTE – WILDROSENMOOS

## Klamm- und Naturschutzgebietswanderung im Grenzbereich

  11,5 km 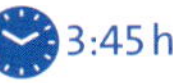 3:45 h 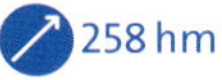  258 hm 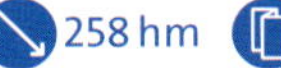 258 hm 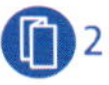 2

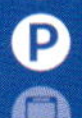
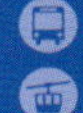
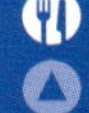
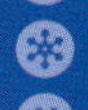
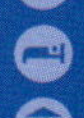

START | Parkplatz Hinterschweinhöf, an der Straße Weiler-Simmerberg – Sulzberg
[GPS: UTM Zone 32 x:569.240 m y: 5.265.020 m]
CHARAKTER | Forst-, Wiesen- und Waldwege, mit kurzen Asphaltpassagen. Fußpfad in der Hausbachklamm und wurzeliger Grenzerpfad in Richtung Wildrosenmoos.

Eine sehr abwechslungsreiche Wanderrundtour, die mit einem wilden Bachlauf, einem aussichtsreichen Naturlehrpfad im deutsch-österreichischen Grenzgebiet und vor allem dem romantischen Wildrosenmoos einiges aufbietet, was naturnahes Wandern zu einem schönen Erlebnis werden lässt.

▶ Wir beginnen unsere Rundtour auf dem kleinen Parkplatz **Hinterschweinhöf** 01 und folgen der Beschilderung zur Hausbachklamm. Der asphaltierte Land-

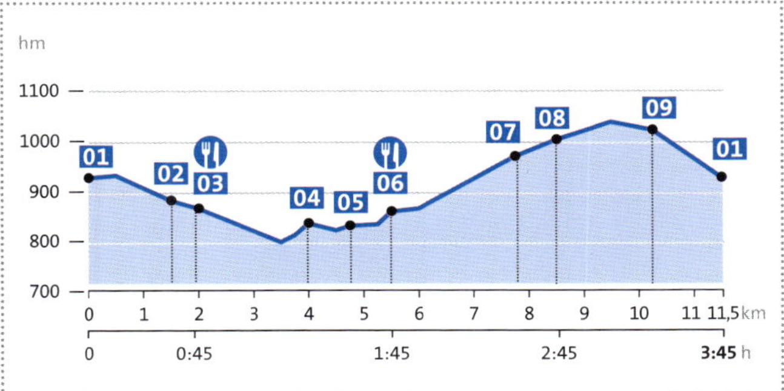


01 Parkplatz Hinterschweinhöf, 925 m; 02 Vorderschweinhöf, 880 m; 03 Schnellers-Traube, 864 m; 04 Längene, 834 m; 05 Unterreute, 829 m; 06 Oberreute, 858 m; 07 Auf dem Gesäß, 967 m; 08 Am kalten Brunnen, 1000 m; 09 NSG Wildrosenmoos, 1019 m

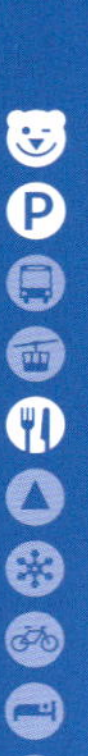

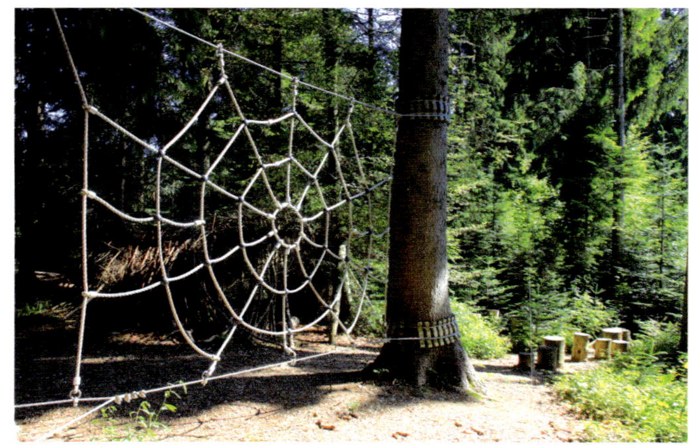

Erlebnisplatz Kalter Brunnen.

wirtschaftsweg mit schöner Aussicht geht bald in einen gekiesten Fahrweg über, führt am Waldrand entlang und an Häusern vorbei, zum Schluss leicht abwärts nach **Vorderschweinhöf** 02.

Wir überqueren die Straße, gehen einen schmalen Kiespfad über Holzstufen abwärts, überqueren einen Bach und folgen der Straße ein paar Meter nach rechts. Vor einer Bachbrücke links auf schmalem Fußpfad am Bach entlang und über kleine Brückchen zur Fahrstraße bei Schnellers. Vorbei am Gasthaus **Traube** 03 halten wir uns rechts Richtung Hausbachklamm.

Der schöne Fußpfad am Bach entlang gewinnt zunehmend schluchtartigen Charakter, am Waldende erreichen wir eine kleine Brücke, die über einen Zufluss führt und nach rechts wieder Ausblicke über Wiesengelände eröffnet. Wir bleiben am Bachufer und sind kurz darauf an der Pos. **Obere Hausbachklamm**; hier weist ein Schild darauf hin, dass der Weg nur für Fußgänger gestattet ist.

Wir kommen an einem Spiel- und Erlebnisplatz vorbei, der u.a. mit einem Baumsteg und einer Seilrolle ausgerüstet ist. Der Weg ist sehr schattig und daher oft feucht, so ist es sehr löblich, dass die vielen Holzstege, die immer wieder über den Bach führen, mit einem Drahtgitter bespannt sind, so dass sich die Rutschgefahr in Grenzen hält.

Der wurzelige Wanderpfad, teils mit Treppenstufen durchsetzt, bringt uns in leichtem Auf und Ab zu einer Kreuzung, wo wir einem breiteren Kiesweg nach rechts folgen, zum Schluss etwas ansteigend. Wir treffen auf ein Asphaltsträßchen, verlassen den Wald und steigen nochmals leicht an, bis wir auf der Hochfläche **Längene** 04 erreichen. Der Asphalt endet und ein breiter Kiesweg verläuft in einer Rechtskehre abwärts

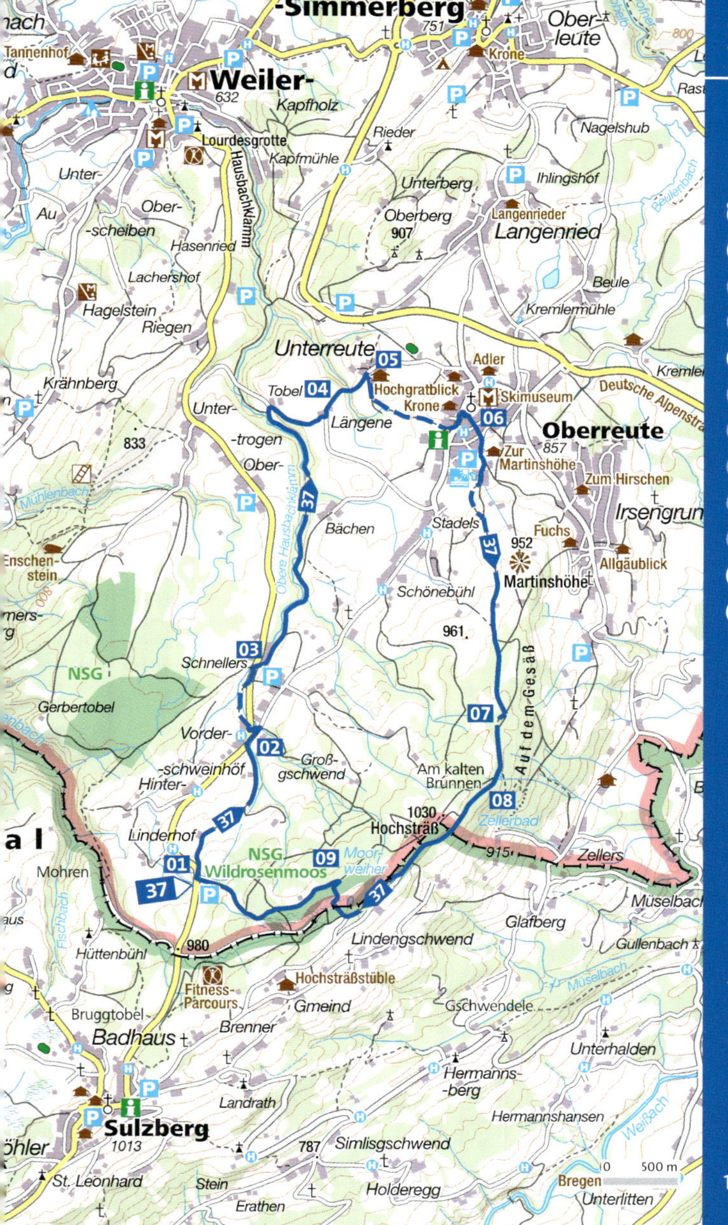
Simmerberg
751
Ober-
leute
Krone
Tannenhof
Weiler-
632
Kapfholz
Lourdesgrotte
Kapfmühle
Rieder
Nagelshub
Ihlingshof
Unterberg
Oberberg
907
Langenrieder
Langenried
Unter-
Au
Ober-
-scheiben
Hasenried
Hausbachklamm
Lachershof
Hagelstein
Riegen
Beule
Kremlermühle
Unterreute
Tobel
Längene
Hochgratblick
Krone
Adler
Skimuseum
Oberreute
857
Zur
Martinshöhe
Zum Hirschen
Irsengrun
Krähnberg
833
Unter-
-trogen
Ober-
Bächen
Stadels
Fuchs
952
Martinshöhe
Allgäublick
Deutsche Alpenstra
Obere Hausbachklamm
Mühlenbach
Enschen-
stein
Schönebühl
961
Schnellers
NSG
Gerbertobel
Vorder-
-schweinhöf
Hinter-
Groß-
gschwend
Am kalten
Brunnen
Auf dem Gesäß
1030
Hochsträß
Zellerbad
915
Zellers
Linderhof
Mohren
NSG
Wildrosenmoos
Moor-
weiher
Müselbach
Glafberg
Gullenbach
980
Hüttenbühl
Lindengschwend
Hochsträßstüble
Fitness-
Parcours
Gmeind
Gschwendele
Müselbach
Bruggtobel
Badhaus
Brenner
Unterhalden
Hermanns-
-berg
Landrath
Sulzberg
1013
Hermannshansen
Weißach
787
Simlisgschwend
St. Leonhard
Stein
Holderegg
Erathen
0
500 m
Bregen
Unterlitten
Fischbach
800
Beulenbach
Ellhofer
01
02
03
04
05
06
07
08
09
37

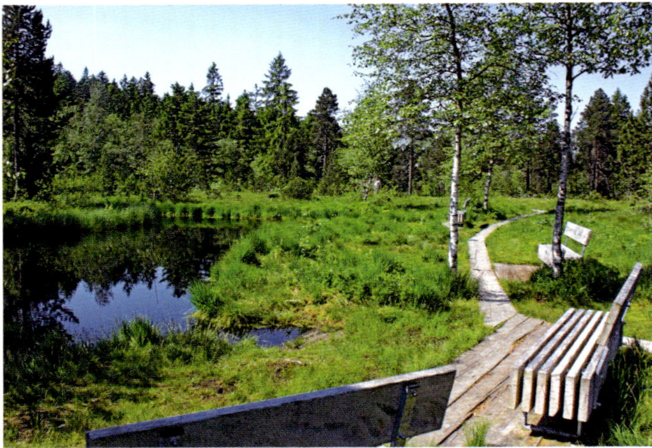

Am kleinen See im Wildrosenmoos.

Richtung Wald, wir überqueren einen Bach und steigen wieder leicht an nach **Unterreute** 05.

Scharf rechts geht es über Wiesengelände weiter nach **Oberreute** 06, um einen Reiterhof herum und auf die gut sichtbare Kirche zu. Es setzt wieder Asphalt ein, beim Gasthaus Krone erreichen wir die Hauptstraße und folgen der Beschilderung Richtung Kalter Brunnen. Vorbei an Friedhof (hier ist eine große Wandertafel) und Schwimmbad folgen wir geradeaus einem schmalen, nicht markierten Fußpfad, der parallel zum asphaltierten Sträßchen durch den Wald hoch führt. Oben treffen wir auf das Asphaltsträßchen, es wird flacher und der Asphalt hört bald auf.

Mit guter Aussicht wandern wir über die Pos. **Auf dem Gesäß** 07 auf dem Kiesweg immer in Richtung Kalter Brunnen. Es beginnt ein wurzeliger Waldweg, der mit mehreren Infotafeln als Naturlehrpfad angelegt ist. Vorbei an einer großen, sumpfigen Streuwiesen-Lichtung gelangen wir zu einer freien Fläche: die Pos. **Kalter Brunnen** 08, mit Infotafeln, diversen Hütten, Spielgeräten – ein herrlicher Rastplatz.

Wir halten uns rechts und folgen der Beschilderung Grenzerpfad, vorbei an einer tollen Aussichtsveranda, bleiben rechts auf dem wurzeligen Waldpfad und gelangen ins **Naturschutzgebiet Wildrosenmoos** 09, das als „Schutzgebiet Hochmoor" ausgeschildert ist. Auf einem Holzplankensteg durchqueren wir das Moor, passieren den schönen kleinen Moorsee und verlassen den Wald. Links abbiegend kommen wir an einer neu errichteten Aussichtsstelle vorbei, halten uns rechts und erreichen auf breiteren Forstwegen nach kurzer Zeit wieder unseren Ausgangspunkt, den Parkplatz **Hinterschweinhöf** 01.

# HIRSCHBERG • 1095 m

## Leichter Aussichtsgipfel für die Allgäuer und die Schweizer Berge

 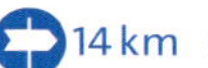 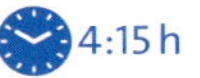 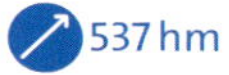 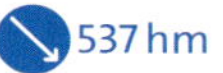 

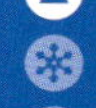

START | Parkplatz in Scheffau vor dem Rathaus, gegenüber Gasthaus Postwirt
[GPS: UTM Zone 32 x:565.080 m y: 5.265.680 m]
CHARAKTER | Kaum befahrene Asphaltsträßchen, Landwirtschafts-, Wald- und Wiesenwege; moderate Steigungen, nur der Ab- und Aufstieg im Kesselbachtobel, die letzten Meter vor dem Gipfel sowie eine kurze Stelle auf dem Rückweg bei Hegisberg sind spürbar steiler und teilweise wurzelig.

Der kleine, leicht erreichbare Aussichtsgipfel im äußersten Westallgäu bietet eine grandiose Aussicht auf die Schweizer Berg; der Säntis ist fast zum Greifen nahe.

▶ Am Brunnen vor dem Rathaus in **Scheffau** 01 gehen wir zur Kirche vor, halten uns rechts, steigen leicht an und folgen dem Sträßchen hinab zum Sportgelände. Vor dem Sportplatz links bis an das Dorfende, dann scharf rechts über die Wiesen zum Wald. Auf teils schottrigem und verwurzeltem Pfad geht es steil abwärts, über zwei Holzstege, und eine Bohlenbrücke, bis wir eine **Gitterdraht-**

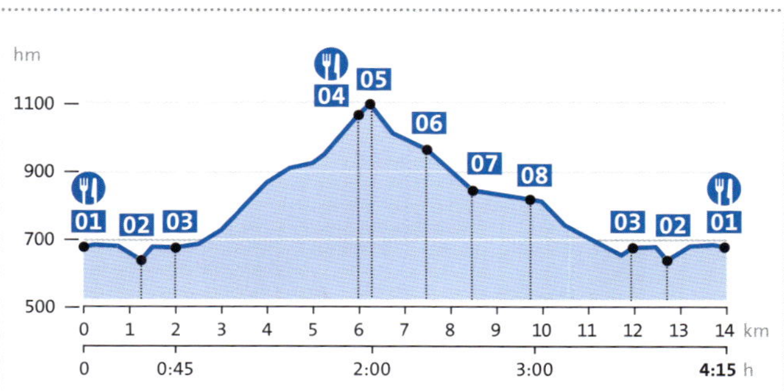


01 Scheffau, 674 m; 02 Brücke, 635 m; 03 Hirschbergsau, 672 m; 04 Abzw. Hirschbergalpe, 1063 m; 05 Hirschberg, 1095 m; 06 Ahornach, 960 m; 07 Gretaloch, 840 m; 08 Birkenberg, 814 m

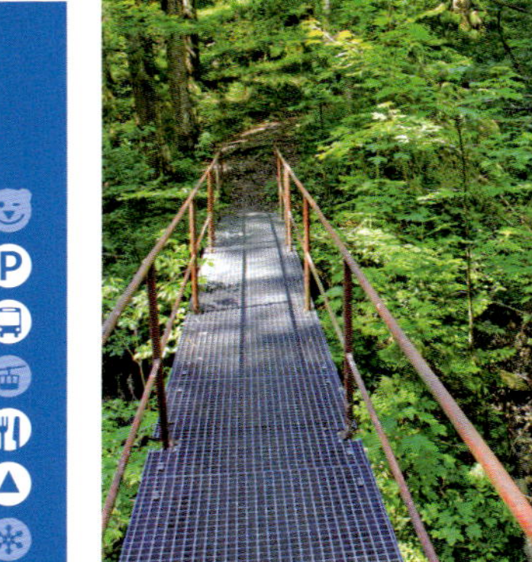
Brücke über den Tobelbach.

**brücke** 02 erreichen, die über den Tobelbach hinüber führt.

Auf der anderen Seite steigen wir in Kehren wieder hoch, mehrfach über Stufen, bis wir das Waldende erreichen. Oben angelangt durchqueren wir einen Hof und wandern auf einem Asphaltsträßchen nach **Hirschbergsau** 03. An einer kleinen Kapelle vorbei folgen wir der Markierung Hirschberg und marschieren auf dem leicht ansteigenden Asphaltsträßchen durch teils schattigen Wald. Links unten begleitet uns ein Bach.

Das Sträßchen steigt stärker an und macht eine deutliche Linkskehre. Bei einem Gebäude biegen wir rechts ab, kurz darauf geht der Asphalt in Kies über. Leicht ansteigend und links haltend weiter am Waldrand entlang. Der Weg zieht sich dann über freie Wiesenhänge hoch, mit schöner Aussicht nach links.
Wir passieren ein kleines Kapellenhäuschen und erreichen wieder schattigen Wald. Bei einer Kreuzung verlassen wir den Fahrweg zum Hirschberg und gehen geradeaus weiter. Kurz darauf den schmalen Pfad nach rechts nicht verpassen, der am Waldrand entlang hoch führt.

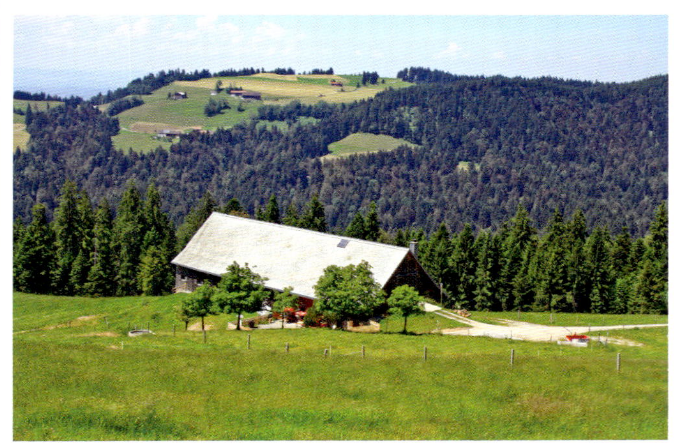
Die nur wenige Meter neben dem Weg liegende Hirschbergalpe.

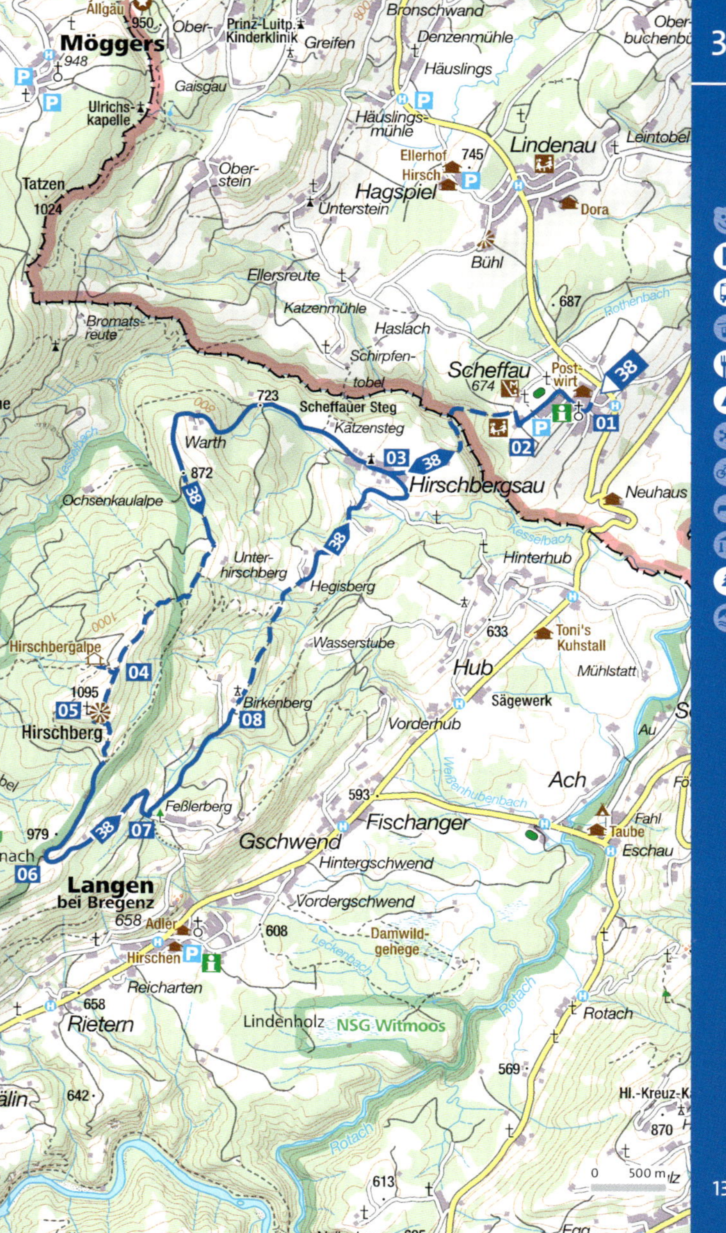
Skywalk-Allgäu
Möggers
948
950
Prinz-Luitp.-Kinderklinik
Greifen
Bronschwand
Denzenmühle
749
Häuslings
Gaisgau
Ulrichs-kapelle
Häuslings-mühle
Ellerhof
Hirsch
745
Lindenau
Leintobel
Ober-stein
Unterstein
Hagspiel
Dora
Tatzen
1024
Bühl
Ellersreute
Katzenmühle
Haslach
687
Rothenbach
Bromats-reute
Schirpfen-tobel
Scheffau
674
Post-wirt
723
Scheffauer Steg
Katzensteg
01
02
03
Warth
872
Hirschbergsau
Neuhaus
Ochsenkaulalpe
Kesselbach
Unter-hirschberg
Hegisberg
Hinterhub
Hirschbergalpe
04
Wasserstube
633
Toni's Kuhstall
1095
05
Hirschberg
Birkenberg
08
Hub
Mühlstatt
Sägewerk
Vorderhub
Au
Ach
593
Weißenhubenbach
Feßlerberg
07
979
06
Fischanger
Gschwend
Fahl
Taube
Eschau
Hinterschwend
Langen bei Bregenz
658
Adler
Vordergschwend
608
Damwild-gehege
Leckenbach
Hirschen
Reicharten
658
Rietern
Lindenholz
NSG Witmoos
Rotach
Rotach
569
642
Hl.-Kreuz-K
870
Rotach
613
0
500 m
Nellenburg
605
Egg

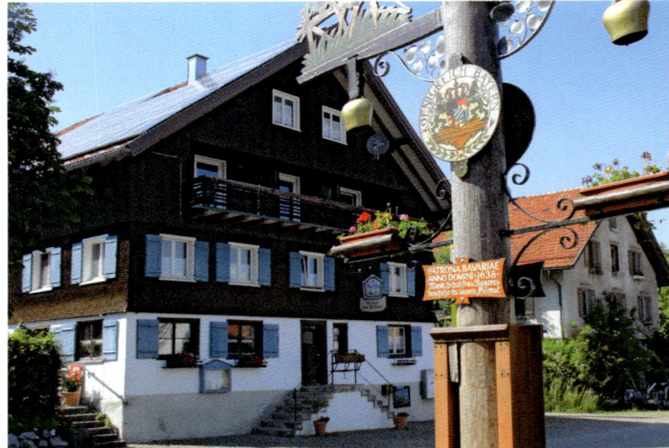

Unser Start- und Zielpunkt beim Gasthof Zum Postwirt in Scheffau.

Wir überqueren eine kreuzende Forststraße und folgen weiter einem nun steiler und wurzeliger werdenden Pfad bis zu einem Weidezaun. Durch das Gatter hindurch und auf schmalem Wiesenpfad steigen wir weiter an.

Rechts taucht kurz darauf die **Abzweigung** 04 zur sichtbaren Hirschbergalpe auf, geradeaus erreichen wir 5 Minuten später den breiten, grasigen Gipfel des **Hirschbergs** 05. Wenig entfernt liegt rechts etwas unterhalb vom Gipfel eine kleine Kapelle und nicht weit entfernt die Hirschbergalpe.

Der Abstieg führt durch ein Weidegatter über Wiesen – zunächst steil – bergab Richtung Ahornach. Wir betreten wieder Wald, stoßen auf eine Kreuzung und folgen der Forststraße nach links zur Pos. Winkeleck und dann weiter der Ausschilderung Feßlerberg. Wieder im Freien gelangen wir zu den Häusern von **Ahornach** 06.

Hier beginnt wieder Asphalt und in einer scharfen Linkskehre geht es abwärts, mit schöner Aussicht auf die Berge. Wenn es flacher wird, bei einer Straßenkreuzung, sind wir an der Pos. **Gretaloch** 07 und folgen dem Anrainersträßchen nach links Richtung Hirschbergsau.

Wir passieren **Birkenberg** 08, das Asphaltsträßchen geht in einen Forstweg über und wir wandern – immer leicht abwärts – wieder in Wald hinein. Bei einer scharfen Rechtskurve bleiben wir geradeaus, auf einem grasigen Pfad, vorbei an einem kleinen Wasserfall, überqueren den Bach und steigen nun ziemlich steil den Hang hinab. Über Wiesen gelangen wir zu einer Asphaltstraße und folgen ihr rechts, zuletzt etwas ansteigend, nach **Hirschbergsau** 03.

Auf dem bekannten Anstiegsweg geht es zurück nach **Scheffau** 01.

# LINDENBERG-WALDSEE – SCHEIDEGGER WASSERFÄLLE

## Spektakuläre Wasserfalltour

 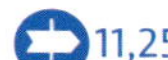  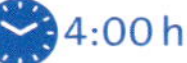 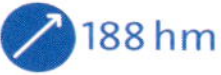 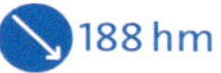 

11,25 km | 4:00 h | 188 hm | 188 hm | 187

START | Lindenberg, Parkplatz am Waldsee [GPS: UTM Zone 32 x:565.530 m y: 5.272.430 m]
CHARAKTER | Herrliche Ufer- und Waldpfade, Landwirtschafts- und Forstwege; die Treppenstufen zu den Wasserfällen sind steil, aber gut gesichert!

Eine erlebnisreiche Rundtour zwischen dem Lindenberger Waldsee und den Scheidegger Wasserfällen, zwischen Moor und Wald, mit einer aussichtsreichen Kapelle, einem klassischen Tiergehege und einem ungewöhnlichen Reptilienzoo.

Vom **Parkplatz** 01 direkt am Waldsee wandern wir die geplättelte Uferpromenade hinüber zum Hotel, schwenken nach links zum Schwimmbad und gehen geradeaus, nun auf Naturweg. Kurz darauf wieder links, der Beschilderung Allmannsried folgend, vorbei am eingezäunten Badegelände. Wir passieren rechts eine alte Maschine, die für den Torfabbau verwendet wurde, sowie eine Gerätehütte mit allerlei altem Werk-

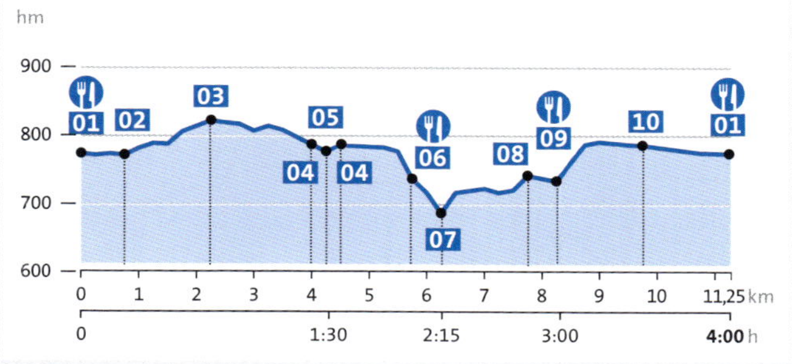


01 Parkplatz am Waldsee, 772 m; 02 Hochmoor-Aussichtsstelle, 770 m; 03 Allmannsried, 820 m; 04 Lötz, 785 m; 05 St. Wendelin-Kapelle, 775 m; 06 Wanderstüble, 735 m; 07 Großer Wasserfall, 685 m; 08 Bieslings, 740 m; 09 Reptilienzoo, 732 m; 10 Abzw. vor Haus, 784 m

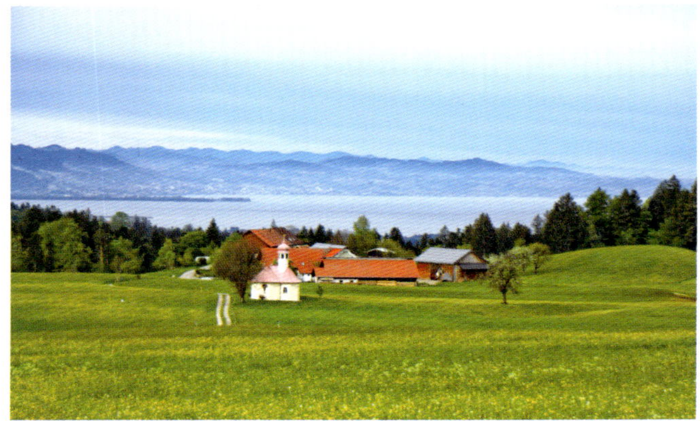

Blick zur St. Wendelins-Kapelle, im Hintergrund der Bodensee.

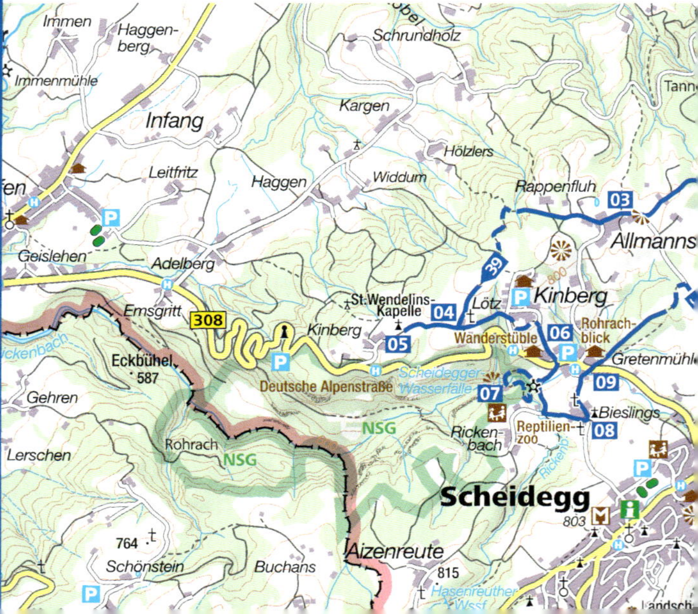

zeug und eine **Aussichtsstelle** **02** mit einer Infotafel zum Hochmoor. Wir bleiben bei einer Kreuzung geradeaus, durchqueren auf schmalem Pfad eine urtümliche Wald- und Moorlandschaft und orientieren uns Richtung **Allmannsried** **03**. Wir erreichen den Ort, zuletzt über freies Gelände und leicht ansteigend auf breiter gewordenem Forstweg. Fantastischer Ausblick nach links in die Allgäuer und Schweizer Berge. Wir folgen dem flachen Asphaltsträßchen geradeaus, bis beim Schild Rappenfluh der (neue) Wanderweg nach links ausgeschildert ist.

Wenig später bieten sich zwei Möglichkeiten an, wir folgen der beschilderten Variante nach Lötz, einem breiten, gekiesten Weg durch eine Waldschonung. Über einen Bachlauf führt der Weg als wurzeliger Pfad weiter und in den Wald hinein, dann scharf links und leicht ansteigend hoch zu einer Wiesenlichtung mit Bank. Nach dem Waldende eröffnet sich ein herrlicher Blick rechts bis zum Bodensee. Wir erreichen **Lötz** 04, sind wieder auf Asphalt, und machen einen kurzen Abstecher nach rechts zur schön gelegenen **Wendelinskapelle** 05.

Zurück in Lötz folgen wir dem Asphaltsträßchen Richtung Scheidegg, zunächst leicht absteigend in den Wald, dann wieder ansteigend zu einem kreuzenden Sträßchen. Wir überqueren es und wandern auf einem Forstweg aus dem Wald heraus. Mit herrlicher Aussicht queren wir auf schönem Wiesenpfad den Hang und schwenken dann rechts hinab, auf ein Asphaltsträßchen zu. Auf ihm geht es nun ordentlich bergab, vorbei am **Wanderstüble** 06, dessen Biergarten uns zur Rast lockt.

Wir überqueren die Vorfahrtsstraße und wandern rechts hinab zum Eingang der Wasserfälle. Über steile Eisentreppen und Holzstufen und viele enge Kehren steigen wir abwärts bis zum Ausguck beim **Großen Wasserfall** 07 (der Rickenbach stürzt über 18 m ab) – ein beeindruckendes Szenario.

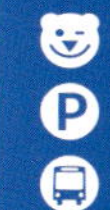

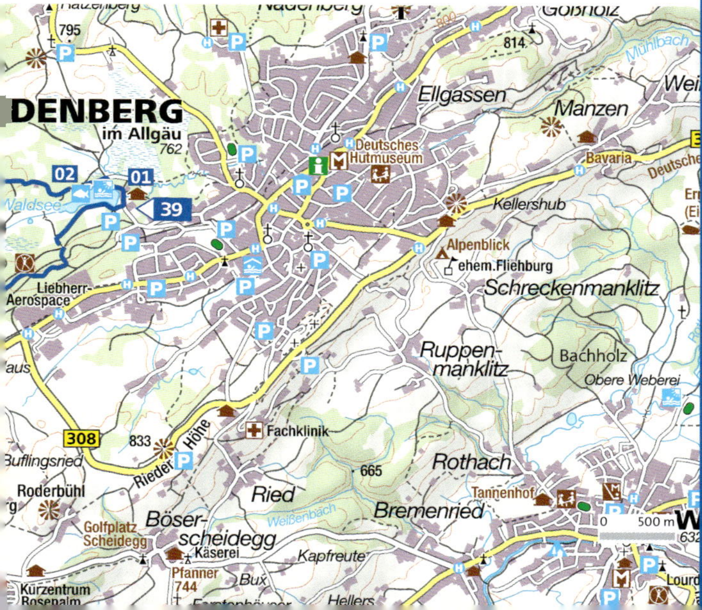

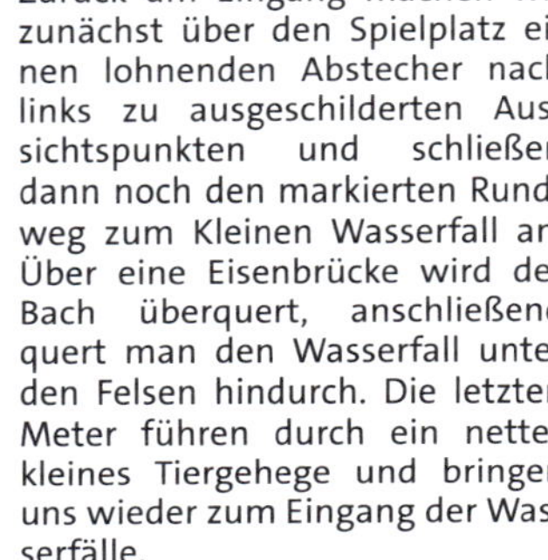

Zurück am Eingang machen wir zunächst über den Spielplatz einen lohnenden Abstecher nach links zu ausgeschilderten Aussichtspunkten und schließen dann noch den markierten Rundweg zum Kleinen Wasserfall an. Über eine Eisenbrücke wird der Bach überquert, anschließend quert man den Wasserfall unter den Felsen hindurch. Die letzten Meter führen durch ein nettes kleines Tiergehege und bringen uns wieder zum Eingang der Wasserfälle.

Am Parkplatz rechts vorbei, folgen wir dem Sträßchen Richtung Reptilienzoo, verlassen es in einer Rechtskurve und gehen links auf einem Forstweg leicht ansteigend durch ein kurzes Waldstück nach **Bieslings** 08. Wieder auf Asphalt, vorbei an einer kleinen Kapelle führt der Weg dann hinab zur Vorfahrtsstraße. Rechter Hand liegt der **Reptilienzoo** 09, der mit fürs Allgäu eher ungewöhnlichen Zeitgenossen aufwartet. Highlight ist eine seit Juli 2016 zu besichtigende zweiköpfige Klapperschlange!

Über die Vorfahrtsstraße hinweg steigt der Kiesweg zum Wald hin an, bei einer Pfarrer-Kneipp-Tafel verlassen wir den breiten Weg und schwenken rechts in einen schmalen wurzeligen Waldpfad ein. Wir treffen auf eine Asphaltstraße, folgen ihr nach rechts und biegen kurz vor **Haus** 10 scharf links ab, Richtung Waldsee.

Am Waldrand links und dann rechts dem Trimmdichpfad-Schild folgen. Bei der Parcoursstelle 14 auf dem kreuzenden Kiesweg nach links, und wir stoßen nach einer Kuppe auf den Seerundweg. Nach rechts gelangen wir ans Seeufer und sind kurz darauf zurück am Ausgangspunkt.

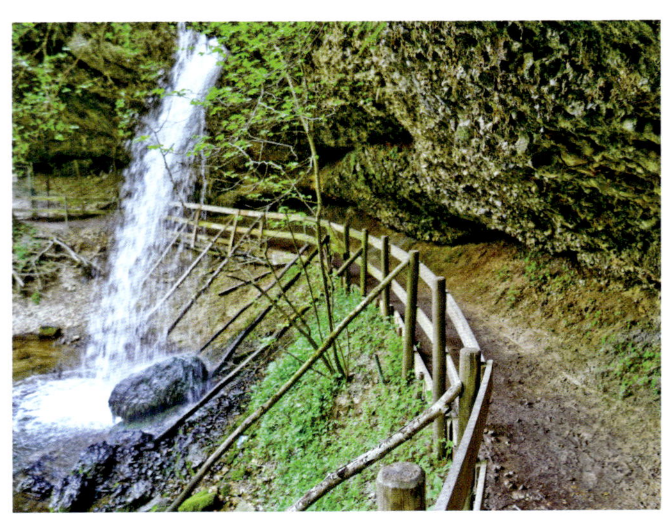

Der Rundweg verläuft unter dem Kleinen Wasserfall hindurch.

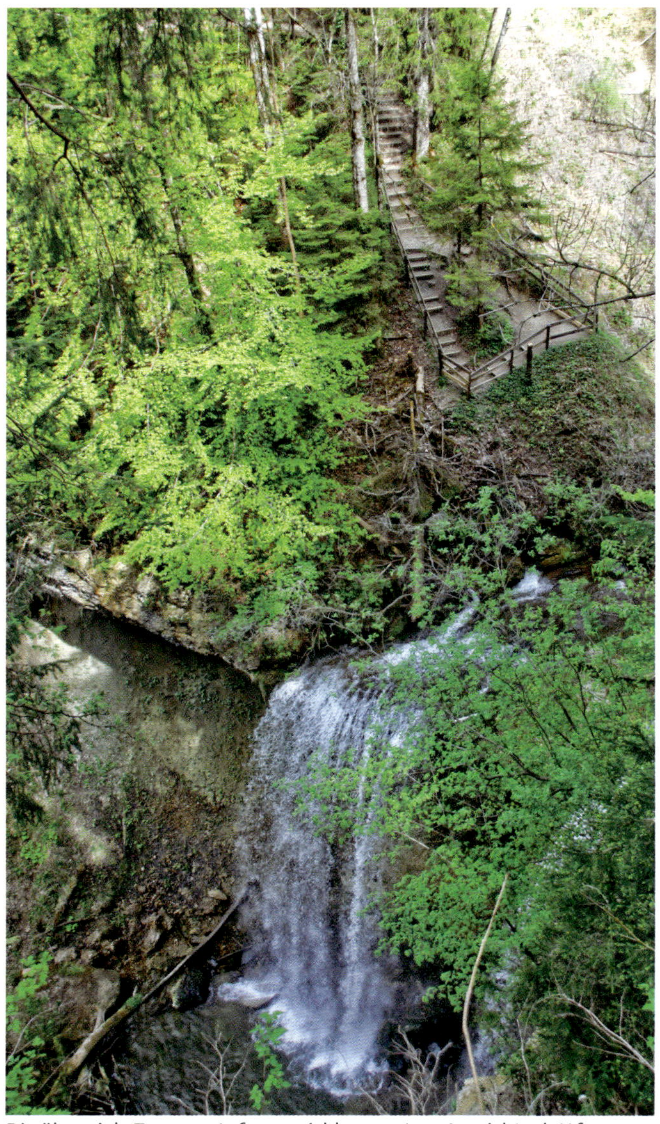

Die über viele Treppenstufen erreichbare untere Aussichtsplattform beim Großen Wasserfall.

# RUND UM LINDENBERG

## Vom Waldsee zum Aussichtsturm

 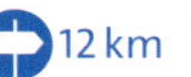 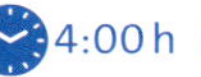 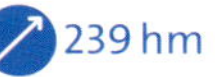 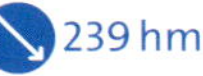 

START | Lindenberg, Parkplatz Austraße
[GPS: UTM Zone 32 x:565.870 m y: 5.272.320 m]
CHARAKTER | Asphaltierte Gehwege und Nebensträßchen wechseln mit Wald- und Wiesenwegen ab.

Der mit einem Lindenblatt markierte Rundwanderweg um Lindenberg präsentiert uns die ganze Vielfalt der Allgäuer Bilderbuchlandschaft: Vom höchstgelegenen Moorbadesee in Deutschland geht es über stille Nebenwege mit herrlichen Bergblicken zum Aussichtsturm Nadenberg, der eine Rundumsicht vom Grünten über Widderstein bis Säntis und Bodensee bietet.

▶ Vom großen **Parkplatz** 01 in der Austraße, nahe beim Waldsee, steigen wir über Holzstufen den Wiesenhang links hoch, folgen der Peter-Dörfler-Straße rechts Richtung Wald. Nach einer Linkskehre leicht abwärts und über die Vorfahrtsstraße zum Schulzentrum hinab. Beim Schulparkplatz links und weiter der Beschilderung Richtung Bergfriedhof folgen. Auf Asphalt durch die Wiesen, bis scharf rechts ein Wiesenpfad

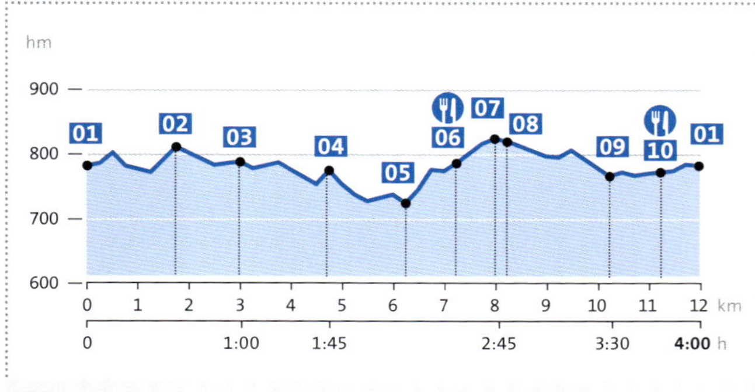


01 Parkplatz Waldsee, 780 m; 02 Bergfriedhof, 809 m; 03 Lindenhof, 786 m; 04 Aussichtspunkt, 773 m; 05 Bachbrücke, 723 m; 06 Goldener Adler, 784 m; 07 Aussichtsturm, 822 m; 08 Parkplatz Nadenberg, 818 m; 09 Schützenhaus, 764 m; 10 Hotel Waldsee, 770 m

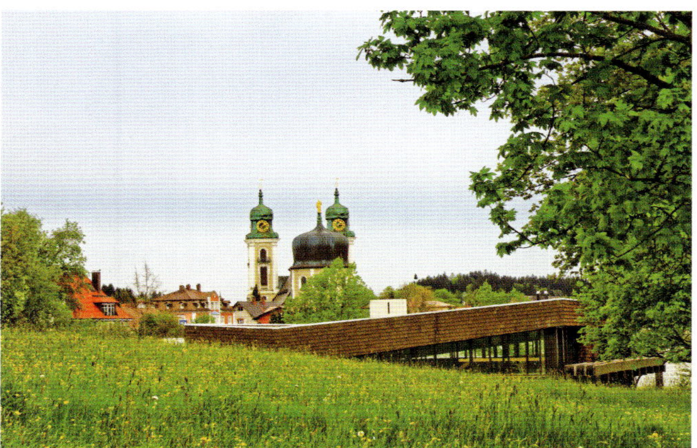

Blick zur doppeltürmigen Lindenberger Kirche.

abzweigt, der uns zu einer Holzbrücke bringt. Geradeaus weiter, eine kreuzende Straße überquerend, halten wir uns hinter einem Haus links und steigen weiter an Richtung **Bergfriedhof** 02. Schöner Blick über Lindenberg.

Über Ahornweg und Lärchenweg leicht bergab, dann auf dem Buchenweg wieder leicht ansteigend gelangen wir zur Bergstraße. Kurz vor der Unterführung bei der Alpenstraße biegen wir links ab zum Landgut **Lindenhof** 03. Der Weg ist nun nicht mehr asphaltiert. Wir queren erneut eine Vorfahrtsstraße, halten uns in der Alemannenstraße aber sofort rechts und wandern die Straße Auf der Hub hoch.

Mit fantastischem Bergblick durchqueren wir Kellershub und gelangen auf dem asphaltierten Sträßchen nach Manzen. Beim Ortsschild bietet sich ein kurzer fünfminütiger Abstecher links hoch über ein paar Holzstufen und dann über den Wiesenhang zu einem schönen **Aussichtspunkt** 04 mit Bank an.

Wir durchwandern Manzen und folgen bei der Straßenkurve in Weihers der Abzweigung nach links Richtung Goßholz. Ein schmales Asphaltsträßchen führt in Kehren hoch zu Hofgebäuden, dann geht es auf einem schönen Pfad durch ein Viehgatter hinab zum hörbaren Mühlbach.

Über eine **Brücke** 05 steigen wir wieder den Hang hoch und stoßen auf die Pos. Goßholzer Bahnhof. Wir treffen wieder auf Asphalt, umrunden ein Gebäude und erreichen schließlich Goßholz. Links oben am Waldrand taucht eine kleine Kapelle auf.

Auf der Vorfahrtsstraße links und beim **Gasthaus Goldener Adler** 06 (mit schöner Fassadenmalerei) biegen wir rechts auf ein nicht asphaltiertes, ansteigendes Weglein ab. Wir folgen der Beschilderung Richtung Nadenberg, verlassen

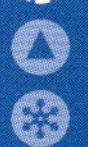

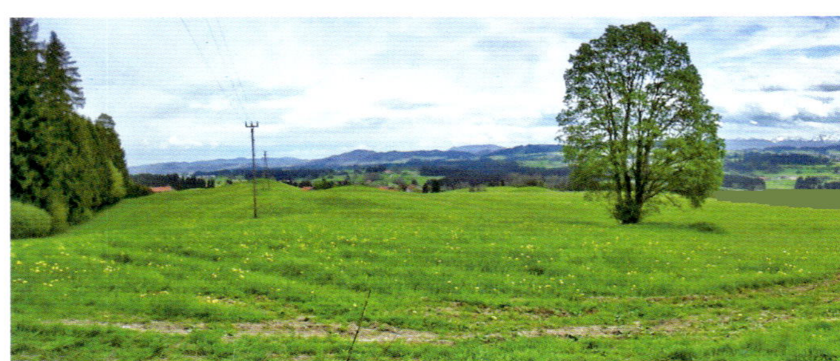

Wunderschöne Fernsicht in die Allgäuer Alpen, kurz vor Manzen.

den Forstweg dann links auf einem zunächst schlecht geteerten Weg, der uns weiter ansteigend zur Feriensiedlung und zum **Aussichtsturm Nadenberg** 07 bringt.

Wir durchqueren das Feriendorf und biegen beim **Parkplatz** 08 scharf rechts ab. Ein paar Meter unterhalb der Häuser am Hang entlang zurück, dann wieder scharf links abbiegen auf einen nicht asphaltierten Landwirtschaftsweg. Bald erreichen wir Häuser und ein Asphaltsträßchen, wandern den Kohlstattweg leicht abwärts, bis der Asphalt wieder endet.

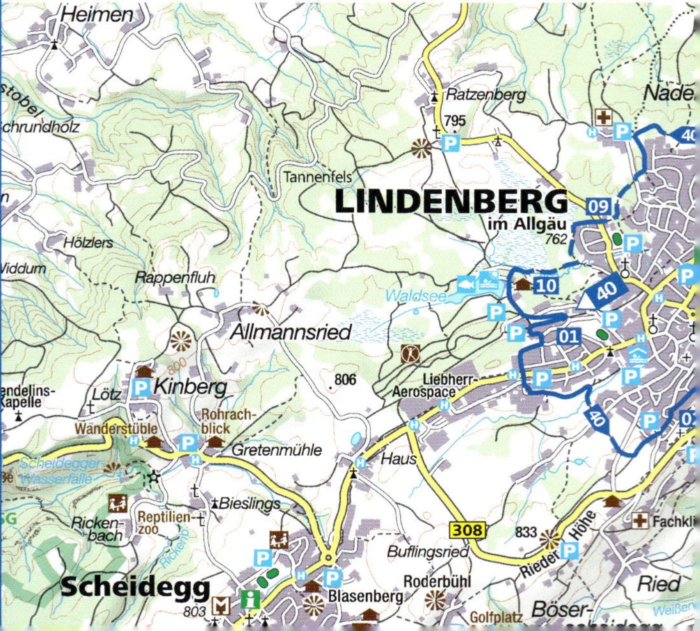

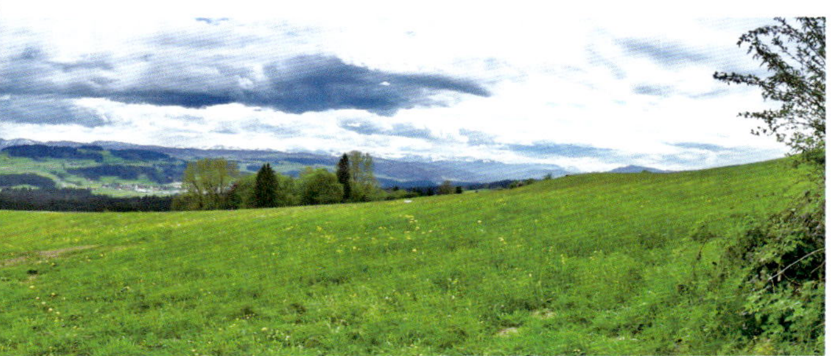

Über freie Wiesen geht es flach auf einem Naturweg zum Wald. Am Waldrand entlang, wieder leicht abwärts, passieren wir das rechts von uns liegende Krankenhaus, halten uns links und wandern zwischen Waldrand und Häusern bis zum nächsten Asphaltsträßchen vor.

Hier eröffnet sich uns ein schöner Blick über die Lindenberger Doppelkirche hinweg in die Berge.

Wir überqueren die Zufahrtsstraße zum Krankenhaus und folgen rechts einem Naturweg, der in Kehren leicht abwärts durch den Wald verläuft.

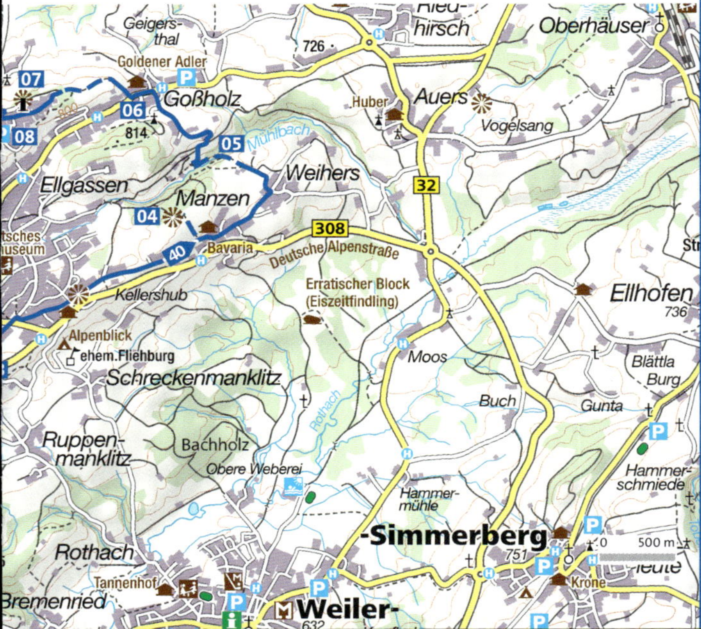

Wir überqueren einen Bach, passieren ein **Schützenhaus** 09 und gelangen über die Vorfahrtsstraße in die Straße Spielermoos. Auf schönem Waldweg, vorbei an einem Kneippbecken, sind wir wenig später am Waldsee. Am **Hotel Waldsee** 10 geht es links über den geplättelten Uferweg zurück zum Ausgangspunkt.

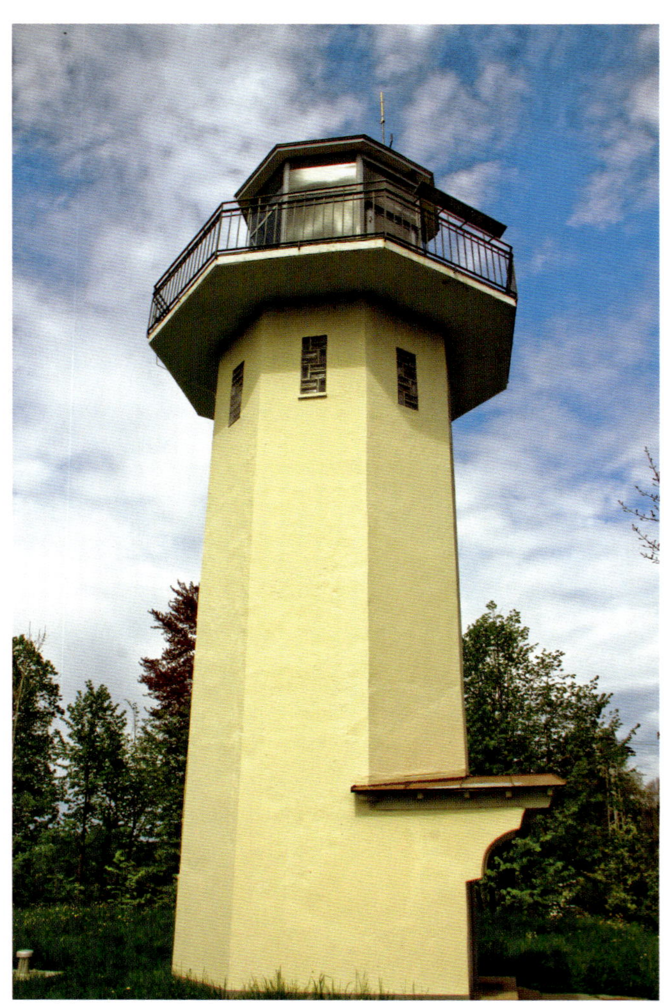

Aussichtsturm Nadenberg.

# WANGEN – EGLOFSTAL – MARIA-THANN

## Große Aussichtsrunde links und rechts der Oberen Argen

 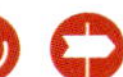 21,5 km 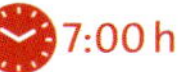 7:00 h 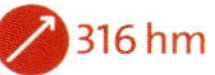 316 hm 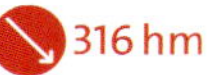 316 hm  187

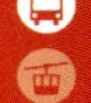

START | Wangen, Parkplatz 17, im Scherrichmühlweg [GPS: UTM Zone 32 x: 563.000 m y: 5.281.850 m]
CHARAKTER | Ufer-, Wald- und Wiesenwege, Forst- und verkehrsarme Nebensträßchen.

Große aussichtsreiche Dörfertour im Tal der Oberen Argen, die neben ihrem landschaftlichen Reiz mit ganz unterschiedlichen Sehenswürdigkeiten aufwartet: dem historischen Stadtkern von Wangen, dem interessanten Schaukräutergarten Zellers, dem (nicht zugänglichen) Schloss Syrgenstein und der mächtigen Wallfahrtskirche Maria-Thann, eine der ältesten Kirchen des Allgäus.

Vom **Parkplatz P14** 01 überqueren wir auf dem Scherrichmühlweg die Brücke über die Obere Argen, biegen bei der ersten Möglichkeit rechts ab und schwenken sofort wieder rechts auf einen schmalen Naturpfad. Am Ufer entlang folgen wir dem Schild Deuchelried/Epplings. Wir kommen in Wald, überqueren einen kleinen Zufluss und steigen in Kehren leicht an zum Hofgut **Dürrenberg** 02. Toller Bergblick.

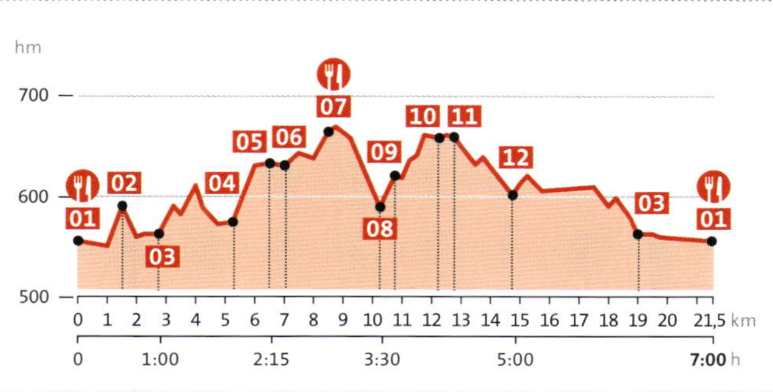


01 Wangen, P17, 555 m; 02 Dürrenberg, 590 m; 03 Epplings, 562 m; 04 Locherkapf, 574 m; 05 Kräutergarten, 632 m; 06 Hummelberg, 630 m; 07 Aschen, 663 m; 08 Eglofstal, 589 m; 09 Schloss Syrgenstein, 620 m; 10 Edelitz, 657 m; 11 Lengatz, 658 m; 12 Maria-Thann, 601 m

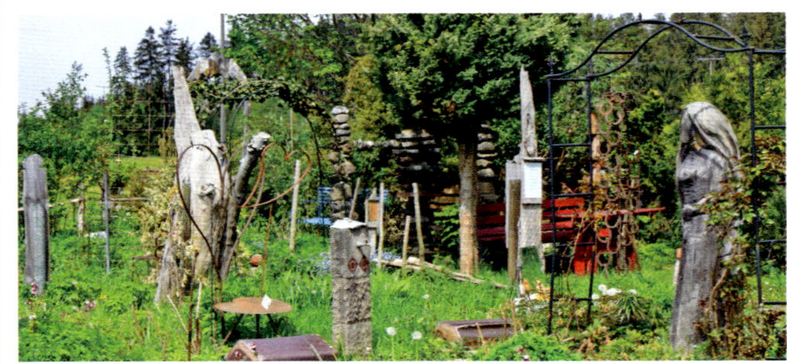

Kräutergarten Zellers.

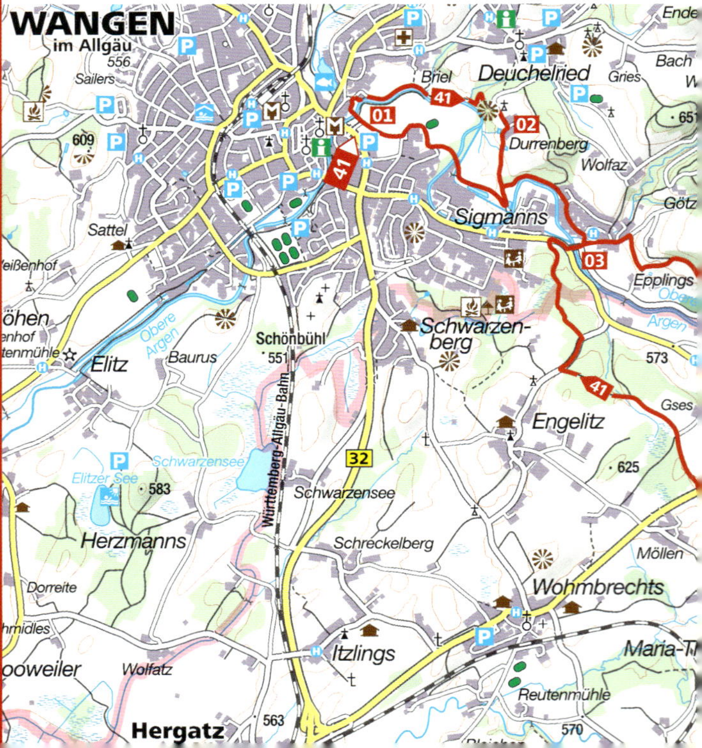

Leicht abwärts und linkshaltend stoßen wir auf Wald und wieder auf die Obere Argen, folgen ihr, durchqueren **Epplings** 03 und biegen am Ortsende links ab (Am Epplingser Bach). Das Asphaltsträßchen steigt leicht an, am Ortsendeschild zweigt rechts ein schmaler Pfad ab, über den wir den Grashang hochsteigen, nach 20 m bei einem Drehkreuz rechts abbiegen und auf einem schmalen Wiesenpfad den Hang queren. Beim nächsten Drehkreuz halten wir uns links und wandern zum Wald hoch. Am Waldrand entlang treffen wir auf einen Forstweg, der leicht abfallend zur Straße hinabführt. Kurz links, dann biegen wir rechts auf ein schmales Asphaltsträßchen ab und überqueren den Gießbach.

Direkt nach der Brücke folgen wir links der Beschilderung Schönenberg. Bei der Pos. Schönenberg geht es links auf Asphalt, dann auf Asphaltspuren in den Wald hoch. Oben auf der Kuppe (**Locherkapf** 04) verlassen wir das geteerte Sträßchen nach rechts, wandern auf einem Grasweg am Waldrand entlang. Nach einem kurzen Waldstück bringt uns der Forstweg ins Freie, wir treffen auf ein Asphaltsträßchen, folgen ihm kurz links und biegen dann rechts ab nach Zellers.

Wir besuchen den originellen und üppigen **Kräutergarten** 05 und wandern sehr aussichtsreich weiter nach **Hummelberg** 06 und – an einer kleinen Kapelle vorbei – links nach **Aschen** 07.

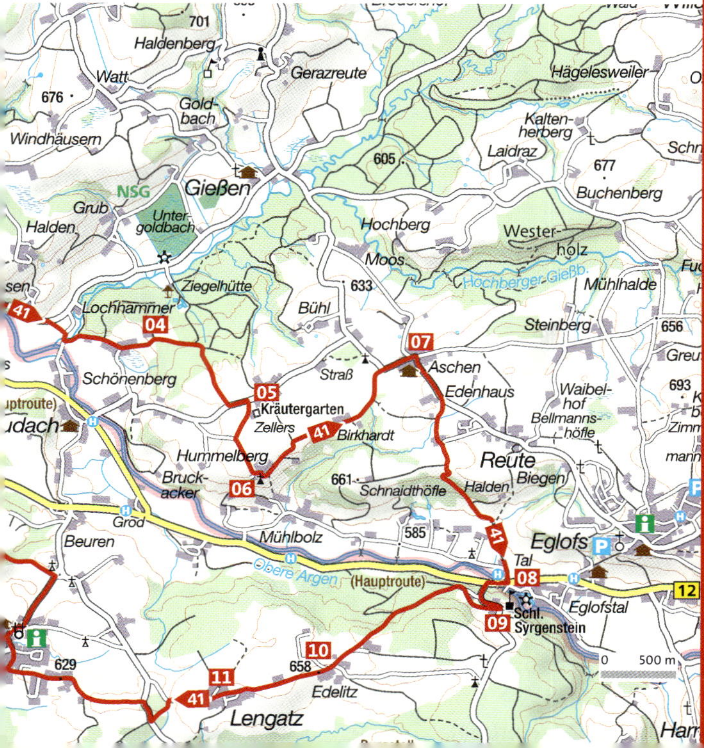

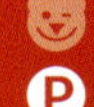

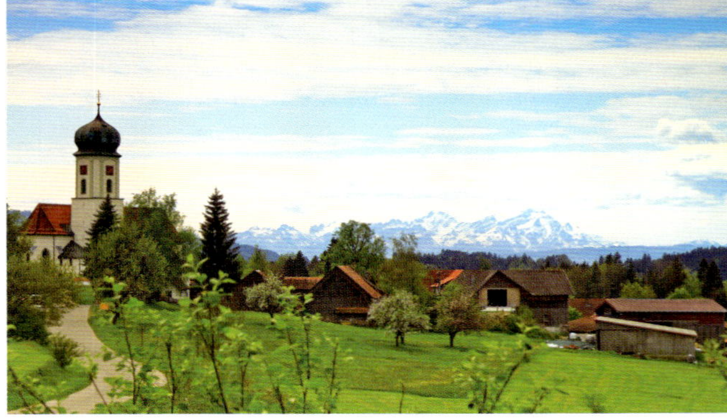

Blick zurück nach Maria-Thann und in die Berge.

Vorbei am Gasthof Ochsen geht es nach Edenhaus, wo wir die Abzweigung nach rechts nicht übersehen dürfen. Ein nicht asphaltierter Landwirtschaftsweg führt uns durch Wiesen zu einer Wegteilung, wo wir links bleiben. Bei einem Haus setzt kurzzeitig wieder Asphalt ein, dann geht es auf einem Forstweg zunächst leicht, nach einer Rechtskurve im Wald deutlich stärker bergab zur Autostraße und zur Oberen Argen bei **Eglofstal** 08.

Wir halten uns kurz rechts, überqueren bei der Landesgrenze Baden-Württemberg/Bayern Straße und Fluss, und steigen links hoch zum **Schloss Syrgenstein** 09. Vor dem Schloss biegen wir scharf rechts ab und wandern auf einem Forstweg in den Wald hinein. Stets linkshaltend erreichen wir leicht ansteigend bei einem Hof wieder freies Gelände, passieren kurz darauf **Edelitz** 10, dann **Lengatz** 11, mit traumhaftem Alpenblick.

Weiter mit der Markierung 6 sind wir etwa 20 Minuten später bei der Wallfahrtskirche in **Maria-Thann** 12.

Das Sträßchen nach Beuren verlassen wir bei einer kleinen Kapelle nach links und wandern auf einem Feldweg über Wiesen und durch ein Kiesgrubengelände. Wir überqueren die B12, steigen leicht an zum Waldrand und folgen dem Schild Richtung Wangen. Nach einem Waldstück treffen wir auf ein Asphaltsträßchen, halten uns rechts, leicht bergab und biegen bei der nächsten Verzweigung links ab. Der Waldweg (Nr. 5) bringt uns hinab zur Autostraße (Picknickplatz).

Wir queren die Straße, gehen rechts, überqueren die Obere Argen und treffen in **Epplings** 03 wieder auf unseren Hinweg. Bei der Verzweigung zum Hofgut Dürrenberg halten wir uns links und wandern rechts an der Oberen Argen entlang. Wir queren zwei Brücken, stoßen auf Asphalt und gelangen nach Umrundung der Schulgebäude wieder zurück zum Ausgangspunkt.

# HÜNDLEKOPF • 1112 m UND BUCHENEGGER WASSERFÄLLE

## Gipfelwanderung zu Wasserfall mit Badebuchten

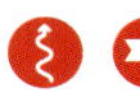  11 km 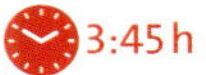 3:45 h 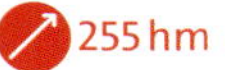 255 hm  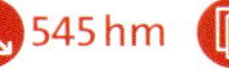 545 hm  2

START | Parkplatz bei der Hündlebahn-Talstation
[GPS: UTM Zone 32 x: 579.110 m y: 5.267.000 m]
CHARAKTER | Breite Almwege, Wiesenpfade und kaum befahrene Asphaltsträßchen; der Abstieg Richtung Moosalpe ist steiler und kehrenreich, der Abstecher zu den Buchenegger Wasserfällen ist ordentlich steil, teils wurzelig mit engen Kehren und mehreren stufigen Absätzen; bei Nässe nicht zu empfehlen.

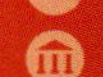

Als Seilbahngipfel ist der Hündlekopf ein leichtes und vielbesuchtes Ausflugsziel, natürlich auch wegen der Sommerrodelbahn, die unmittelbar neben der Talstation gelegen ist. In Verbindung mit einer großzügigen Wanderrunde über diverse, im Sommer bewirtschaftete Alpen und einem anstrengenden Abstecher zu den Buchenegger Wasserfällen ergibt sich eine durchaus herausfordernde und erlebnisreiche Tagestour.

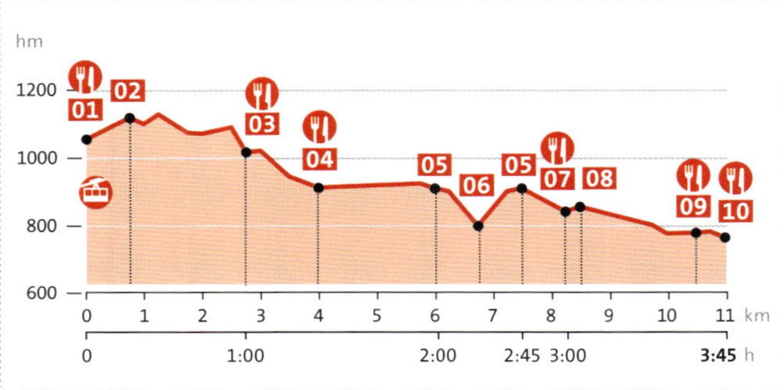


01 Bergstation Hündlealpe, 1051 m; 02 Hündlekopf, 1112 m; 03 Abzw. Moosalpe, 1013 m; 04 Ochsenschwandalpe, 908 m; 05 Abzw. Buchenegger Wasserfälle, 906 m; 06 Buchenegger Wasserfälle, 796 m; 07 Seppls Gartenwirtschaft, 838 m; 08 Buchenegg, 852 m; 09 Hubertusstube, 775 m; 10 Hündlebahn-Talstation, 761 m

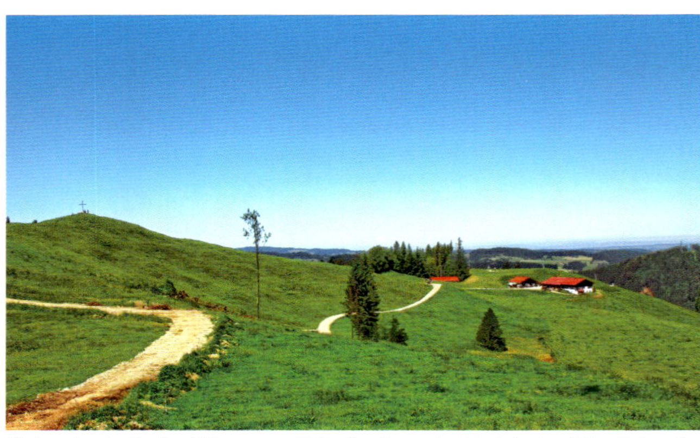

Links oberhalb des Weges zur Hündlealpe erhebt sich der Hündlekopf.

▶ Von der **Bergstation Hündlealpe** 01 machen wir uns auf einem moderat ansteigenden Kiesweg auf zum nahen Gipfel. Unter Skiliften hindurch passieren wir die Sennalpe Oberhündle und steigen links zum Gipfelkreuz des **Hündlekopfs** 02 hoch.

Eine Panoramatafel informiert uns über die Aussicht, besonders eindrucksvoll präsentiert sich der

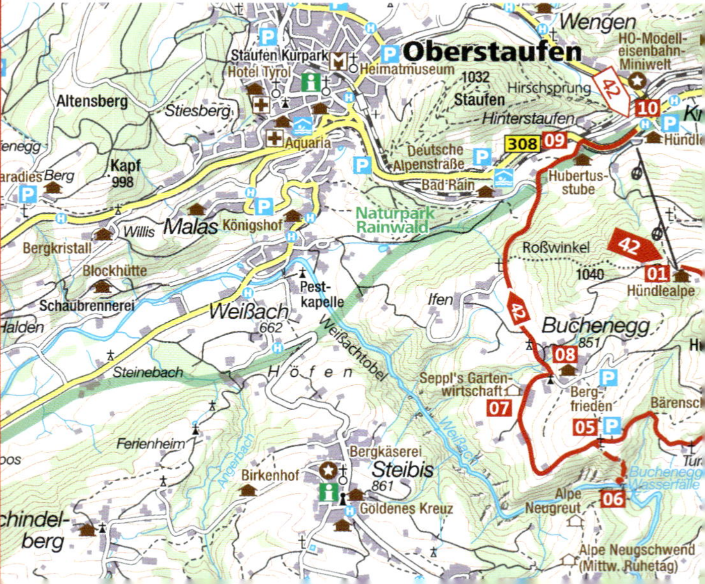

Säntis. Wir gehen dann ein paar Meter auf schmalem Pfad bergab zu einer Wegkreuzung und biegen nach links auf einen kaum erkennbaren Pfad ab, der bald in einen breiteren, leicht abwärts führenden Weg übergeht. Wir treffen auf einen weiteren Weg, der nach rechts hoch ansteigt, eine leicht erhöhte Skistation dient uns als Orientierung.

Rechts am Skilift vorbei, bringt uns ein breiter Weg über Wiesen hinab zum Hauptweg, der als Erlebnisweg mit Spielstationen und Wissensfragen ausgestattet ist. In moderatem Auf und Ab passieren wir links die Hochsiedelalpe, verlassen den breiten Weg nach rechts und steigen zur nächsten Skistation hoch. Am Waldrand durchqueren wir ein Gatter und gelangen über einen steilen und kehrenreichen Pfad, zunächst durch Wald, dann im Freien, zu

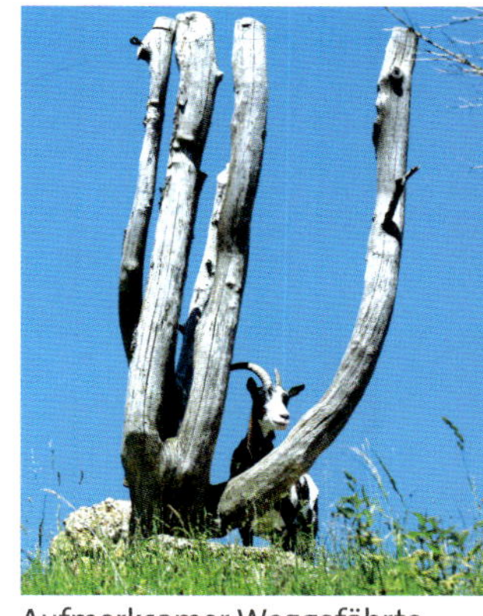
Aufmerksamer Weggefährte.

einer Wegverzweigung bei einem Skihäuschen, kurz vor der **Moosalpe** 03 (nur 5 min entfernt).

Auf breitem Kiesweg wandern wir nach rechts in den Wald hinein,

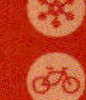

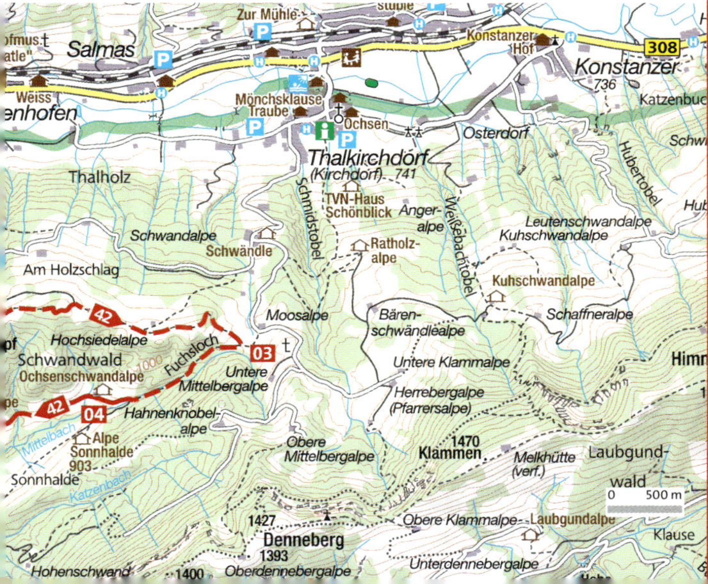

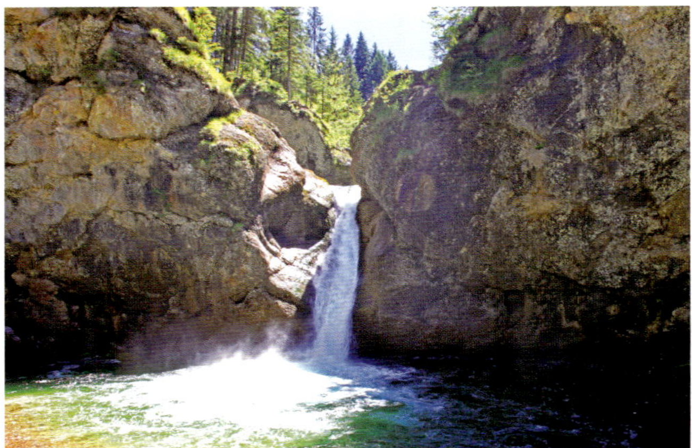

Erfrischende Badebucht bei den Buchenegger Wasserfällen.

links unten begleitet uns ein angenehmes Bachrauschen. Meist leicht, ab und zu auch stärker fallend, wandern wir überwiegend im schattigen Wald. Bevor wir die Verzweigung links zur Alpe Haspel erreichen, überqueren wir zweimal den uns begleitenden Bach. Geradeaus und nun leicht ansteigend gelangen wir kurz darauf zur **Ochsenschwandalpe** 04.

Vorbei an Infotafeln (Expedition Nagelfluh), einem kleinen Wasserfall mit Rastbank und mehreren Gebäuden mit einer kleinen Kapelle, passieren wir dann die Abzweigung, die rechts hoch zur Bärenschwandalpe führt (15 min).

Wir bleiben geradeaus, vorbei an einem schönen kleinen Wasserfall, treten aus dem Wald, inzwischen ist der Weg asphaltiert und fällt leicht ab. Kurz darauf ist ein Parkplatz und die **Abzweigung** 05 links zu den Buchenegger Wasserfällen erreicht. Über einen schmalen Fußpfad am Waldrand entlang geht es leicht hoch, bei einer Infotafel zum Naturreservat beginnt dann der sehr steile, kurvenreiche und wurzelige Abstieg. Über viele Stufen gelangen wir hinab zur Weißach und über eine Brücke zu den Badebuchten und **Wasserfällen** 06.

Nach dem schweißtreibenden Aufstieg zurück folgen wir dem Teersträßchen nach rechts, das bald stärker abfällt, und passieren nach einer großen Rechtskehre **Seppl's Gartenwirtschaft** 07, die uns mit selbstgemachten Kuchen und einem Biergarten lockt. Wenig später sind wir in **Buchenegg** 08, halten uns bei der Kapelle links, ignorieren die Abzweigung zur Hündlebergstation und wandern auf der – mit 15 % Gefälle ausgeschilderten – Straße bergab.

Direkt vor der Bundesstraße treffen wir auf die **Hubertusstube** 09, halten uns rechts und wandern entlang der Straße – vorbei an der Rodelbahn – zur **Hündlebahn-Talstation** 10.

# HAUCHENBERG-RUNDE

## Mit Räuberhöhle, Aussichtsturm, Hütteneinkehr und Museumsbesuch

 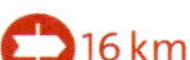 16 km 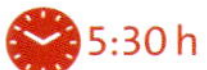 5:30 h 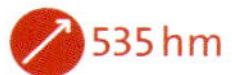 535 hm 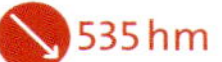 535 hm 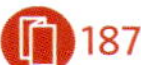 187

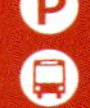
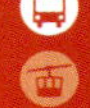

START | Missen, Parkplatz an der Hauptstraße, vor der Tennisanlage; alternativ: Parkplatz am Dorfplatz, Brauerei Schäffler [GPS: UTM Zone 32 x:584.440 m y: 5.272.230 m]
CHARAKTER | Teils steile und anstrengende Graspfade im Aufstieg zum Hauchenberg, ansonsten bequeme Wiesen- und Waldwege, kurze asphaltierte Nebensträßchen und breite Kieswege.

„Räuberhöhle", Aussichtsturm „Alpkönigblick", Bergbauernmuseum, Wendelinkapelle – die große Wanderrunde um den Hauchenberg ist weit mehr als nur eine großartige Aussichtstour.

▶ Wir starten in **Missen** 01 vom Parkplatz bei den Tennisplätzen, gehen Richtung Dorfmitte und biegen an der Straßenkehre bei der Brauerei Schäffler links in die Dorfstraße ab. Direkt vor der Kirche geht es scharf links über einen Bach in den Schulweg und zu einer Verzweigung hoch. Wir folgen hier links dem unbefestigten Weg Richtung Alpkönigblick/ Kapf, wandern am Waldrand und an Häusern entlang aufwärts, überqueren eine Fahrstraße und steigen deutlich steiler weiter auf Asphalt an. Nach einer kurzen Flachpassage folgen wir dem Carl-

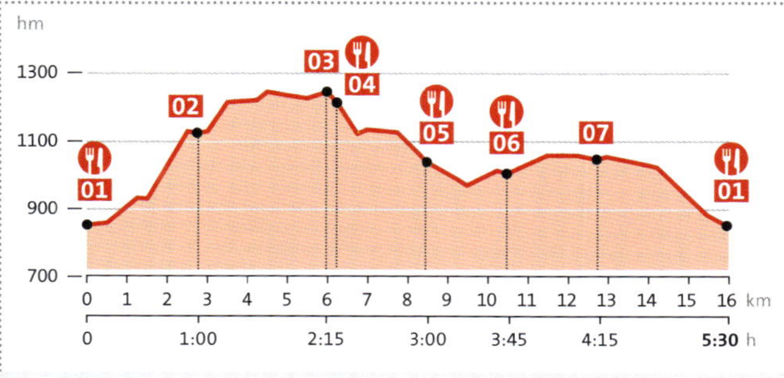


01 Missen, 848 m; 02 Räuberhöhle, 1120 m; 03 Alpkönigblick-Turm, 1240 m; 04 Klingshütte, 1208 m; 05 Diepolz, 1035 m; 06 Knottenried, 1001 m; 07 Hinterhaselbachalpe, 1043 m

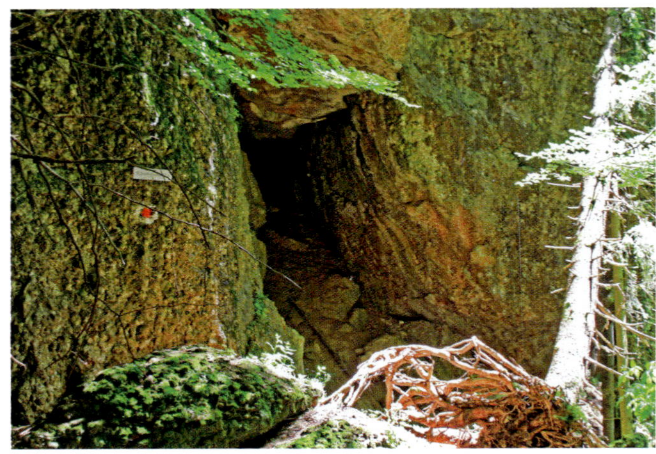

Bei der Räuberhöhle.

Hirnbein-Weg, überqueren einen Bachlauf und marschieren durch Wiesengelände zu einer Kuppe hinauf. Bei der nächsten Markierungsstange verzweigt sich der Weg, rechts als Gratweg, links als Forstweg, beide in Richtung Hauchenberg ausgeschildert.

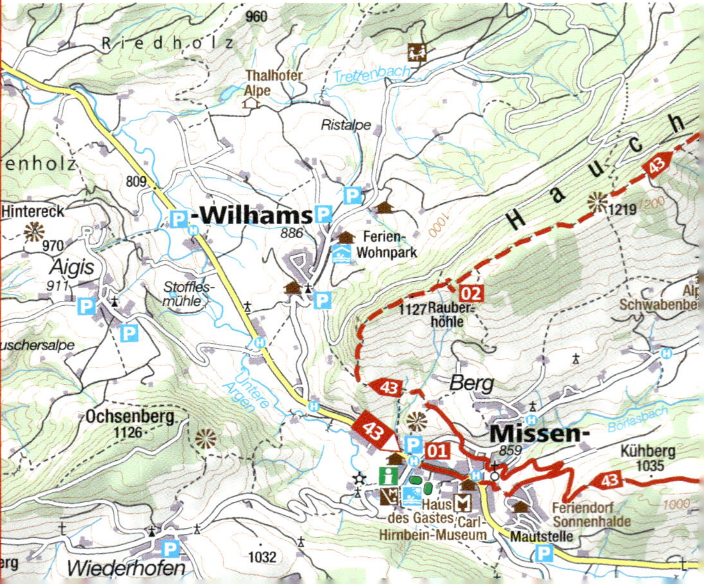

Wir steigen ordentlich steil und schweißtreibend rechts über den Wiesenhang hoch zum Wald; es wird sehr wurzelig, bis wir den Grat erreichen und der Weg flacher wird.

Teils schattig, teils sonnig, mit herrlicher Aussicht nach beiden Seiten, geht es fast eben weiter, bis wir rechts die Abzweigung zur **Räuberhöhle** 02 erreichen. Leicht abwärts gelangen wir nach wenigen Metern zu der eindrucksvollen Höhle – ein kurzer, lohnender Abstecher.

Ein paar Meter nach der Verzweigung biegen wir scharf rechts ab, steigen ein paar Meter steil in den Wald hoch und stoßen auf den von rechts hoch kommenden alternativen Wanderweg von Missen. Auf dem nun teils stärker bewaldeten Grat geht es mit wunderbarer Aussicht stets leicht ansteigend weiter. Eine sumpfige Stelle wird über Holzbohlen überquert, mehrere Male passieren wir Weidegatter und weitere Verzweigungen. Zunächst ist nach links Weitnau über den Jägersteig ausgeschildert, dann nach rechts der Abstieg nach Börlas.

Wir bleiben geradeaus und der nun fast ebene Waldpfad, teils wieder wurzeliger, führt uns zu einem kreuzbestandenen Grasbuckel, von wo der Aussichtsturm schon zu sehen ist. Durch eine Senke hindurch wandern wir wieder leicht ansteigend zum Aussichtspunkt auf dem Hauchenberg, dem **Alpkönigblick-Turm** 03, hoch.

Kurz vor Erreichen des Turms zweigt der Weg rechts ab und führt auf steilerem Pfad über eine Wiese bergab zur sichtbaren **Klingshütte** 04. Weiter hinab

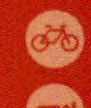

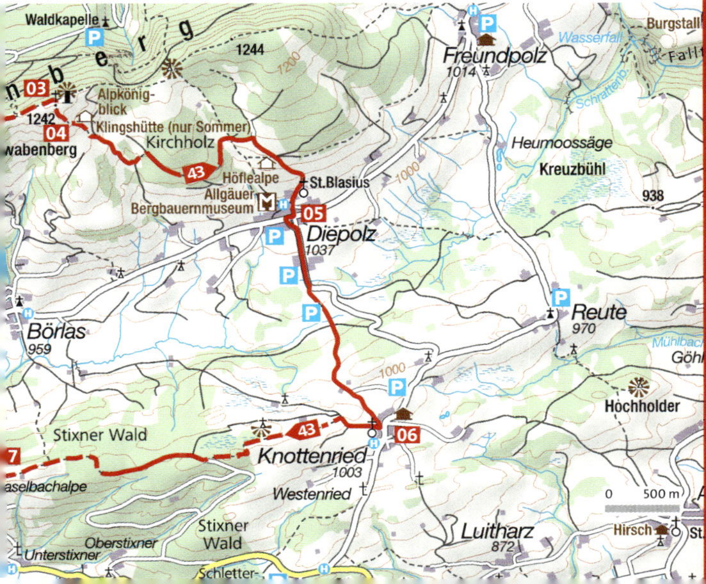

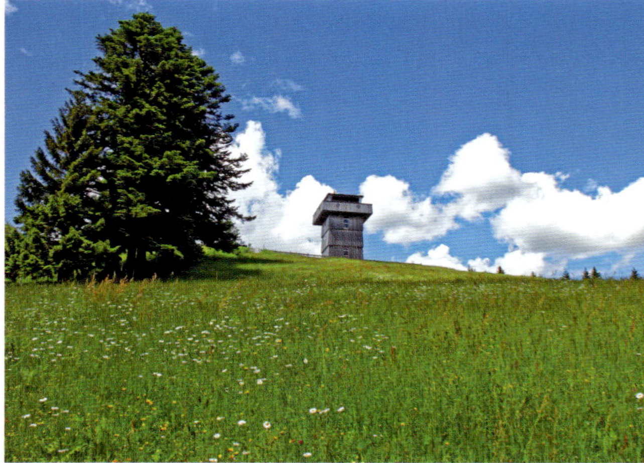

Der Alpkönigblick-Turm auf dem Hauchenberg.

(Markierung Diepolz) über Weidegelände stoßen wir auf einen schlecht betonierten Weg, der uns hinunter an den Waldrand bringt. Bei einer Kurve halten wir uns links Richtung Höflealpe, steigen über Wiesen wieder kurz an und biegen dann scharf rechts ab, der Markierung Diepolz folgend.

Am Waldrand wieder rechts haltend, wandern wir auf einem schlecht asphaltierten Fahrweg, vorbei an der Höflealpe, weiter bergab nach **Diepolz** 05. Wir passieren die Kirche, machen einen Schwenk nach rechts und statten dem Allgäuer Bergbauernmuseum einen Besuch ab. Wir folgen der Beschilderung Knottenried und marschieren auf dem Kunigundenweg (Infotafeln) rechts neben der Straße aus dem Ort.

Am Loipenparkplatz Diepolz vorbei, geht es über Wiesengelände wieder leicht hoch und dann hinab nach **Knottenried** 06. Unterhalb der Kirche bei der Kapelle des Hl. Wendelin steigen wir auf einem nicht asphaltierten Fußweg rechts hoch und folgen dem Graspfad abwechselnd am Waldrand entlang und über freie Wiesen. Bald kreuzt ein breiter Forstweg, dem wir nach rechts weiter folgen und der leicht ansteigt (Pos. Stixner Wald).

Vorbei an der Abzweigung rechts nach Börlas erreichen wir die **Hinterhaselbachalpe** 07 und passieren eine schöne Aussichtsbank. Anschließend geht es wieder leicht bergab, zum Schluss in Kehren an einem Pferdegestüt vorbei. Wir treffen auf Häuser und steigen über Stufen zur Straße ab. Ein geteerter Fußweg bringt uns dann steiler bergab nach Missen und zum Hinweg, den wir beim Brauereigasthof Schäfflerhof erreichen. Wenig später sind wir zurück am Ausgangspunkt.

# SCHWARZER GRAT • 1118 m

## Der höchste Berg Württembergs

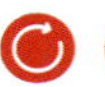 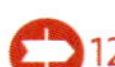 12,5 km  4:30 h 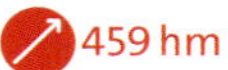 459 hm 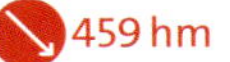 459 hm 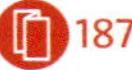 187

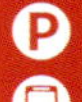

START | Parkplatz in Großholzleute, an der ehem. Bahnstation [GPS: UTM Zone 32 x:581.170 m y: 5.281.100 m]
CHARAKTER | Meist breite Wald- und Forstwege, wurzeliger Pfad im Abstieg zur Rehaklinik und die letzten Meter im Aufstieg zum Aussichtsturm.

Hart an der Grenze zwischen Bayern und Baden-Württemberg liegt der höchste Berg des ehemaligen Landes Württemberg, dessen fast 30 Meter hoher Aussichtsturm mit Blick bis zum Bodensee nicht nur Wanderfreunde anzieht, sondern auch bei Radlern und Bergläufern ein beliebtes Gipfelziel ist.

▶ An der ehemaligen Bahnstation in **Großholzleute** starten wir vom **Wanderparkplatz** 01 über den Bahnhofweg auf einem Kiesweg rechts hoch zum Wald. Vorbei an einem Infoschild und einem großen alten Holzschlitten (der früher zum Holztransport verwendet wurde) erreichen wir eine Verzweigung, ignorieren den schmalen Pfad nach links zum Parkplatz Buchenstock und steigen auf dem breiten Forstweg geradeaus weiter leicht an. Bei der nächsten **Verzweigung** 02 müssen wir uns entscheiden und wählen die

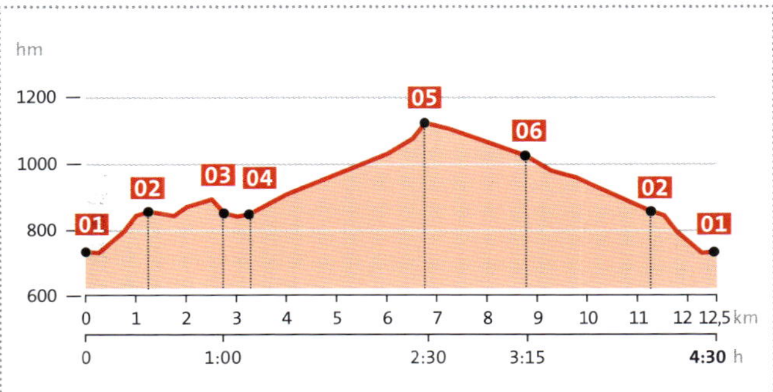


01 Wanderparkplatz Großholzleute, 730 m; 02 Verzweigung, 853 m; 03 Klinik Überruh, 848 m; 04 Abzw. Rothirschweg, 845 m; 05 Schwarzer Grat, 1118 m; 06 Schletteralpe, 1020 m

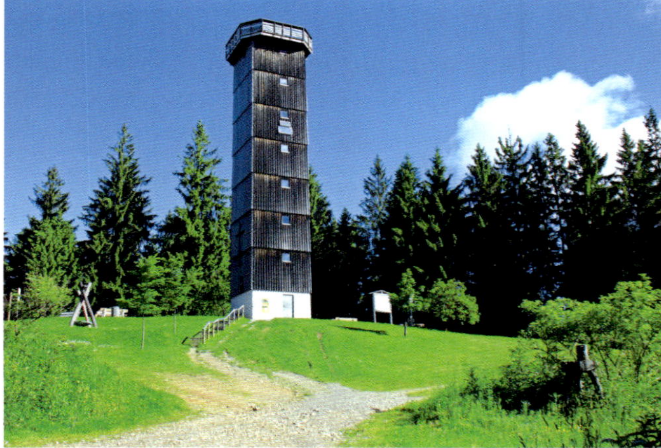

Der Aussichtsturm auf dem Schwarzen Grat …

rechte Wegvariante (HW 9), die zum Schwarzen Grat über die Rehaklinik ausgeschildert ist. Leicht abwärts überqueren wir in ausgeprägten Rechtskehren zweimal einen Bach (in der ersten Kehre steht links eine einladende Ruheliege) und passieren eine Infotafel, die uns über Spechte aufklärt.

Der Weg steigt dann wieder leicht an zu einer Kreuzung, wo wir auf einen schmalen Pfad geradeaus Richtung Rehaklinik einschwenken. Der wurzelige Pfad führt durch den schattigen Wald ziemlich steil abwärts, es folgen Holzstufen, und nach dem Überqueren eines breiteren Weges geht es nochmals über steile Stufen weiter bergab zu den Gebäuden der **Rehaklinik Überruh** **03**.

Auf Asphalt an den mehrstöckigen Gebäuden vorbei und links hoch zu einer asphaltierten Zufahrtsstraße, der wir leicht abwärts nach rechts folgen, bis zu einer scharfen Rechtskurve; hier befindet sich eine große Info- und Wegetafel. Wir folgen dem Sträßchen weiter nach rechts, bis nach links ein nicht asphaltierter Waldweg abzweigt, mit Markierung und Infotafel: **Rothirschweg** **04**.

Es geht im Wald leicht aufwärts, teilweise mit lichten und auch flacheren Passagen, und vorbei an gesperrten, als Vogelschutzgebiet deklarierten Wegabzweigungen. Wir bleiben auf dem breiten Rothirschweg und folgen weiter ansteigend der Beschilderung zum Schwarzen Grat. Bei einer Verzweigung, wo links ein MTB-Weg markiert ist, halten wir uns rechts und nehmen den Wanderweg – über den auch der bekannte Schwarze-Grat-Berglauf ausgeschildert ist. Hier bietet sich uns ein fantastischer Bergblick.

Der Weg wird schmaler und schlängelt sich als steiler, wurzeliger Pfad durch den Wald hoch,

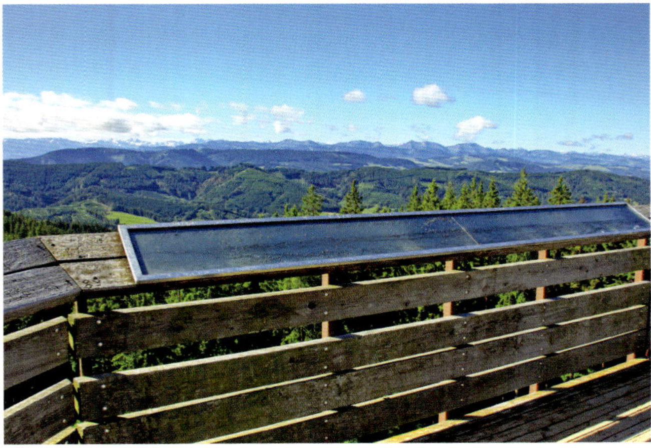

... ist eine phantastische Aussichtsplattform.

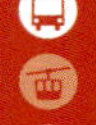
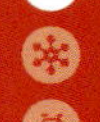

kurze Zeit später ist schon der Aussichtsturm zu sehen, den wir nach wenigen Metern erreichen.

Das Gipfelplateau des **Schwarzen Grat** 05 ist mit vielen Sitzbänken, einem Spielplatz, einem kleinen Holzturm für Kinder und dem holzverkleideten Schwarzer-Grat-Turm sehr familienfreundlich ausgestattet. Die Turmstube mit Kiosk ist Sonn- und Feiertag bei schönem Wetter zwischen Mai und November geöffnet.

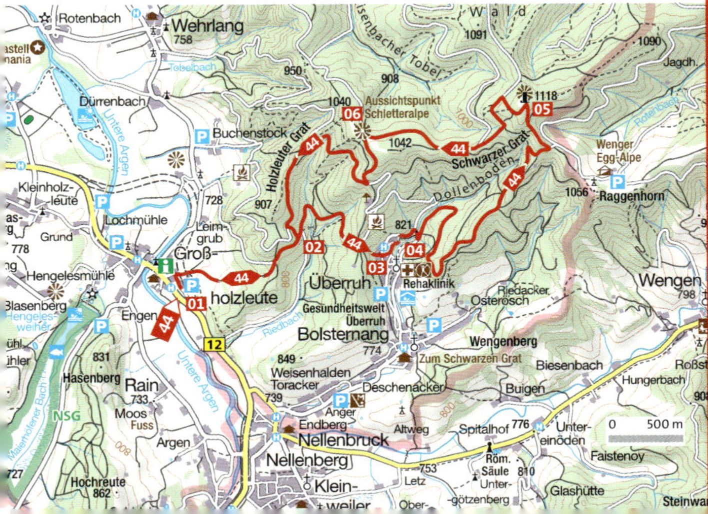

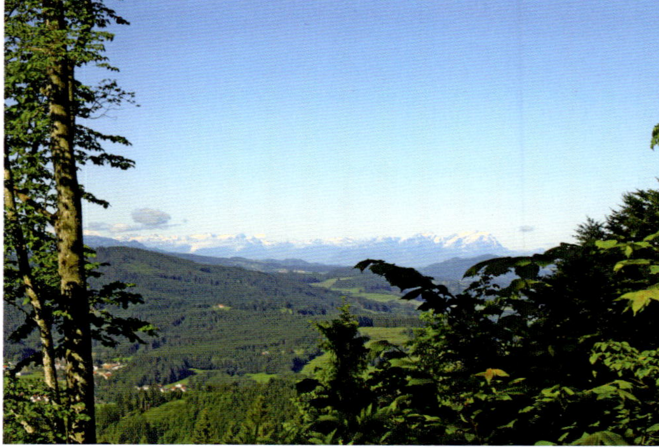

Tolle Fernsicht auf dem Weg zur Schletteralpe.

Die Aussichtskanzel des Turms bietet ein fantastisches Panorama. Abwärts halten wir uns rechts Richtung Bolsterlang über Schletteralpe; auch Großholzleute ist mit rotem Punkt markiert. Der breite Waldweg führt abwärts und zu einer ausgeprägten Linkskehre, nach rechts geht es zum Eschacher Weiher. Wir folgen der Markierung Schletteralpe, bald wird der Weg flacher und nach rechts öffnet sich hin und wieder der Blick.

Auf einer Lichtung erreichen wir die Pos. **Schletteralpe 06**, wo uns eine Tafel über die einst als Ausflugsziel bekannte Alpe informiert. Es geht leicht abwärts am Hang entlang, mit herrlicher Aussicht ins Tal und in die Berge. Nach einem steileren Stück stoßen wir auf die Abzweigung zur Rehaklinik, wenden uns aber scharf rechts und folgen dem breiteren flacheren Weg, der an etlichen Bächen und kleineren Wasserfällen vorbei führt. Immer linkshaltend bringt uns der Waldweg wieder zur **Verzweigung 02** mit dem Hinweg, und am Holzschlitten vorbei wandern wir hinab zum Ausgangspunkt in **Großholzleute 01**.

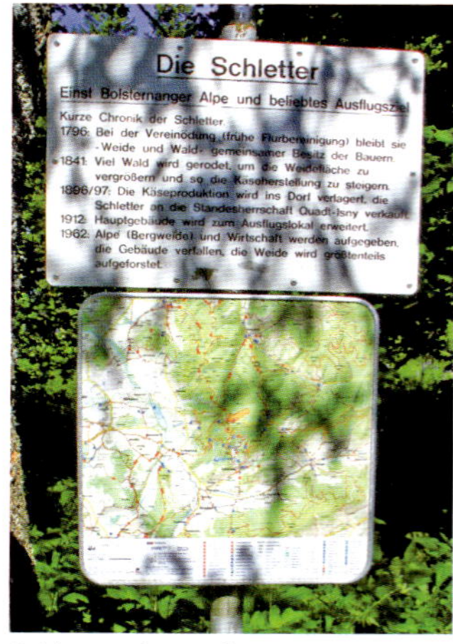


Schletteralpe-Info.

# BAD WURZACH – GOSPOLDSHOFEN – HERRGOTTSRIED

## Mit Alpenblick zur Schaukäserei

  15,5 km  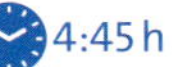 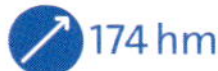 174 hm  174 hm  187

START | Bad Wurzach, Parkplatz am Kurhaus, Kirchbühlstraße [GPS: UTM Zone 32 x: 567.280 m y: 5.306.770 m]
CHARAKTER | Landwirtschaftswege, verkehrsarme Nebensträßchen und kurze Pfadabschnitte.

Ruhige Rundwanderung, die uns vom kulturell sehenswerten Bad Wurzach durch den Stadtwald zu einer interessanten Schaukäserei und zu einem kleinen Naturschutzgebiet, dem Herrgottsried, führt.

Vom Parkplatz am **Kurhaus** 01 wandern wir an der Kirche vorbei zur Vorstadtstraße hinab und schwenken dort nach links, Markierung Gospoldshofen Nr. 5. Wir bleiben geradeaus, wenn die Straße rechts zum Gottesberg abbiegt, und folgen dem asphaltierten Weg (Nr. 5), der leicht ansteigt.

Wir halten uns dann links Richtung Schützenhaus, überqueren über eine Brücke die Autostraße und marschieren – mit herrlicher Bergsicht – an einer Baumgruppe vorbei zum **Schützenhaus** 02.

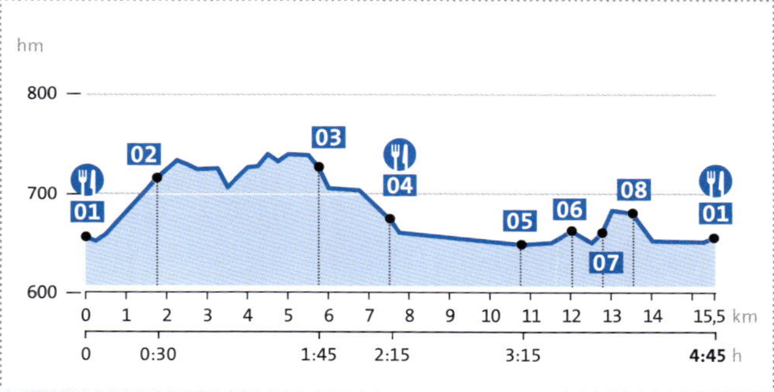


01 Bad Wurzach, Kurhaus, 655 m; 02 Schützenhaus, 715 m; 03 Wengenreute, 726 m; 04 Gospoldshofen, 674 m; 05 Herrgotts, 648 m; 06 Falkenhof, 662 m; 07 Truschwende, 660 m; 08 Josenhof, 680 m

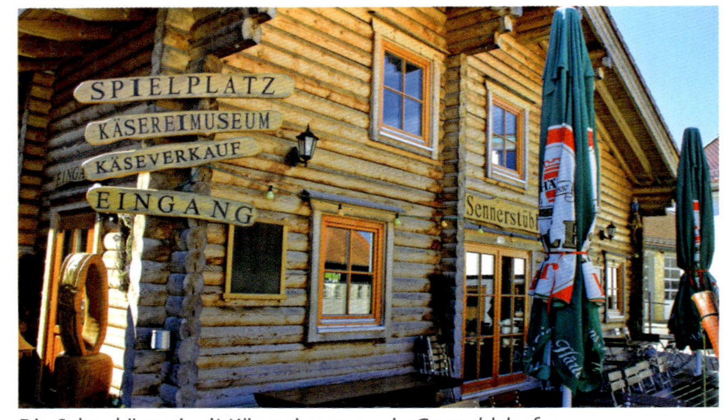


Die Schaukäserei mit Käsereimuseum in Gospoldshofen.

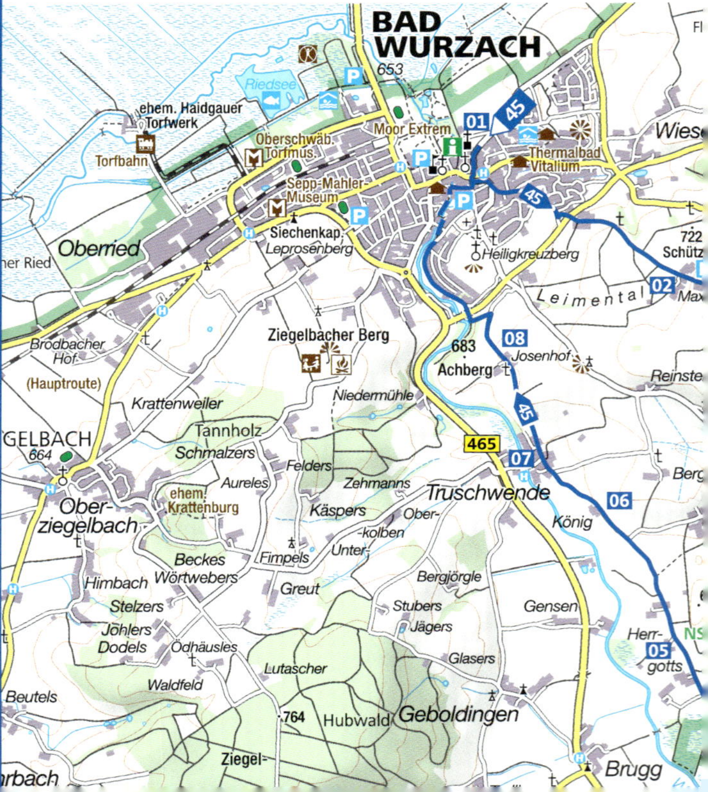

BAD WURZACH
653
Riedsee
ehem. Haidgauer Torfwerk
Torfbahn
Oberschwäb. Torfmus.
Moor Extrem
01
45
Thermalbad Vitalium
Wies
Sepp-Mahler-Museum
Siechenkap.
Leprosenberg
Oberried
Heiligkreuzberg
722
Schütz
02
Leimental
Ziegelbacher Berg
683
Achberg
08
Josenhof
Reinste
Brodbacher Hof
(Hauptroute)
Krattenweiler
Niedermühle
Tannholz
GELBACH
664
Schmalzers
Felders
465
07
Aureles
Zehmanns
Truschwende
Ober-ziegelbach
ehem. Krattenburg
Käspers
Ober-kolben
Unter-
König
06
Berg
Beckes
Fimpels
Himbach
Wörtwebers
Greut
Bergjörgle
Stelzers
Stubers
Gensen
Jöhlers
Jägers
Dodels
Ödhäusle
Glasers
Herr-gotts
05
Lutascher
Waldfeld
Beutels
764
Hubwald
Geboldingen
Ziegel-
Brugg

Nach dem Schützenhaus wird das Asphaltsträßchen flacher und bringt uns über eine wunderbare Wiesenlandschaft an den Rand des Stadtwalds. Kurz vor der kreuzenden Autostraße biegen wir scharf rechts ab und gehen auf einem Naturweg am Waldrand entlang. Wenig später schwenken wir nach links und folgen dem mit Nr. 5 markierten, schnurgeraden Forstweg.

Nach der Ausschilderung Fischgrub fällt der Weg leicht ab, an der Verzweigung halten wir uns rechts, und der weiter leicht fallende Weg verengt sich zu einem wurzeligen und kehrenreichen Fußpfad, der uns über eine Brücke ans Waldende bringt. Ein Wiesenpfad führt uns zu einer Asphaltstraße, der wir ein paar Meter rechts folgen und dann links auf einem Naturweg in den Wald einschwenken; leichtes Auf und Ab, mal mehr oder wenig schattig.

Bei der nächsten Verzweigung (Gewann Schorren) rechts Richtung Gospoldshofen, bald öffnet sich der Blick und wir genießen eine herrliche Sicht auf die Berge. Am Waldrand treffen wir auf ein Asphaltsträßchen, dem wir

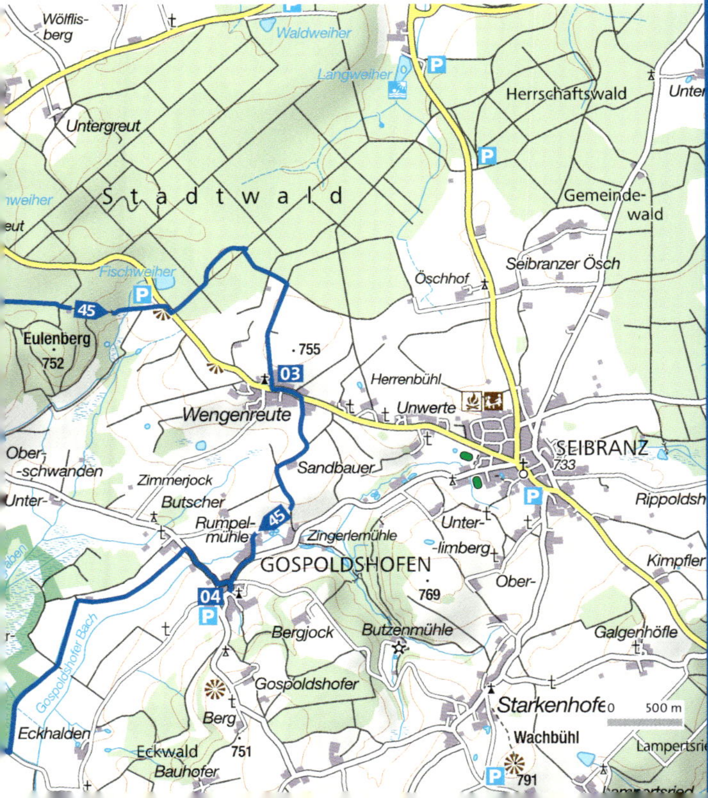

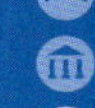

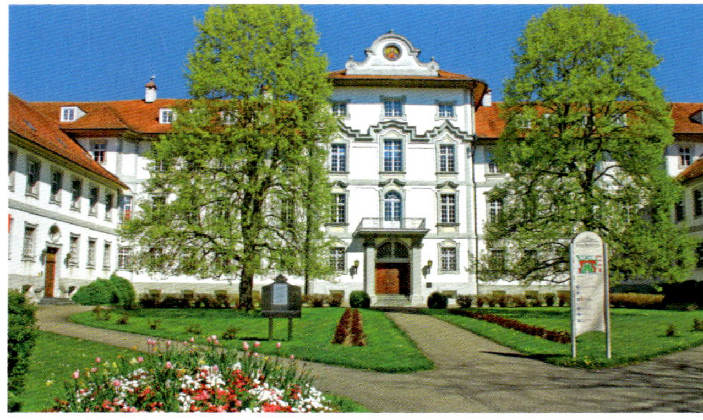

Schloss in Bad Wurzach.

rechts, leicht abwärts, nach **Wengenreute** 03 folgen. Zunächst links, dann vor der Bushaltestelle rechts, gehen wir auf dem Asphaltsträßchen, das sich schön durch die Wiesen schlängelt, und zum Schluss deutlicher abfällt, nach **Gospoldshofen** 04.

Nach einem kurzen Abstecher (200 m) zur markierten Schaukäserei folgen wir der Markierung Richtung Wurzach, bis nach dem Ortsende scharf links ein Landwirtschaftsweg abzweigt. Über aussichtsreiche Wiesen bis zu einer Verzweigung, wo wir mit der Mark. 5 nach links schwenken und in südlicher Richtung marschieren, mit direktem Blick in die Berge.

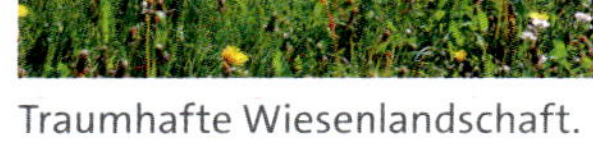

Traumhafte Wiesenlandschaft.

In leichtem Auf und Ab durchwandern wir eine herrliche Wiesenlandschaft, folgen einem kreuzenden Asphaltsträßchen nach rechts, passieren den Ortsteil **Herrgotts** 05, den **Falkenhof** 06 und marschieren auf dem sich durch die Wiesen schlängelnden Sträßchen leicht bergab nach **Truschwende** 07. Leicht aufwärts verlassen wir den Ort, gehen am **Josenhof** 08 vorbei, dann fällt das Sträßchen wieder ab.

Kurz vor Erreichen der Vorfahrtsstraße biegen wir links ab, unterqueren die Straße und wandern an Häusern entlang Richtung Ortsmitte Bad Wurzach. Links begleitet uns jetzt die Wurzacher Ach, die wir dann überqueren und an ihr entlang zur Hauptstraße gelangen. Rechts über die Brücke, um die Kirche herum und links hoch, sind wir in wenigen Minuten wieder am Ausgangspunkt beim **Kurhaus** 01.

# SCHLOSS ZEIL • 755 m
# JOSEFSKAPELLE • 778 m

## Durchs Wildschweingehege zum Aussichtsschloss

 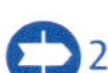 21,75 km  6:00 h 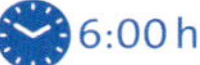 208 hm 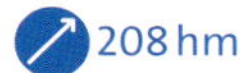 208 hm   187

START | Leutkirch i. Allgäu, Parkplatz am Stadtweiher, Kemptener Straße
[GPS: UTM Zone 32 x:577.900 m y: 5.297.200 m]
CHARAKTER | Etliche asphaltierte Abschnitte auf Nebensträßchen, Geh- und Radwegen, steilere Forstwege im Anstieg zum Schloss und zur Kapelle, steilerer Abstieg vor Brunnentobel.

Der weithin sichtbare Gebäudekomplex von Schloss Zeil dominiert die Landschaft um Leutkirch und ist ein beliebter und vielbesuchter, weil auch mit dem Auto erreichbarer Ausflugsort. Auch für den Wanderer ist Schloss Zeil ein markantes Ziel, aber unsere Tour über die Josefskapelle und zurück über Brunnentobel erweitert diesen Ausflug zu einem eindrücklichen Wandererlebnis.

▶ Vom Parkplatz am Stadtweiher in **Leutkirch** 01, beim Schwimmbad, gehen wir links entlang der Straße, kurz durch einen kleinen Park, nach Leutkirch-Stadtmitte.

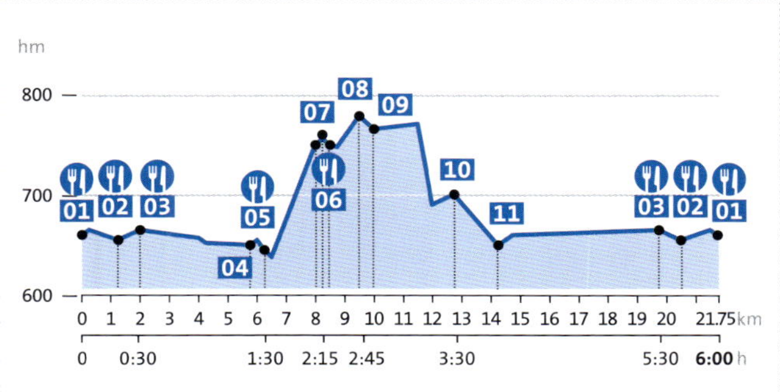


01 Leutkirch, Stadtweiher, 660 m; 02 Marktstraße, 655 m; 03 Löwengrube, 665 m; 04 Holzhof Zeil, 650 m; 05 Unterzeil, 645 m; 06 Zum Grünen Baum, 749 m; 07 Schloss Zeil, 755 m; 08 Josefskapelle, 778 m; 09 Sebastiansaul, 765 m; 10 Brunnentobel, 700 m; 11 Wurzacher Ach, 650 m

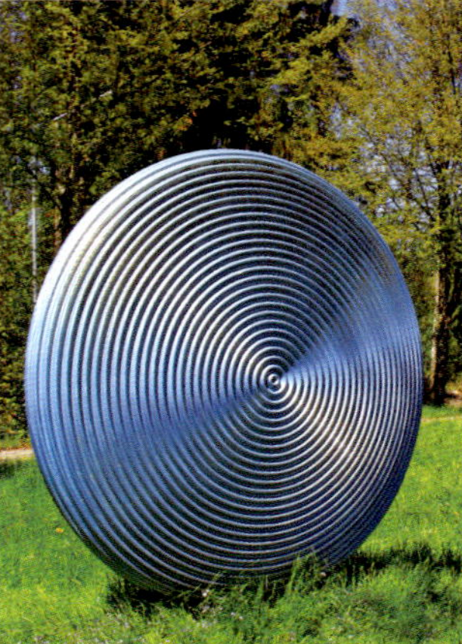

Kunst am Stadtweiher.

## Variante um den Stadtweiher

Am Schwimmbadparkplatz ist eine große Infotafel mit Wegenetz aufgestellt. Auf einem durchgängig flachen ca. 2 km langen Naturweg, der durch schönen Baumbestand und über etliche Zuflussbäche führt, lässt sich der Stadtweiher direkt am Ufer entlang umrunden. Unterwegs treffen wir auf eine historische Pumpstation, auf mehrere Infotafeln zum Naturpark Stadtweiher sowie auf eine auffällige Installation „Kunst am Stadtweiher".

Bei der großen Kreuzung überqueren wir die Straße und folgen der **Marktstraße** 02 an Rathaus und Touristinfo vorbei durch die Fußgängerzone bis zum **Gasthof Löwengrube** 03.

Nach links und dann rechts ab in die Brühlstraße, dann in den Dammweg, und auf dem Kunstmühleweg unterqueren wir nach links die Bahnlinie. Rechts entlang der Gleise, vorbei am Betriebs-

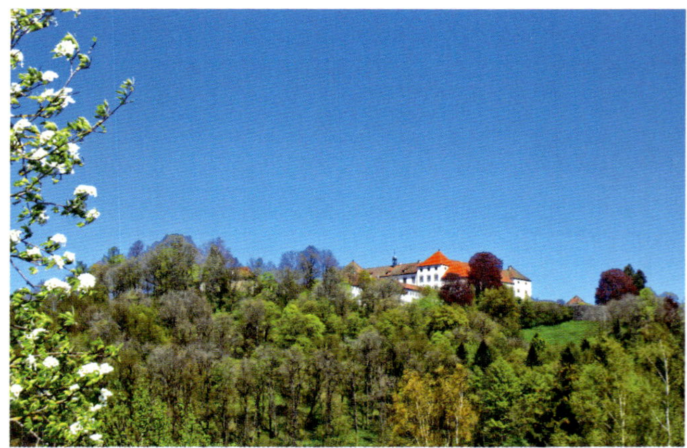

Eine traumhafte und weithin sichtbare Lage: Schloss Zeil.

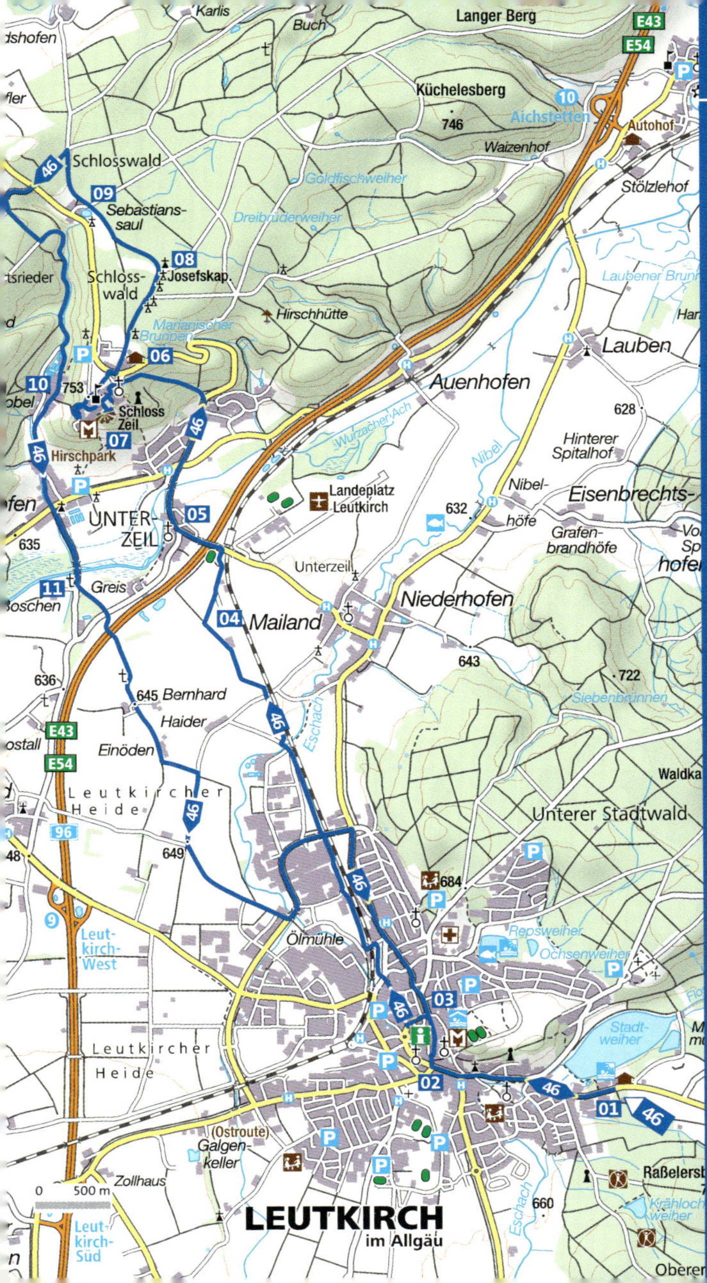

Karlis
Buch
Langer Berg
E43
E54
Küchelesberg
746
10
Aichstetten
Autohof
Waizenhof
Schlosswald
09
Sebastians-
saul
Goldfischweiher
Dreibrüderweiher
Stölzlehof
08
Josefskap.
Schloss-
wald
Hirschhütte
Laubener Brunn
Marianischer
Brunnen
06
Lauben
10
753
Auenhofen
Schloss
Zeil
07
Wurzacher Ach
628
Hirschpark
Hinterer
Spitalhof
Nibel
Landeplatz
Leutkirch
Nibel-
höfe
Eisenbrechts-
UNTER-
ZEIL
05
632
Grafen-
brandhöfe
635
Unterzeil
11
Greis
Niederhofen
04
Mailand
643
636
645 Bernhard
Haider
722
Siebenbrunnen
Eschach
E43
E54
Einöden
Waldka
Leutkircher
Heide
Unterer Stadtwald
96
649
684
9
Leut-
kirch-
West
Ölmühle
Repsweiher
Ochsenweiher
03
Stadt-
weiher
Leutkircher
Heide
02
01
(Ostroute)
Galgen-
keller
Zollhaus
Raßelers
Krähloch-
weiher
0 500 m
Eschach
660
LEUTKIRCH
im Allgäu
Leut-
kirch-
Süd
Oberer

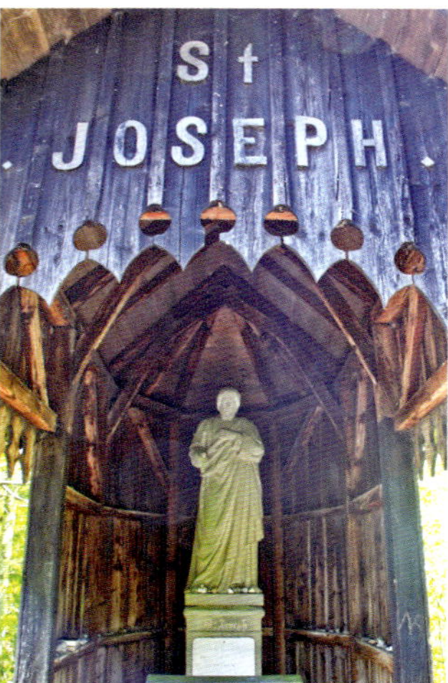

St. Josefs-Kapelle.

gelände der Fa. Novoplast, unter einer Straßenbrücke hindurch, folgen wir dem schnurgeraden Asphaltsträßchen. Nach einem kurzen Linksschwenk halten wir uns wieder rechts und gehen über freies Acker- und Wiesenland, vorbei am **Holzhof Zeil** **04** zur Autostraße vor, auf der wir nach links die Autobahn überqueren. Ein paar Schritte rechts lässt sich der Flugverkehr auf dem kleinen Flugplatz und die Landemanöver der Paraglider beobachten.

Auf dem Gehweg geht es leicht fallend nach **Unterzeil** **05**, an der Kirche vorbei und weiter leicht abwärts, bis am Ende der Häuser nach rechts eine Straßenuntertunnelung auftaucht. Wir bleiben aber geradeaus und wandern auf einem zunächst sehr steil ansteigenden, schmalen Asphaltweg hoch. Nach dem Steilstück hört der Asphalt auf und ein Graspfad bringt uns zu einem Waldweg, dem wir nach links folgen. Stetig ansteigend gelangen wir durch ein Waldstück hinauf zum **Gasthof Zum grünen Baum** **06** und zur Schlosskirche.

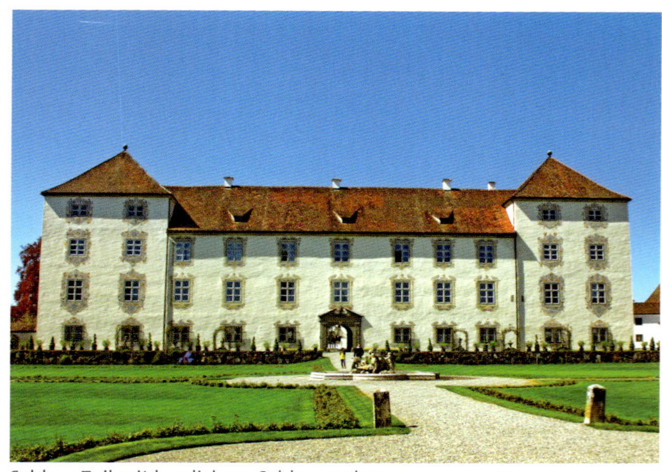
Schloss Zeil mit herrlichem Schlosspark.

Durch ein Tor gelangen wir in den schön angelegten Park von **Schloss Zeil** 07. Eine großartige Anlage mit einem fantastischen Ausblick in die schneebedeckten Alpenberge. Verständlich, dass diese Anlage oft als Kulisse für Hochzeitsfotos herhalten muss.

Nach der Besichtigung zurück zum Gasthof Zum Grünen Baum, wo wir die Zufahrtsstraße überqueren und sofort links in einen asphaltierten Weg einbiegen, dem wir durch das Parkgelände folgen (Schild zur Josefskapelle). Am Waldrand, bei einem großen Holzkreuz, hört der Asphalt auf und es beginnt ein breiter, zunächst flacher Wald- und Stationenweg. Leicht ansteigend erreichen wir dann bald die mitten im Wald auf einer Kuppe liegende **Josefskapelle** 08.

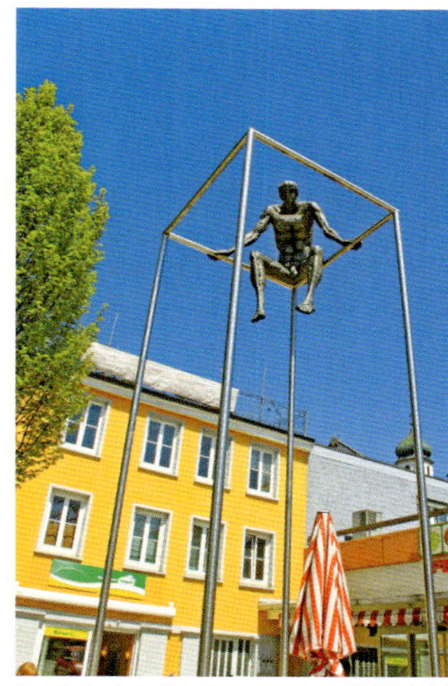
Leutkirch: „Skulpturenweg"-Objekt 2016 zum 1250. Stadtjubiläum.

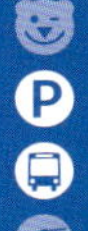

Linkshaltend wandern wir bergab, passieren auf einer Lichtung ein Gebäude und eine Kapelle mitten auf der Wiese (**Sebastianssaul** 09). Wir gehen weiter bis zu einer Wegekreuzung, wo wir links in Richtung Aussichtspunkt Wachbühl abbiegen. Über eine Autostraße hinweg, ein paar Meter auf Asphalt, dann schwenken wir aber scharf nach links ab und folgen einem nicht asphaltierten, leicht abwärts führenden Waldweg. Bei einem kreuzenden Forstweg halten wir uns links und der Weg fällt in Kehren deutlich stärker ab. Wir passieren Fischteiche und erreichen – wieder leicht ansteigend – die Häuser von **Brunnentobel** 10. Hier zweigt nach links ein steiler, schmaler Fußweg ab, der hoch zum Schloss Zeil führt (200 m).

Wir gehen aber auf Asphalt geradeaus und bergab nach Herbrazhofen, mit wunderbarem Alpenpanorama. Am Bach entlang, auf einem kleinen Asphaltsträßchen, überqueren wir die Autostraße und folgen der Straße Am Tobelbach. Wir passieren eine kleine Kapelle, überqueren dann die **Wurzacher Ach** 11, bleiben bei der nächsten Wegverzweigung links und marschieren über die Autobahnbrücke und durch eine offene, aussichtsreiche Wiesenlandschaft Richtung Leutkirch.

Bei der Vorfahrtsstraße links, über die Eschach hinüber in die Zeppelinstraße, dann über die Bahngleise und rechts in die Memminger Straße, die uns zurück zum Gasthaus Löwengrube und zur Fußgängerzone bringt.

Auf bekanntem Weg zurück zum Parkplatz in **Leutkirch** 01 beim Stadtweiher.

# BAD WALDSEE – STEINACHER RIED

## Naturnahe Riedwanderung

  9 km 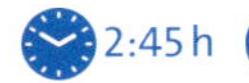 2:45 h 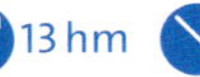 13 hm  13 hm  187

START | Steinach, Wanderparkplatz, Riedgasse
[GPS: UTM Zone 32 x: 554.450 m y: 5.308.060 m]
CHARAKTER | Forst- und Landwirtschaftswege und herrliche Naturpfade im Ried.

Die kurze, aber sehr naturnahe Rundtour im Steinacher Ried lässt sich mit einer Besichtigung der historischen Altstadt von Bad Waldsee und einer Umrundung des Stadtsees zu einer abwechslungsreichen Wander-Unternehmung ausbauen.

Wir beginnen unsere Wanderung beim **Wanderparkplatz** 01 am Ortsende des Stadtteils Steinach. Am Parkplatz vorbei folgen wir dem Schild „Steinacher Ried" auf einem nicht asphaltierten, flachen Landwirtschaftsweg, der sich aussichtsreich durch die Wiesen Richtung Wald schlängelt. Bei einer Verzweigung muss man sich für eine der beiden Wegvarianten entscheiden. Wir halten uns rechts, zunächst weiter über freies Wiesengelände, dann biegen wir scharf rechts ab in den Wald hinein.

Bei der Abzweigung links nach Untermöllenbronn bleiben wir geradeaus und folgen dem schnurgeraden Weg bis zum **Rothaus** 02, einem Privathaus, die ehem. Wirtschaft ist geschlossen.

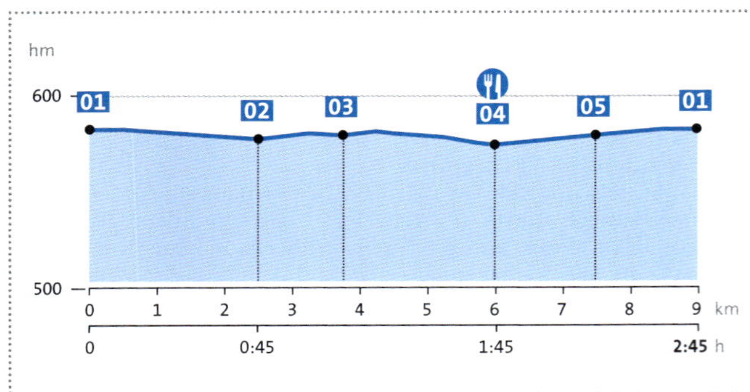


01 Wanderparkplatz, 582 m; 02 Rothaus, 577 m; 03 Fußpfad, 579 m; 04 Obermöllenbronn, 574 m; 05 Abzwg. Torfweg, 579 m

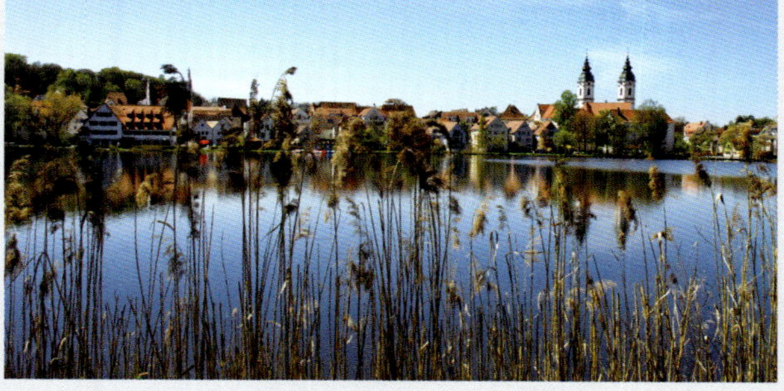

## Rundtour um den Stadtsee

Im Gegensatz zum Schlosssee, für den es kaum öffentliche Zugänge ans Ufer gibt, ist der Stadtsee touristisch gut erschlossen, dient als Trainingsgewässer für den Ruderverein, wird vom städtischen Freibad benutzt und kann mit Booten befahren werden. Es gibt einen geteerten Radweg und – etwas näher am Ufer – einen nicht asphaltierten Fußweg rund um den See herum mit vielen Bade- und Einkehrmöglichkeiten. Über die Steinacher Straße und den Mühlweg ist auch der ausgeschilderte Wanderparkplatz in Steinach in einer knappen Stunde zu erreichen, so dass sich beide Wanderungen auch gut kombinieren lassen.

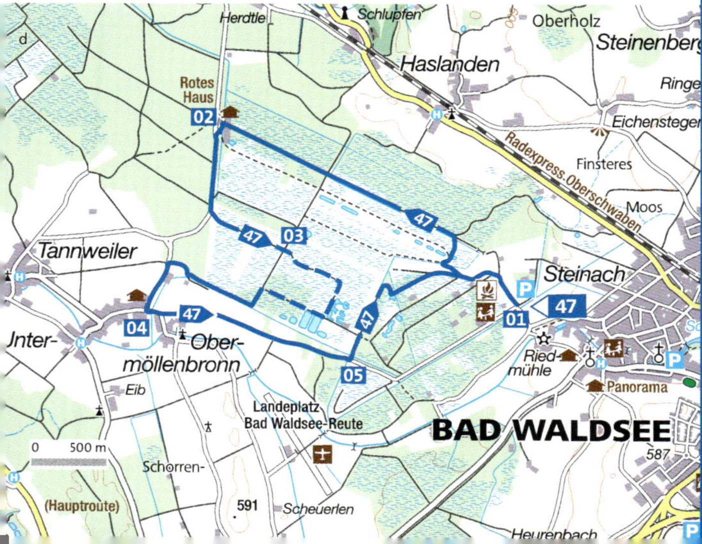

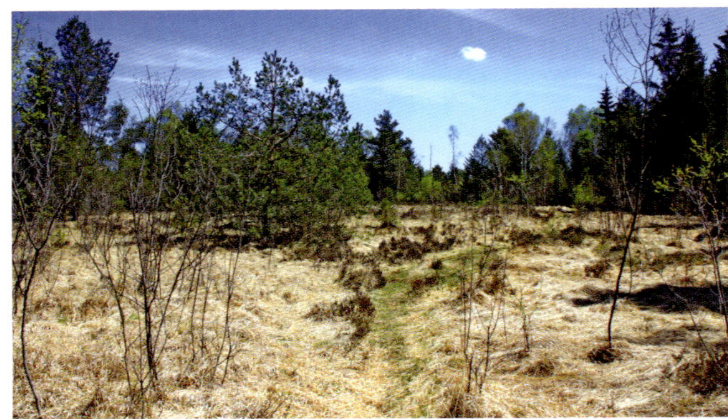

Auf schmalen Pfaden mitten durchs Steinacher Ried.

Wir biegen links ab, kurz auf Asphalt, dann schwenken wir links auf einen zwischen Bäumen hindurch führenden Landwirtschaftsweg ein. 750 m später verlassen wir den Weg, der geradeaus weiter nach Untermöllenbronn verläuft, und machen einen Abstecher nach links ins Ried hinein (Mark. Nr. 9 WP Steinacher Ried). Der ebene, schattige Waldweg wird rechts von einem Bächlein begleitet, ein kleiner Teich folgt.

Beiderseits schöne Ausblicke ins Ried. Nach gut 500 m folgen wir nicht dem breiten Weg nach links weiter, sondern gehen geradeaus auf einen schmalen **Fußpfad** 03, der sich in engen, teils wurzeligen Kehren durch das Ried schlängelt. Bei einem Schutzzone-Schild schwenkt der Pfad rechts und bei einem Jägerstand biegen wir erneut scharf rechts ab. Wir passieren links einen Weiher und stoßen auf eine Pfad-Kreuzung, wo wir uns wieder rechts wenden. Der Weg wird nun bis auf wenige Stellen etwas breiter und ist weniger wurzelig. Links und rechts tauchen Gewässer auf, wir kurven weiter durch den Wald, passagenweise ist der Weg bei feuchten Stellen mit Holzbohlen belegt. Am Waldrand entlang gehen wir dann zunächst auf schmalem Pfad, später auf breiterem Forstweg zu einem Asphaltsträßchen vor, das hier beginnt und dem wir links nach Untermöllenbronn folgen. Fantastischer Alpenblick.

Vorbei am Gasthaus Drei Tannen und gleich links nach **Obermöllenbronn** 04. Dem Sträßchen Richtung Bad Waldsee folgen, bis nach links der **Torfweg** 05 Nr. 9 abbiegt. Wir verlassen den Asphalt und gehen auf dem schmäler werdenden Wurzelpfad durch den Wald.

Über eine kleine Holzbrücke erreichen wir das Waldende, bleiben am Waldrand und folgen bei einer Lichtung dem breiteren Forstweg nach rechts, der uns zur Verzweigung mit dem Hinweg führt. Nach wenigen Minuten ist unser Ausgangspunkt wieder erreicht.

# LAURATAL – ZUNDELBACHER LINDE – RÖSSLERWEIHER

## Waldreiche Tal- und aussichtsreiche Höhenwanderung

  13,25 km  4:15 h 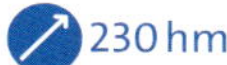 230 hm  230 hm  187

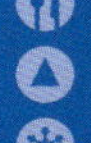

START | Schlier, Parkplatz am Dorfplatz, weitere Parkplätze am Friedhof
[GPS: UTM Zone 32 x:550.680 m y: 5.291.030 m]
CHARAKTER | Nebensträßchen, Wald-, Forstwege mit steileren Abschnitten, schöne Wiesen- und Uferpfade.

Unterschiedliche Gesichter zeigt diese östlich von Ravensburg gelegene Rundwanderung. Dominiert anfangs dunkler Wald entlang der Scherzach im Lauratal und im Anstieg nach Gessenried die Tour, so präsentiert diese nach dem Aufstieg über den Katzensteig Naturschönheiten wie die Zundelbacher Linde und den Rößlerweiher und entwickelt sich zuletzt zu einer aussichtsreichen Höhenwanderung mit fantastischen Bergpanoramen.

▶ Am Dorfplatz in **Schlier** 01, neben einem schönen Weiher und gegenüber der Kirche, starten wir nach links, zweigen rechts in die Eibeschstraße ab und wandern

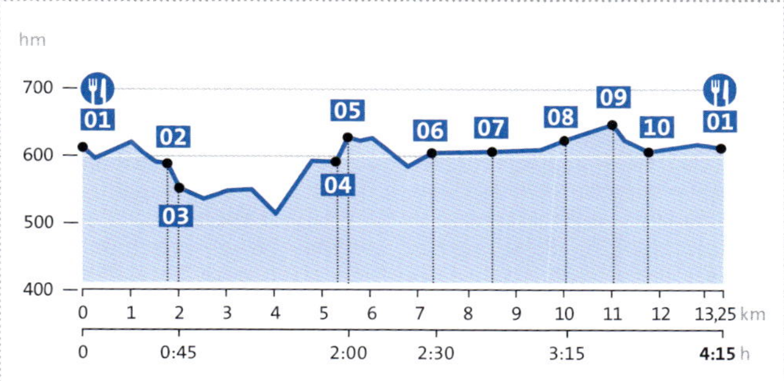


01 Schlier, Dorfplatz, 610 m; 02 Albisreute, 586 m; 03 Lauratal, 550 m; 04 Katzensteig, 589 m; 05 Lindele/Zundelbacher Linde, 625 m; 06 Rößlerweiher, 602 m; 07 Wanderparkplatz, 604 m; 08 Eratsrain, 621 m; 09 Appenberg, 645 m; 10 Dietenbach, 604 m

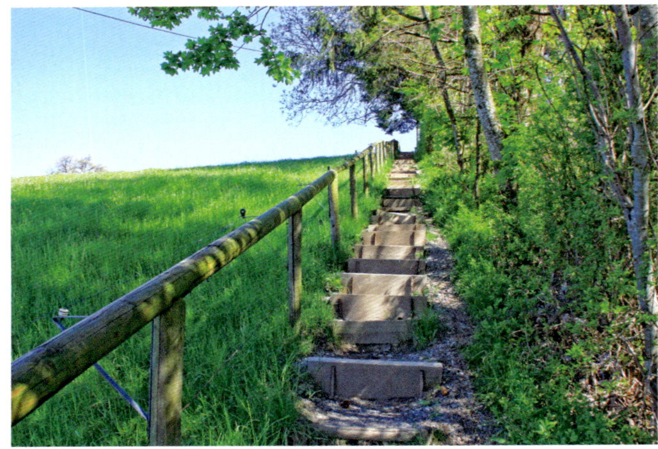

Der Katzensteig.

auf dem Gehweg leicht ansteigend hoch zum Wald. Nach dem kurzen Waldstück geht es leicht bergab nach **Albisreute** 02. Im Ort scharf links Richtung Ravensburg/ Lauratal, dann in einem Rechtsschwenk zwischen zwei Höfen hindurch und linkshaltend steil hinab zu einer Vorfahrtsstraße und rechts nach **Lauratal** 03.

Das Asphaltsträßchen verläuft durch den Wald leicht bergab, links unten begleitet uns die Scherzach. Bei einer ausgeprägten Linkskurve verlassen wir die Straße nach rechts und schwenken in einen unmarkierten Forstweg ein. Zunächst ansteigend, nach einer Linkskehre flacher werdend, wandern wir parallel zur unten verlaufenden Laurastraße durch den Wald. Der kehrenreiche Weg führt wieder hinab zur Straße und dort biegen wir scharf rechts ab und steigen auf dem breiten, ordentlich steilen Forstweg durch den Wald hoch.

Oben am Waldrand angekommen stoßen wir auf Asphalt und halten uns links. Wir treffen auf die Straße, die rechts zu den sichtbaren Häusern von Gessenried führt, schwenken nach links und kommen zu einer weiteren Verzweigung. Linkerhand ist Zundelbach nur wenig entfernt. Wir verlassen hier den Asphalt, gehen links zum Waldrand, wo uns ein Schild zum **Katzensteig** 04 weist.

Der zunächst schmale Weg steigt an einem Geländer entlang hoch, knickt dann scharf rechts ab und führt über steile Stufen ebenfalls geländerbewehrt nach oben. Dort haben wir eine fantastische Aussicht, links präsentiert sich schon die mächtige Zundelbacher Linde. Wir steigen noch etwas weiter an zur Hütte **Lindele** (nur von Allerheiligen bis Karfreitag am Wochenende geöffnet), genießen den Panoramaausblick und wandern links hinüber zum nahen Naturdenkmal **Zundelbacher Linde** 05.

Die Linde verlassen wir nach rechts, folgen dem Wanderwegschild am Waldrand entlang, treffen auf einen kreuzenden Forstweg und wandern auf ihm rechts hinab zur Autostraße. Wir überqueren sie, marschieren über Wiesen Richtung Wald und gehen auf einem verwurzelten Pfad, der als wasserbauhistorischer Wanderweg ausgeschildert ist, an einem Bachlauf entlang zum oberen Ende des **Rößlerweihers** 06.

Ein schmaler gekiester Uferweg verläuft direkt am Wasser entlang, nach einem Brücklein schwenken wir scharf rechts ab und wandern auf einem steinigen Pfad zwischen Weiher und Bach um den See herum. Nach einer Bohlenbrücke treffen wir auf eine Asphaltstraße, rechts taucht ein **Wanderparkplatz** 07 auf. Bei der nächsten Kreuzung orientieren wir uns nach links, ignorieren die Abzweigung rechts

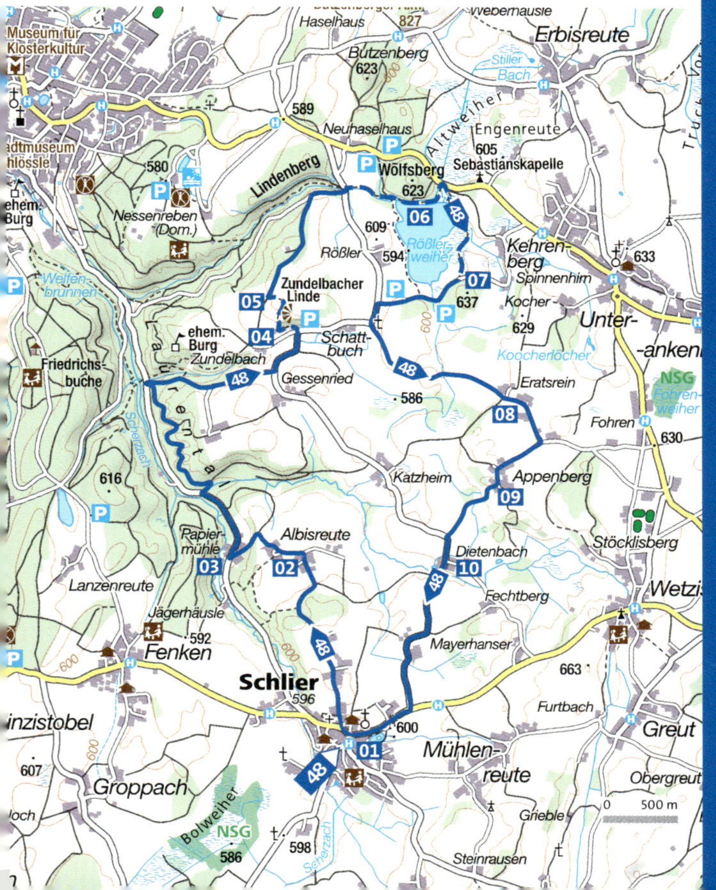

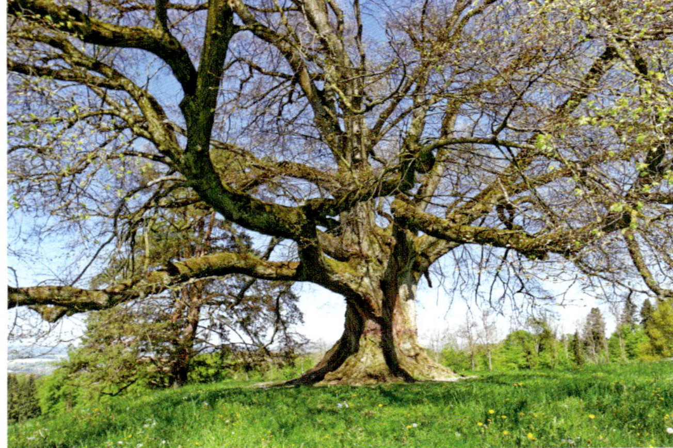

Die imposante Zundelbacher Linde.

nach Schattbuch und bleiben in Richtung Eratsrain.

Über freies und aussichtsreiches Gelände wandern wir in leichtem Auf und Ab durch **Eratsrain** 08 nach **Appenberg** 09, dort geht es am Ortsende etwas steiler in Kehren bergab nach **Dietenbach** 10 und weiter bis zur Vorfahrtsstraße. Auf dem Geh-/Radweg passieren wir das Ortsschild von Schlier, und wieder leicht abwärts gehend unterqueren wir die Autostraße und sind kurz darauf am Ausgangspunkt zurück.

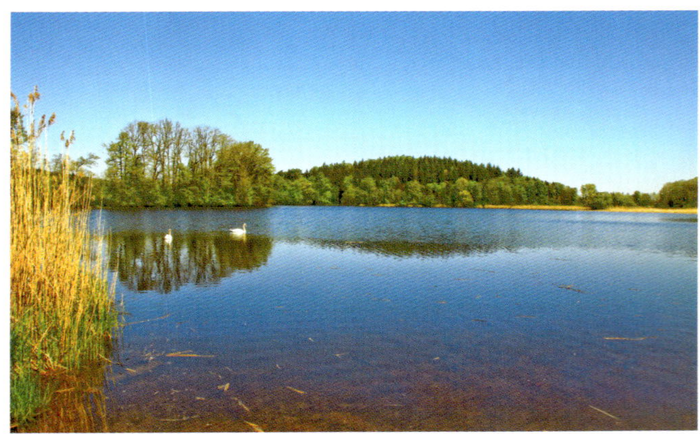

Der stille und naturnahe Rößlerweiher.

# IMMENRIEDER 6-SEEN-RUNDE

## Kleine und große Weiher im Norden von Kißlegg

 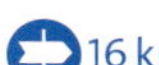 16 km  4:45 h 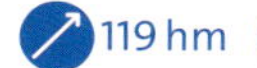 119 hm 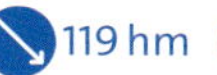 119 hm 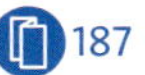 187

START | Immenried, Parkplatz an der Hauptstraße, direkt gegenüber der Kirche
[GPS: UTM Zone 32 x: 565.550 m y: 5.298.270 m]
CHARAKTER | Nebensträßchen, Wald-, Forst- und schattige Uferwege.

Von der Vielzahl der größeren und kleineren Seen im Dreiecksgebiet zwischen Bad Wurzach – Wolfegg und Kißlegg lassen sich sechs Gewässer zu einer schönen und erholsamen Rundwanderung verbinden und so Naturerlebnis mit Badevergnügen kombinieren.

▶ Vom Parkplatz in **Immenried** 01, gegenüber der Kirche, gehen wir die Friedhofsstraße hoch, biegen scharf links in die Hohlgasse, wandern ein paar Meter abwärts und schwenken nach rechts in die Straße Zur Holzmühle. Das asphaltierte Sträßchen schlängelt sich durch Wiesen, verläuft an einem Hofkomplex vorbei, und bringt uns zum Waldrand. Hier stehen wir links nach wenigen Schritten am Ufer des **Holzmühleweihers** 02; fantastischer Blick über den See. Weiter auf Asphalt, am Waldrand und einzelnen Gehöften vorbei, geht es dann leicht hoch und stär-

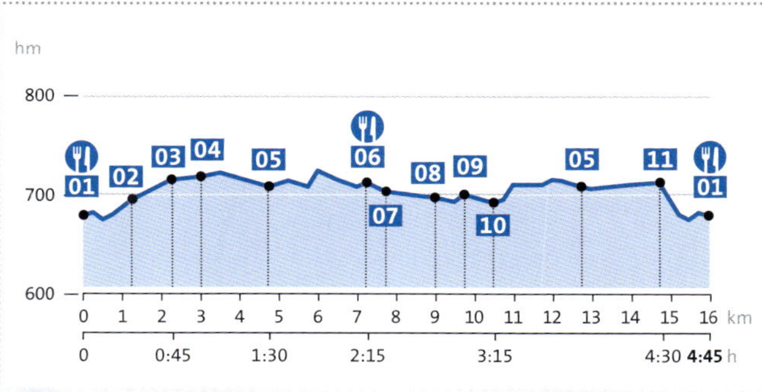


01 Immenried, 679 m; 02 Holzmühleweiher, 695 m; 03 Langwuhrweiher, 715 m; 04 Hasenweiher, 718 m; 05 Brunner Weiher, 708 m; 06 Weitprechts, 712 m; 07 Metzisweiler Weiher, 703 m; 08 Sailers, 697 m; 09 Veesers, 700 m; 10 Stockweiher, 692 m; 11 Holzmühleweiher-Südufer, 712 m

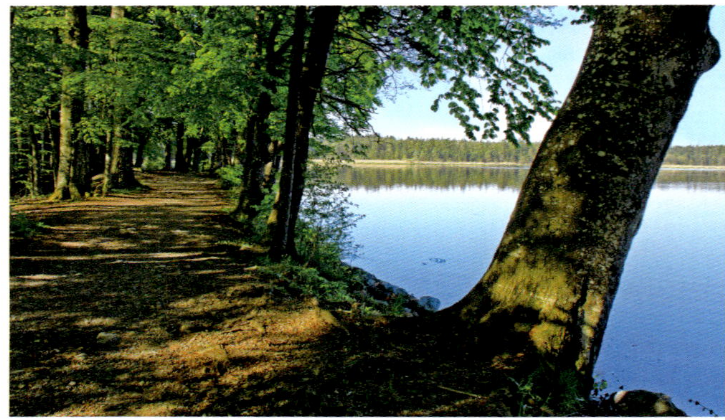

Am Nordostufer des Holzmühleweihers.

ker in den Wald hinein, und bald ist rechts der **Langwuhrsee** 03 erreicht. Auf einem baumbestandenen und nicht mehr asphaltierten Forstweg wandern wir direkt am Ufer entlang, passieren einen Steg mit Bootshaus und kommen – wieder auf Asphalt – am Ende der Baumallee in hügeliges, freies Wiesengelände.

Wir folgen linkshaltend einem schmalen Asphaltsträßchen, gehen ein paar Meter leicht hoch

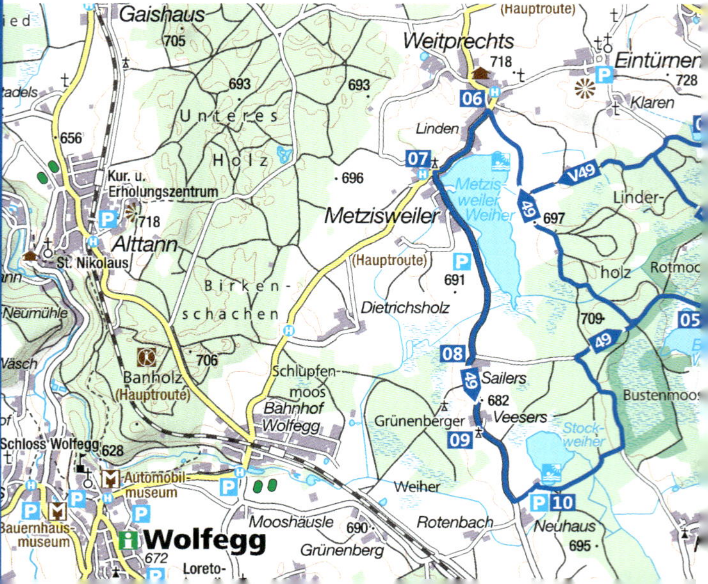

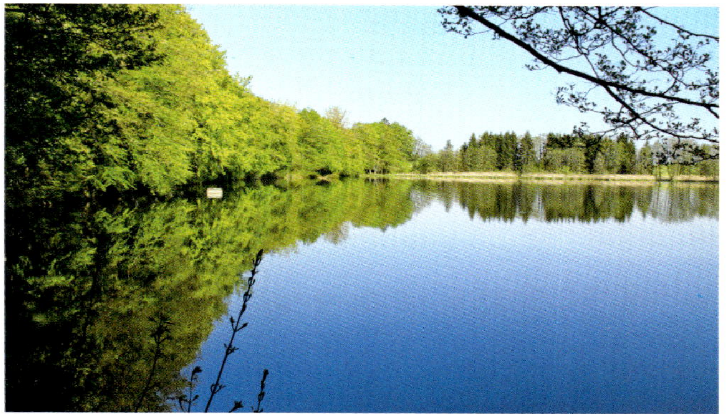

Blick über den Langwuhrsee.

und sind kurz darauf am kleinen **Hasenweiher** **04**.

Wir verlassen den Wald, sehen vor uns den Kirchturm und die Häuser von Eintürnenberg, knicken mit dem Sträßchen nach links ab und treffen auf ein weiteres Asphaltsträßchen, dem wir links am Waldrand entlang folgen. Nach rechts bietet sich hier auf einem Waldweg eine Abkürzungsvariante zum Metzisweiler Weiher an. Wir gehen aber zunächst leicht

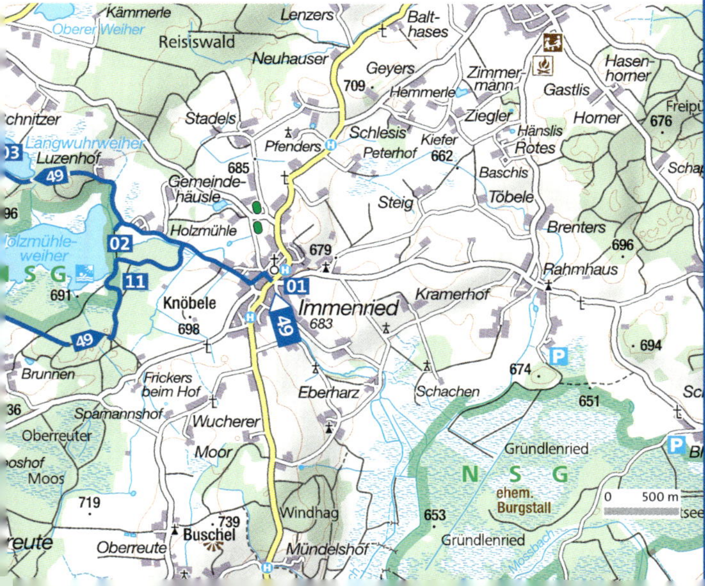

Blick über den Metzisweiler Weiher.

abwärts durch einen lichten Wald, dann wird der asphaltierte Weg flacher und im Rotmoos öffnet sich der Blick nach links. Der Holzmühleweiher taucht auf, und wir stoßen auf eine Kreuzung. Direkt vor uns liegt der schilfumstandene **Brunner Weiher** **05**.

Wir schwenken nach rechts auf den nicht mehr asphaltierten Forstweg, biegen bei der nächsten Wegkreuzung rechts ab in den Wald und folgen der Markierung Nr. 13, die uns aus dem Wald heraus führt, links unten liegt der Metzisweiler Weiher. (Hier mündet von rechts auch der oben erwähnte Alternativweg ein.)

Leicht ansteigend geht es hoch nach **Weitprechts** **06** und zur

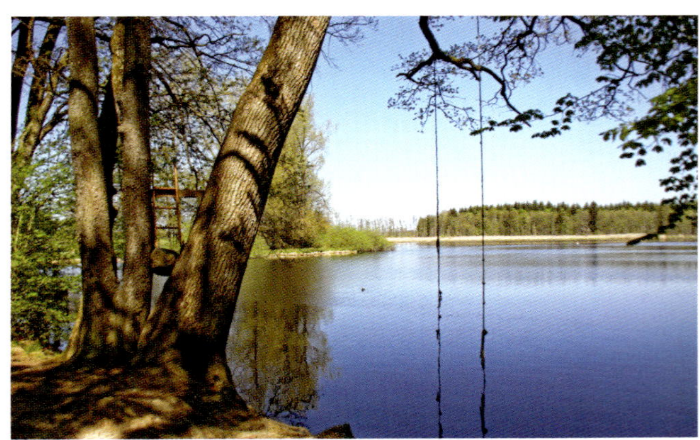

Am Badesee Stockweiher.

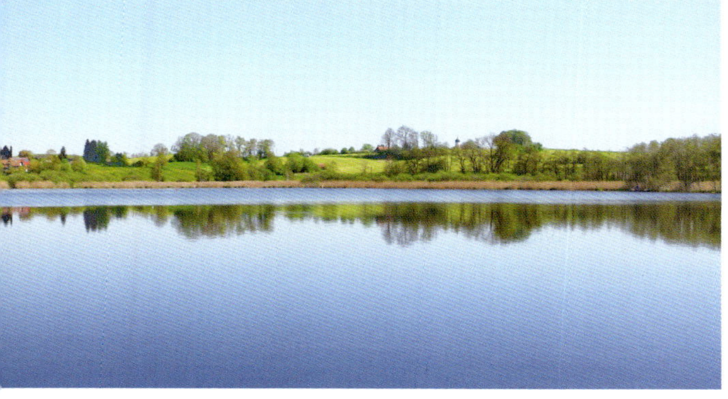

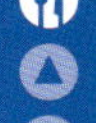

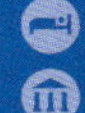

Vorfahrtsstraße. Vor dem Gasthof Ochsen bleiben wir links und gehen entlang der Straße nach Metzisweiler. Herrlicher Blick nach links, wo sich über dem **Metzisweiler Weiher** 07 am Horizont schneebedeckte Alpengipfel aufbauen. Bei einer kleinen Kapelle biegen wir links ab in ein Asphaltsträßchen Richtung Sailers/Veesers. Am See und einer großen Liegewiese vorbei, mit stets herrlichem Bergblick, gelangen wir nach **Sailers** 08 und kurz darauf, leicht ansteigend, nach **Veesers** 09.

Oben auf der Kuppe ist links unten schon der **Stockweiher** 10 zu sehen, zu dem wir beim nächsten Hof scharf links abzweigen. Vorbei an der Liegewiese des Badesees geht es auf Naturweg geradeaus wieder in den Wald. Bei kreuzenden Forstwegen zunächst links, dann rechts, treffen wir auf unseren Hinweg.

Beim **Brunner Weiher** 05 bleiben wir dann aber geradeaus auf dem Naturweg Richtung Holzmühleweiher. Zunächst am Waldrand entlang, dann stärker in den Wald hinein und linkshaltend erreichen wir das **Südufer** 11 des Holzmühleweihers.

Wir schwenken gleich rechts in einen Jungtannenwald und folgen dem Kiesweg an kleinen Tümpeln vorbei zum asphaltierten Sträßchen, das uns rechts zurück nach **Immenried** 01 bringt.

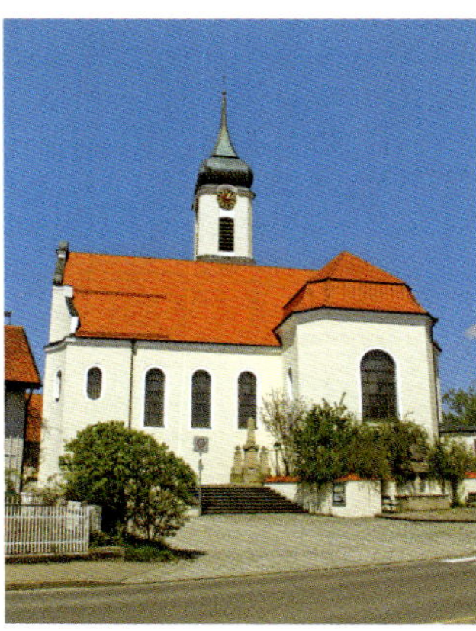

Immenried, Kirche.

# KISSLEGG – ARRISRIEDER MOOS

## Auf Holzbohlen durchs Moos

 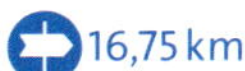

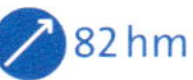

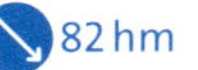

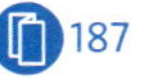


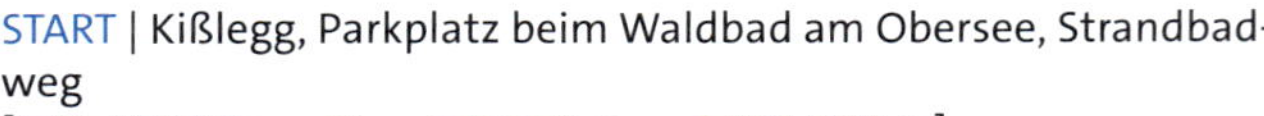

START | Kißlegg, Parkplatz beim Waldbad am Obersee, Strandbadweg
[GPS: UTM Zone 32 x:565.800 m y: 5.294.000 m]
CHARAKTER | Gehwege in Kißlegg, verkehrsarme Nebensträßchen, herrlicher Bohlenweg im Moos, breite Forst- und Waldwege.

Große Rundwanderung mit einem herrlichen Kontrastprogramm: Einerseits der an der Oberschwäbischen Barockstraße liegende und kulturell mit Altem und Neuem Schloss gut ausgestattete Luftkurort Kißlegg, andererseits das Natur- und Landschaftsschutzgebiet Arrisrieder Moos, das mit einer Vielzahl seltener und gefährdeter Tier- und Pflanzenarten aufwarten kann.

▶ Am Obersee in Kißlegg starten wir vom Parkplatz am **Waldbad** 01 Richtung Bahnhof/Zeller See. Wir überqueren die Bahn und marschieren auf dem Gehweg in die Stadtmitte, vorbei am Schlosspark und am **Neuen Schloss** 02. Am Gasthof Linde rechts in die gepflasterte Fußgängerzone, dann vorbei am fachwerkgeschmückten Gasthof Goldener Adler auf dem Gehweg ortsauswärts

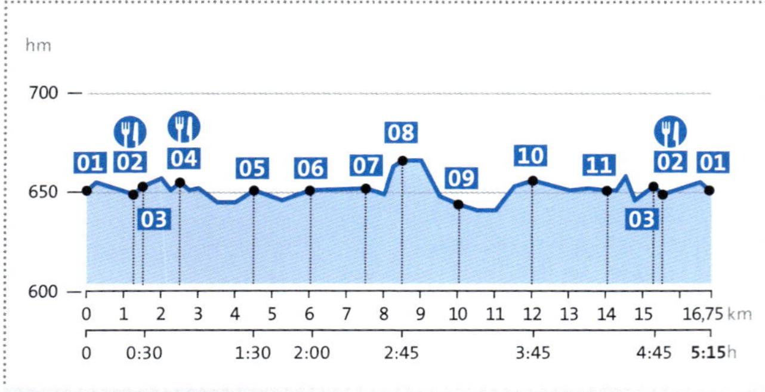


01 Kißlegg, Waldbad, 650 m; 02 Neues Schloss, 648 m; 03 Altes Schloss, 652 m; 04 Strasburg, 654 m; 05 Unterhorgen, 650 m; 06 Anfang Moos, 650 m; 07 Ende Moos, 651 m; 08 Arrisried, 665 m; 09 Wallmusried, 643 m; 10 Schurtannen, 655 m; 11 Schlingsee, 650 m

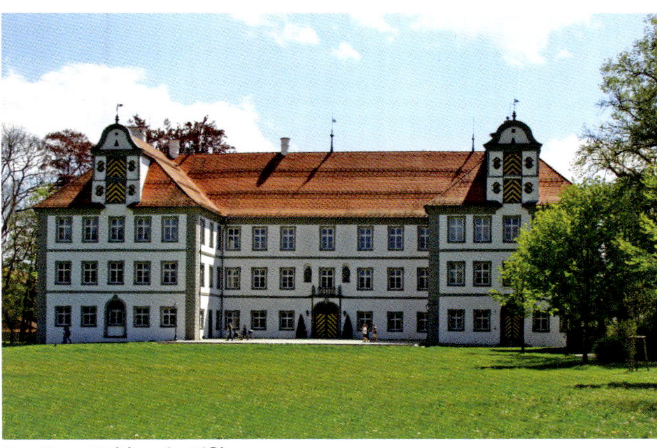

Das Neue Schloss in Kißlegg.

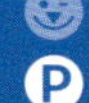

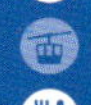
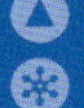
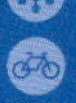

(Schild: Arrisrieder Moos) zum **Alten Schloss** **03**. Von hier bietet sich ein erster herrlicher Blick in die Berge.

Kurz hinter dem Schloss verzweigt sich bei einer Wanderwegetafel der Weg. Wir gehen links auf einem geplättelten Fußweg entlang der Straße Richtung Arrisrieder Moos (Mark. Nr. 11), verlassen dann die Straße und schwenken links ab. Nach der kleinen Loretokapelle überqueren wir die Autostraße und biegen kurz darauf, beim Gasthaus **Strasburg** **04**, scharf links ab nach Unterhaid.

Auf dem schmalen Asphaltsträßchen überqueren wir auf freiem Feld einen Bach und knicken nach der Brücke sofort rechts ab, folgen dem Pfad am Bachlauf entlang, bis wir am Ende der Wiese auf eine Markierung treffen, die uns nach links in den Wald weist. Auf breiterem Forstweg durch ein kurzes Waldstück, dann über freie Felder nach **Unterhorgen** **05**.

Vor einem Pferdegestüt nach rechts, wieder auf Asphalt, und weiter nach Waffenried, wo wir direkt nach dem ersten Hof links abbiegen (Holzschild „Lehrpfad Arrisrieder Moos“). Der nicht asphaltierte Landwirtschaftsweg verläuft über freies Gelände und bringt uns zum **Anfang** **06** des Moosweges.

Ein zunächst stark geschotterter, breiter Weg verengt sich zu einem schmalen Pfad und geht schließlich in einen kurvenreichen und sehr schön angelegten Holzbohlensteg über, der uns durch eine recht urtümliche Mooslandschaft mit toten Bäumen, Teichen und einer üppigen Pflanzenwelt leitet. Kurz vor dem Ende des Bohlenstegs ist links, etwas unterhalb des Weges, über eine Treppe ein Infostand mit Bank zu erreichen.

Ein baumrindenbestückter Weg führt an Wassertümpeln vorbei ans **Ende** **07** des Moos und aus dem Wald heraus zu einem kreuzenden Asphaltsträßchen. Hier zeigen sich am Horizont wieder eindrucksvoll die Schneeberge. Wir gehen nach rechts, ebenso bei der nächsten Verzweigung und wandern, leicht ansteigend, hoch nach **Arrisried** 08.

Hinter einem Reiterhof mit lustigen Islandponys bleiben wir geradeaus Richtung Schurtannen. Mit großartigem Bergpanorama verlassen wir die Hochfläche, marschieren abwärts und eben an den Bahngleisen entlang nach rechts. Wir überqueren die Gleise bei einer Vorfahrtsstraße nach links, passieren **Wallmusried** 09 und schwenken bei einer Bio-Milchzapfsäule nach rechts. Auf einem gekiesten Feldweg durchwandern wir ein offenes Segelflugplatzgelände (Achtung bei Flugbetrieb!).

Wir stoßen auf einen Bach, überqueren die Brücke nach rechts und folgen dem aussichtsreichen Landwirtschaftsweg über freies Feld. Leicht ansteigend geht es vor dem Stählishof hoch zu einem Asphaltsträßchen und rechts am Hof vorbei. Dann nochmals leicht hoch zu einer Brücke und zum Ortsanfang von **Schurtannen** 10. Nach der Brücke und vor dem ersten Haus biegen wir scharf links auf einen Naturweg ein, gehen am Waldrand und den Bahngleisen entlang.

Mit leichtem Rechtsschwenk durch einen Jungtannenwald kommen wir mit fantastischem Bergblick in offenes Gelände und zu den Bahngleisen zurück. Vor dem Bahnübergang, der links nach Bärenweiler führt, überqueren wir die Autostraße und bleiben rechts von den Gleisen.

Den kleinen **Schlingsee** 11 umkurven wir nach rechts und stoßen

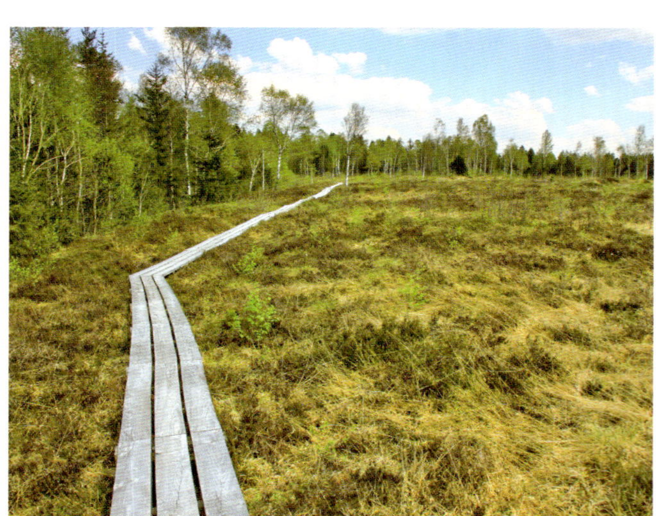

Der lange Holzbohlensteg im Arrisrieder Moos.

bald auf die ersten Häuser von Kißlegg. Links unten taucht der Zeller See auf. Leicht abwärts stoßen wir auf die Sebastian-Kneipp-Straße, die uns leicht ansteigend wieder hoch zum **Alten Schloss** 03 bringt. Auf bekanntem Weg zurück zum Ausgangspunkt beim **Waldbad** 01.

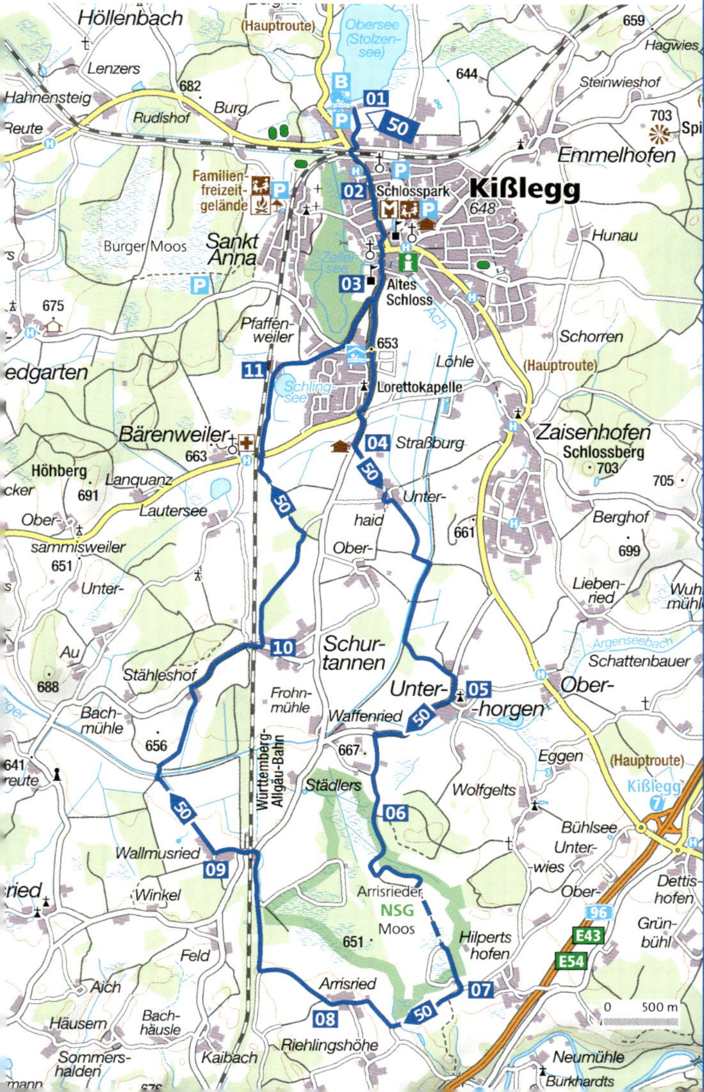

# ALLES AUSSER WANDERN

Die zwischen Bodensee und Kempten zu Füßen der Allgäuer Alpen liegende Landschaft ist nicht nur ein wunderbares Wandergebiet, sondern auch eine alte Kulturlandschaft. So ist es nicht verwunderlich, dass wir auf unseren Touren neben großartigen Landschaftseindrücken auch auf viele kulturelle und historische Zeugnisse stoßen. Tradition und Geschichte, Natur und Sport – das Angebot ist riesig, für jedermann und lässt auch die Wanderpausen zu eindrucksvollen Erlebnissen werden.

**MEINE TIPPS FÜR . . .**

## > Familien/Kinder

**ALLGÄULINO**
Hallenspielplatz für Kinder auf 3000 qm, Ballonfahrten;
87497 Wertach, Alpenstr. 20,
Tel. 08365 1027, www.allgaeulino.de

**ERLEBNIS PONYHOF SCHEIDEGG**
Streichelzoo, Abenteuerspielplatz, Ponyreiten, Elektro-Quad fahren;
88175 Scheidegg, Denzenmühle 3,
Tel. 08381 83680

**ALPSEE COASTER IMMENSTADT**
Mit 3 km Länge Deutschlands längste Ganzjahresrodelbahn, bei fester Schienenführung können Geschwindigkeiten bis zu 40 km/h erreicht werden.
87509 Immenstadt, Ratholz 24, Tel. 08325 252, www.alpsee-bergwelt.de

**HÜNDLE ERLEBNISBAHN**
850 m, 16 Kurven, 2 Jumps, ein eigenes Aufzugssystem bringt den Fahrer mit Rodel hoch.
87534 Oberstaufen, An der B308,
Tel. 08386 2720

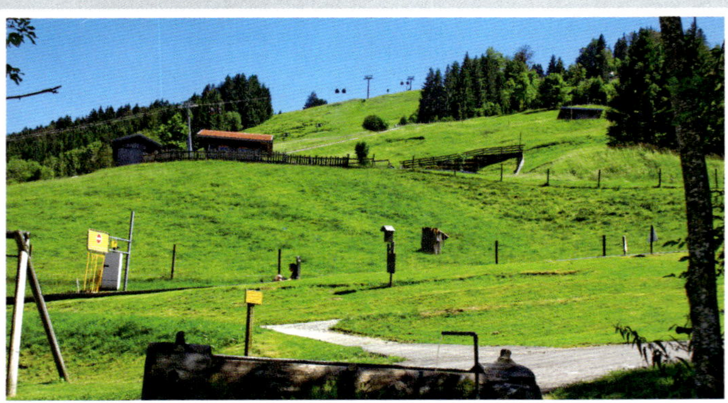

Über diesen Hang kurvt die Hündle Erlebnisbahn hinab.

## > Natur-/Kulturinteressierte

**ALLGÄUER BERGBAUERNMUSEUM**
Im Allgäuer Bergbauernmuseum des Immenstädter Ortsteils Diepolz, dem höchstgelegenen Kirchdorf Deutschlands, betreibt die Sennerei-Genossenschaft Diepolz eine Schaukäserei. Eine der Besonderheiten des ansehnlichen Freilichtmuseums ist das Alpgebäude. Diese ehemalige Höflealpe stand zuvor als Sennhütte und zuletzt als Jagdhütte im Oberstdorfer Warmatsgund und wurde hier im Bergstättgebiet so originalgetreu wie möglich wieder aufgebaut. In der alten Holzhütte kann man die Arbeit der Sennen unmittelbar nachvollziehen. Man hat sozusagen das frühere Leben auf einer Alp ins Dorf geholt.

Weitere Teile des Museums sind neben geräumigen Naturspielplätzen ein Kräutergarten, eine Imkerei, eine Klangstation und ein Museumsladen sowie kleinere Gebäude. Ganz zu schweigen vom Wiedemannhof. Auf dem Bergbauernhof tummeln sich neben dem gewohnten Braunvieh auch Schweine, Bergschafe und Ziegen, nicht zu vergessen die bunt gemischten Geflügelscharen, die nun mal zu einem richtigen Bauernhof gehören.
87509 Immenstadt, Diepolz 44,
Tel. 08320 9259290,
www.bergbauernmuseum.de

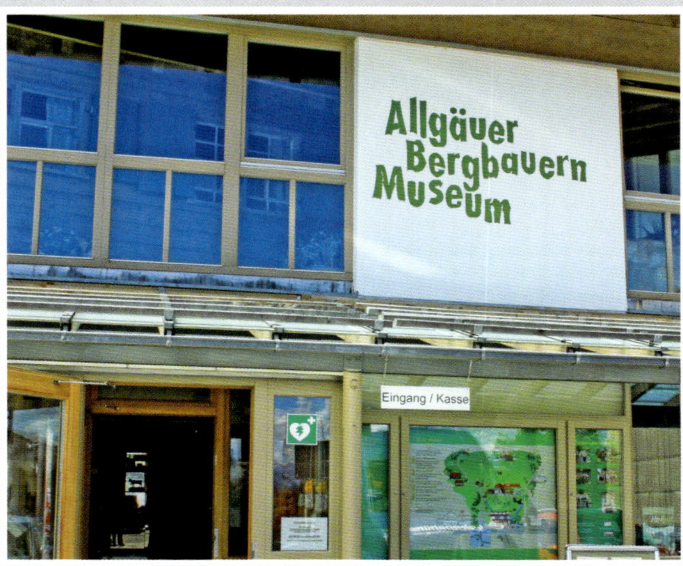

Beim Allgäuer Bergbauernmuseum in Diepolz.

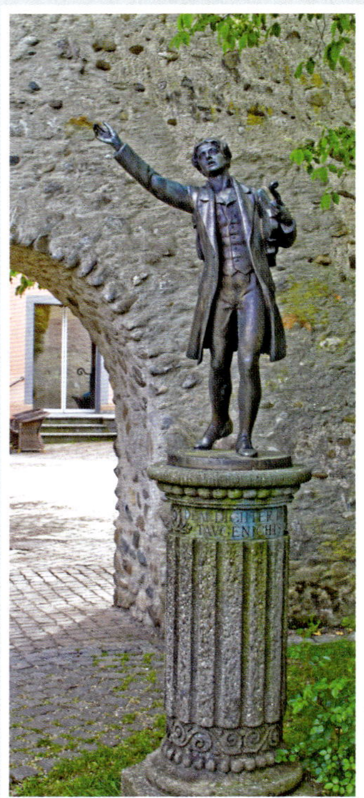

Eichendorff-Denkmal in der Wangener Museumslandschaft.

**ALPINMUSEUM**

Das Alpin-Museum im Marstall wurde nach über 30 Jahren zum 31. Dezember 2021 geschlossen. Die Stadt Kempten plant, im gleichen Gebäude ein Allgäu-Museum neu zu eröffnen, das dann auch ein Kapitel zur Alpingeschichte mit stark regionalem Bezug erhalten soll.

**ALTUSRIED: AUF DEN SPUREN VON KOMMISSAR KLUFTINGER**

Krimi-Führung durch den Festspielort Altusried zu Schauplätzen und Stationen des Allgäuer Kult-Kommissars.
Infos: Kultur- u. Verkehrsamt Altusried, Tel. 08373 29951

**ARCHÄOLOGISCHER PARK CAMBODUNUM**

2000 Jahre Stadtgeschichte der Römerstadt Kempten werden in frei Abschnitten präsentiert: der Gallorömische Tempelbezirk, die Kleinen Thermen und das Forum.
87437 Kempten, Cambodunumweg 3, Tel. 0831 25257788 (Kulturamt)

**DEUTSCHES HUTMUSEUM**

Auf 1000 qm 300 Jahre Hutmode erleben und entdecken – einmalig in Deutschland,
geöffnet Di–So 9.30–17 Uhr.
88161 Lindenberg, Museumsplatz 1, Tel. 08381 9284320,
www.deutsches-hutmuseum.de

**WANGENER MUSEUMSLANDSCHAFT**

Ein vielfältiges Museumsangebot ist am Rande der historischen Altstadt in die alte Stadtmauer integriert. Das Ensemble umfasst neben dem Stadtmuseum in der Eselmühle ein Käsereimuseum, ein Museum für mechanische Musikinstrumente, eine historische Badstube und kann darüber hinaus zwei bemerkenswerte Literaturmuseen vorweisen: das Deutsche Eichendorff-Museum und das Gustav-Freytag-Museum.
Infos: Tel. 07522 74211

## > Aktive und Sportfans

**KLETTERWALD BÄRENFALLE**
Ein Flying Fox Parcours ist der Höhepunkt eines aus 17 unterschiedlich schwere Parcours bestehenden Hochseilgartens, der mit 177 Elementen zwischen 1 und 20 m Höhe für spektakuläre Erlebnisse sorgt.
87509 Immenstadt, Ratholz 24,
Tel. 0823 968050

**SKYWALK ALLGÄU**
Familienfreundlicher und barrierefrei gestalteter Baumwipfelpfad, mit zwei weiteren Erlebnispfaden, einem Barfußweg, einem Abenteuerspielplatz und einem Restaurant.
88175 Scheidegg, Oberschwenden 25,
Tel. 08381 8961800

## > Für Genießer

**KÄSESCHULE ALLGÄU**
Im Dorfhaus in Thalkirchdorf und im Käse und Genusshaus in Waltenhofen können Sie selbst Käse machen.
Infos: 87534 Thalkirchdorf b. Oberstaufen, Kirchdorfer Str. 7, Tel. 0172-8908738, www.kaeseschule.de

**SPÄTZLEMUSEUM BAD WALDSEE**
Da die Ausstellungsräume des weltweit ersten und einzigen Spätzlemuseums im Vötschenturm zu klein geworden und nicht barrierefrei sind, geht das Spätzlemuseum ab 2021 auf Tournee.
Infos: bei Heidi Huber,
Tel. 0170 1402460,
www.spätzlemuseum.de

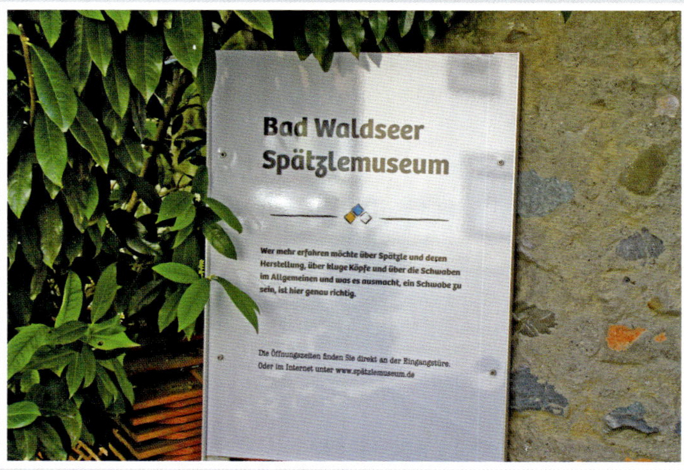

Am Eingang zum Spätzlemuseum beim Vötschenturm in Bad Waldsee.

# ÜBERNACHTUNGSVERZEICHNIS

€ unter 30 EUR €€ 30 - 60 EUR €€€ über 60 EUR
(pro Pers/DZ/incl. Frühstück)

**Altusried ............................................................................ PLZ 87452, Tel. (0)8373**
Hotel Landgasthof zum Bären €€ Hauptstr. 20 ,Tel. 333, www.zumbären-altusried.de
Gasthof Zum Fässle €€ Landstr. 22, Tel. 8728, www.gasthof-faessle.de

**Bad Waldsee .................................................................... PLZ 88339, Tel. (0)7524**
Hotel-Pension-Beck €€/€€€ Badstraße 27 / 1, Tel. 97130, www.hotel-pension-beck.de
Gästehaus Rössle €€ Wurzacher Straße 30, Tel. 40100, www.gaestehaus-roessle.com
Hotel-Landgasthof Kreuz €€ Mattenhaus 3, Tel. 97570, www.hotel-kreuz.de

**Bad Wurzach .................................................................... PLZ 88410, Tel. (0)7564**
feelMoor Das Gesundheitsresort Bad Wurzach €€€ Karl-Wilhelm-Heck-Str. 12, Tel. 304 2100, www.feelmoor.de
Gasthof Adler €€ Schlossstr. 8, Tel. 93030, www.hotel-adler-bad-wurzach.de
Gesundheitshotel Rössle €€ Schulstr. 12, Tel. 9199800, www.mayrkurklinik-roessle.de

**Buchenberg ..................................................................... PLZ 87474, Tel. (0)8378**
Hotel Sommerau €€/€€€ Eschacher Str. 35, Tel. 94 09 30, www.landhaus-sommerau.de
Ferienhof Maidel €/€€ Eschach 113, Tel. 932733, www.maidelhof.de
Gasthof Pension Moorstubn € Eschacher Str. 30, Tel. 208

**Immenstadt ..................................................................... PLZ 87509,Tel. (0)8323**
Hotel Restaurant Hirsch €€ Hirschstr. 11, Tel. 989020
Gasthof Hotel Drei König €€ Marienplatz 11, Tel. 8628, www.drei-koenig.de
Campingplatz Alpsee € (Bühl), Seestraße 25, Tel. 7726, www.alpsee-camping.de

**Kempten ............................................................................ PLZ 87439,Tel. (0)831**
Hotel Sonnenhang €€ Mariaberger Straße 78-80 Tel. 93756, www.hotel-sonnenhang-kempten.de
Der Fürstenhof €€ Rathausplatz 8,Tel. 2536-0, www.fuerstenhof-kempten.de
Hotel-Pension Berg-Café €€ Höhenweg 6, Tel. 575110, www.bergcafe.de

**Kißlegg ............................................................................ PLZ 88353,Tel. (0)7563**
Hotel-Gasthof Ochsen €€€ Herrenstraße 21, Tel. 91090 , www.ochsen-kisslegg.de
Baumhaus Erlebnest €€€ Emmelhofen 15, Tel. 519402, www.erlebnest.de
Landhotel Zum Neubau €€ Leutkircher Str. 31, Tel. 912881, www.zumneubau.de

**Leutkirch ......................................................................... PLZ 88299,Tel. (0)7561**
Hotel Linde €€ Lindenstraße 1, Tel. 913970, www.linde-leutkirch.de
Hotel-Gasthof zum Rad €€ Obere Vorstadt 5, Tel. 2066, www.rad-leutkirch.de
Brauereigasthof Mohren €€ Wangener Str. 1, Tel. 98570, www.brauereigasthofmohren.de
Gasthof Bayrischer Hof €€ Kemptener Str. 53, Tel. 3742, www.bayrischer-hof.com

**Lindenberg ........ PLZ 88161, Tel. (0)8381**

Hotel-Gasthof Bayerischer Hof €€ Hauptstr. 82, Tel. 92550, www.bayerischer-hof.info
Gasthof Goldener Adler €€ Gossholz 11, Tel. 9285588, www.goldener-adler-lindenberg.de
Hotel Alpina €€ Auf der Hub 34, Tel. 1569
Gästehaus Fink € Manzen 11, Tel.2840, www.gaestehaus-fink.de
Hotel Waldsee €€ Austr. 41, Tel. 92610, www.hotel-waldsee.de

**Missen-Wilhams ........ PLZ 87547, Tel. (0)8320**

Landhotel Albrecht €€ Hauptstr. 26 ,Tel. 9220, www.landhotel-albrecht.de
Gasthof-Pension Sonne €€ Wilhams 8 ,Tel. 226, www.sonne-wilhams.de

**Oberstaufen ........ PLZ 87534, Tel. (0)8386**

Hotel Alpenkönig €€ Kalzhofer Straße 25, Tel. 93450, www.hotel-alpenkoenig.de
Gästehaus Staufen € Hochbühlstr. 4, Tel. 1770, www.gaestehaus-staufen.de
Pension Himmeleck €€ Konstanzer 16, Tel. 08325-237, www.himmeleck.de
Gästehaus Schmid €€ In Pfalzen 1, Tel. 961209, www.haus-schmid.de

**Oy-Mittelberg ........ PLZ 87466,Tel. (0)8366**

Parkhotel Tannenhof €€ Tannenhofstraße 19, Tel. 988440, www.tannenhof-allgaeu.com
Hotel Sonnenhang €€ Sebastian Kneipp Weg 2, Tel. 98218, www.sonnenhang-allgaeu.de

**Rettenberg ........ PLZ 87549, Tel. (0)8327**

Gasthof Adler-Post €€ Burgberger Str. 8, Tel. 226, www.brauereigasthof-adler-post.de
Pension-Rest. Jägerwinkl €€ Kirchstr. 4, Tel. 9316440

**Waltenhofen ........ PLZ 87448, Tel. (0)8303**

Gasthof Krone €€ Bahnhofstr. 14 , Tel. 218
Gästehaus Wiestal € Waltenhofen-Memhölz, Wies 18, Tel. 0170-5505122
Insel Camping € Insel 32 3/4, Tel. 08379-881, www.insel-camping.de

**Wangen ........ PLZ 88239, Tel. (0)7522**

Hotel Mohren-Post €€ Herrenstraße 27 , Tel. 9784949, www.hotel-mohren-post.de
Hotel Garni Engelberg €€ Leutkircher Straße 47, 707970, www.hotel-engelberg.de
allgovia hotel garni €€ Scherrichmühlweg 15, Tel. 9168890, www.hotel-allgovia.de
Camping Röhrenmoos € Röhrenmoos 1, Tel. 9132436, www.roehrenmoos.de

**Weitnau ........ PLZ 87480, Tel. (0)8375**

Gasthaus Pension Krone €€ Kirchstr. 33, Tel. 209, www.krone-weitnau.de
Gasthof Zum goldenen Adler €/€€ Hoheneggstr. 25, Tel. 921360, www.gasthof-zum-goldenen-adler-weitnau.de

**Wertach ........ PLZ 87497, Tel. (0)8365**

Hotel Restaurant Jörg €€ Marktstr. 36, Tel. 1404, www.hotel-joerg.de
Gästehaus Zur Schmiede € Grüntenseestr. 20 1/2, Tel. 250, www.gaestehaus-schmiede.de

**Wiggensbach ........ PLZ 87487, Tel. (0)8370**

MÄSER'S Hotel Allgäuherz €€/€€€ Marktplatz 1, Tel. 206, www.allgaeuherz.de
Gasthaus Zum Hirsch € Rohrachstr. 7, Tel. 253, www.bockwirt.net

# ORTE / TOURISMUSBÜROS

**Altusried**
Gästeinformation
Hauptstr. 18
87452 Altusried
Tel.: +49(0)8373 299-51
www.altusried.de

**Bad Waldsee**
Kurverwaltung
Ravensburger Straße 3
88339 Bad Waldsee
Tel.: +49(0)7524 941342
www.bad-waldsee.de

**Bad Wurzach**
Bad Wurzach Info
Rosengarten 1
88410 Bad Wurzach
Tel.: +49(0)7564 302150
www.bad-wurzach.de

**Betzigau**
Gemeindeamt
Rotkreuzstr. 2
87488 Betzigau
Tel.: +49(0)8315 577020
www.betzigau.de

**Buchenberg**
Tourist-Info
Rathaussteige 2
87474 Buchenberg
Tel.: +49(0)8378 920222
www.buchenberg.de

**Dietmannsried**
Gemeindeamt
Rathausplatz 3
87463 Dietmannsried
Tel.: +49(0)8374 58200
www.dietmannsried.de

**Durach**
Gemeindeamt
Bahnhofstraße 1
87471 Durach
Tel.: +49(0)8315 61199
www.durach-allgaeu.de

**Haldenwang im Allgäu**
Gemeindeamt
Römerstraße 3
87490 Haldenwang
Tel.: +49(0)8374 93000
www.haldenwang.de

**Immenstadt**
Gemeindeamt
Kirchplatz 7
87509 Immenstadt
Tel.: +49(0)8323 99880
www.stadt-immenstadt.de

**Kempten**
Tourist-Information
Rathausplatz 24
87435 Kempten
Tel.: +49(0)831 960955-0
www.kempten-tourismus.de

**Kisslegg**
Gemeindeamt
Schlossstraße 5
88353 Kißlegg
Tel.: +49(0)7563 9360
www.kisslegg.de

**Leutkirch**
Touristinfo / Gotisches Haus
Marktstraße 32
88299 Leutkirch im Allgäu
Tel.: +49(0)7561 87154
www.leutkirch.de

**Lindenberg**
Tourist-Information in der Kulturfabrik
Museumsplatz 1
88161 Lindenberg i. Allgäu
Tel.: +49(0)8381 9284310
www.lindenberg.de

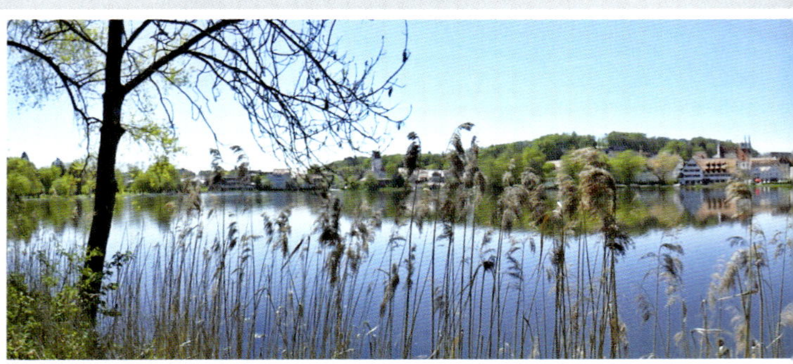

Blick über den Stadtsee nach Bad Waldsee.

**Missen-Wilhams**
Gemeindeamt
Hauptstraße 45
87547 Missen
Tel.: +49(0)8320 456
www.missen-wilhams.de

**Oberreute**
Gästeamt Oberreute
Hauptstraße 34
88179 Oberreute
Tel.: +49(0)8387 1233
www.oberreute.de

**Oberstaufen**
Haus des Gastes
Hugo-von-Königsegg-Str. 8
87534 Oberstaufen
Tel.: +49(0)8386 93000
www.oberstaufen.de

**Oy-Mittelberg**
Kur- und Tourismusbüro
Mittelberger Str. 3
87466 Oy-Mittelberg
Tel.: +49 (0)8366 207
www.oy-mittelberg.de

**Rettenberg**
Touristinfo Rettenberg
Bichelweg 2
87549 Rettenberg
Tel.: +49 (0)8327 92040
www.gemeinde-rettenberg.de

**Scheidegg**
Scheidegg Tourismus
Rathausplatz 8
88175 Scheidegg im Allgäu
Tel.: +49(0)8381 89422-33
www.scheidegg.de

**Sulzberg**
Gemeindeamt
Rathausplatz 4
87477 Sulzberg
Tel.: +49(0)8376 92010
www.sulzberg.de

**Waltenhofen**
Gemeindeamt
Rathausstraße 4
87448 Waltenhofen
Tel.: +49(0)8303 790
www.waltenhofen.de

**Wangen**
Tourist Information
Bindstraße 10
88239 Wangen im Allgäu
Tel.: +49(0)7522 74211
www.wangen.de

**Weingarten**
Tourist-Information
Münsterplatz 1
88250 Weingarten
Tel.: +49(0)751 405232
www.weingarten-online.de

**Weitnau**
Tourismusbüro Weitnau
Hoheneggstraße 25
87480 Weitnau
Tel.: +49(0)8375-920241
www.weitnau.de

**Wertach**
Tourist-Info Wertach
Rathausstr. 3
87497 Wertach
Tel.: +49(0)8365 702199
www.wertach.de

**Wiggensbach**
Gemeindeamt
Marktplatz 3
87487 Wiggensbach
Tel.: +49(0)8370 92000
www.wiggensbach.de

**Wildpoldsried**
Gemeindeamt
Kemptener Straße 2
87499 Wildpoldsried
Tel.: +49(0)8304 92050
www.wildpoldsried.de

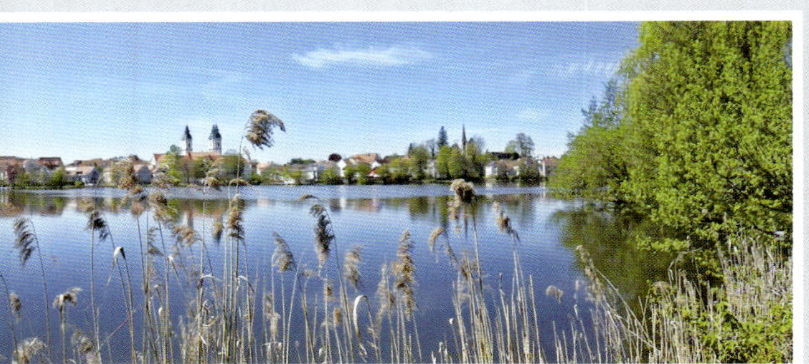

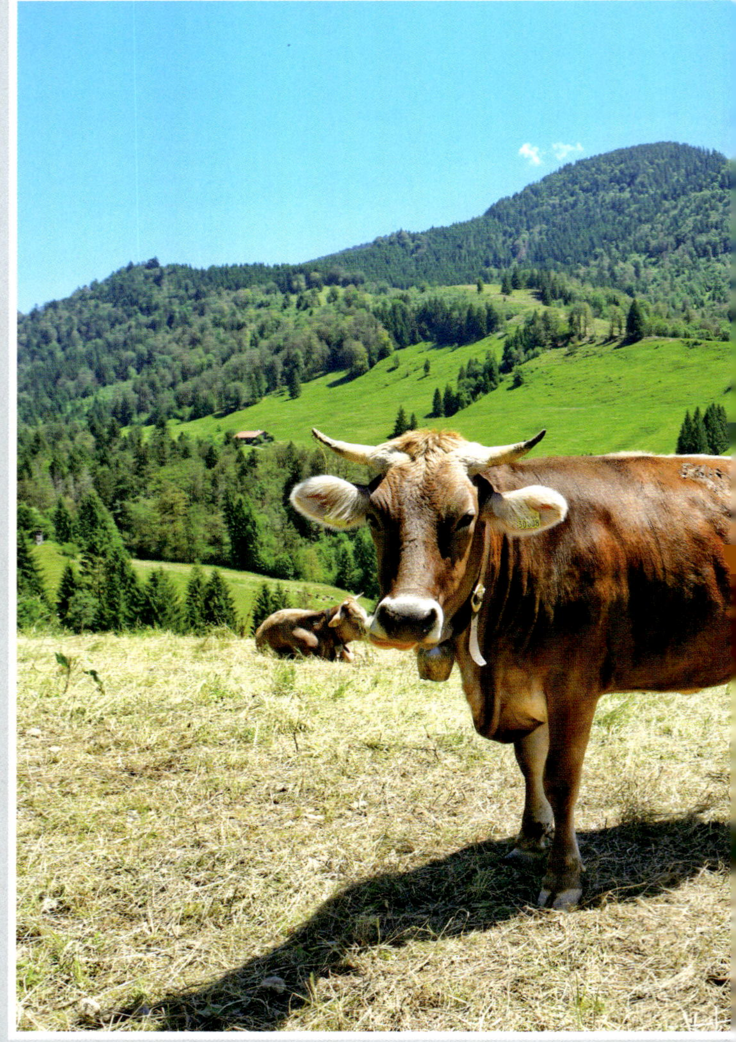

Das Allgäu steht für Milch, Käse und traumhafte Alplandschaften – und auch

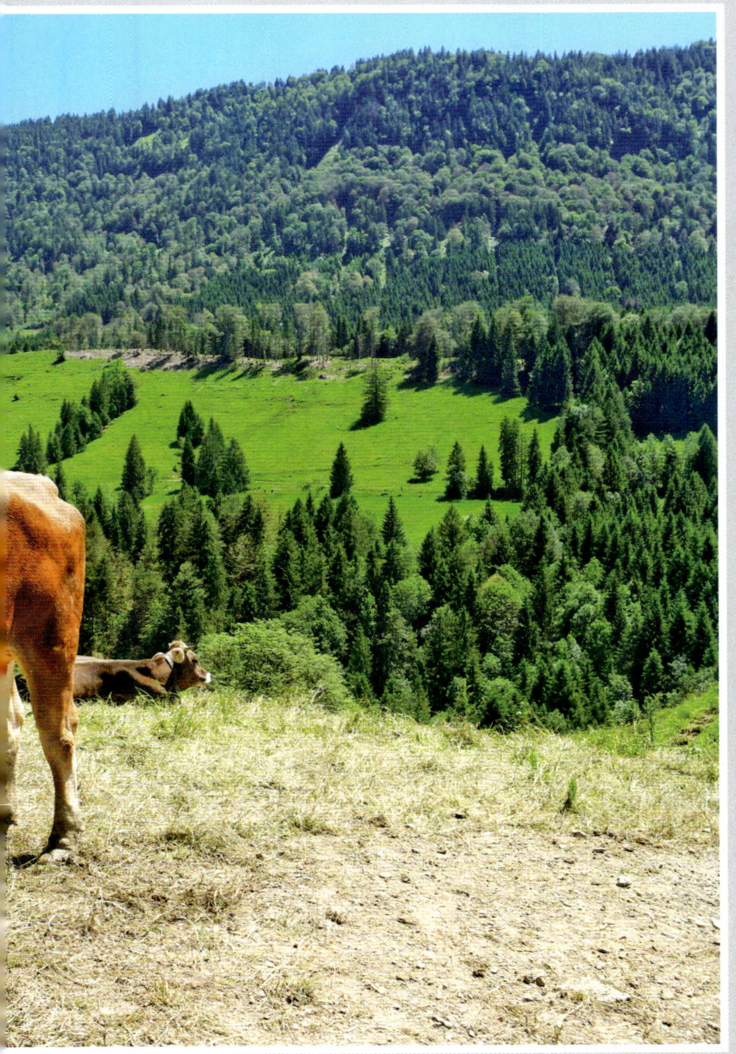

sie leistet ihren Beitrag zu der heute so beliebten touristischen „Marke Allgäu".

# REGISTER


**A**
Ahornach • 138
Aigis • 88, 90
Akams • 106
Albisreute • 178
Albrecht-Plätzle • 64
Aleuthe • 63
Allgäu • 12
Allgäuer Bergbauern-museum • 191
Allg. Mooorallianz • 13
Allgäulino • 190
Allgäu-Museum • 191
Allmannsried • 140
Alpinmuseum • 192
Alpkönigblick • 159
Alpsee • 110
Alpsee Coaster • 190
Alte Jägerhütte • 60
Altes Schloss (Kißlegg) • 187, 189
Altmummen • 120
Altusried • 22, 192
Appenberg • 180
Archäologischer Park Cambodunum • 53, 192
Arrisried • 188
Arrisrieder Moos • 187
Aschen • 151
Auf dem Gesäß • 134
Aussichtsturm Nadenberg • 146

**B**
Bachtelweiher • 52
Bad Rain • 99
Bad Waldsee • 174
Bad Wurzach • 165
Bärenkopf • 120
Bärenschwändlealpe • 102
Berggasthof Kranzegg • 122
Berghof Riesen • 123
Betzigau • 55, 57
Bieslings • 142
Binzeler • 117
Binzen • 24
Birkenberg • 138
Bischlags • 36
Blenden • 38
Blender • 38
Bodelsberg • 64, 66
Brotzeitstube • 42
Brunnentobel • 173
Brunner Weiher • 184, 185
Buchenegg • 98, 99, 156
Buchenegger Wasserfälle • 156
Bühl • 109, 111

**C**
Café Paradies • 96

**D**
Deutsches Hutmuseum • 192
Diepolz • 103, 105, 160
Dietenbach • 180
Dietmannsried • 31, 33
Durach • 61, 63
Dürrenberg • 149
Dürrer Bichl • 60

**E**
Edelitz • 152
Eglofstal • 152
Eisenbolz • 82
Eissteg • 129
Eistobelbrücke • 127
Ellatsberg • 44
Ellegghöhe • 117
Epplings • 150, 152
Eratsrain • 180
Ermengerst • 37
Eschach • 40
Eschachberg • 38
Eschacher Weiher • 40
Ettensberg • 120

**F**
Fahls • 53
Faistenoyer Bach • 79
Falkenhof • 168
Falkenstein • 114
Feuerschwenden • 61, 63


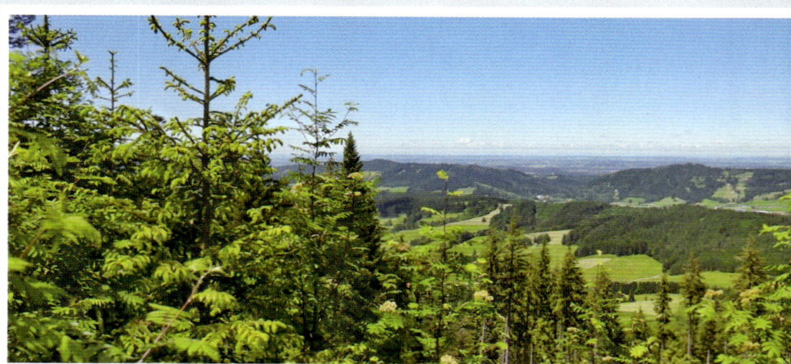

Die Wanderung über den Hauchenberg bietet immer wieder großartige

G

Gasthaus Goldener Adler • 145
Gasthaus Traube • 132
Gasthof Löwengrube • 170
Gasthof Zum grünen Baum • 172
Gaststätte Hündlealpe • 99
Gebhardshöhe • 114
Geißalp • 123
Geratsried • 89
Gopprechts • 104
Gospoldshofen • 168
Gretaloch • 138
Großholzleute • 161, 164
Gschlavers • 35
Gschnaidt • 26
Gschwend • 109
Gund • 63

H

Haldenmühle • 33
Haldenwang • 34, 36
Härtnagel • 43
Hasenweiher • 183
Hauptmannsgreut • 60
Haus • 142
Hausbachklamm • 132
Heiligkreuz • 43, 44, 47
Hellengerst • 82, 84
Herrebergalpe • 102
Herrgotts • 168
Heusteig • 33
Hinteregg • 51
Hinterhaselbachalpe • 91, 160
Hinterschneid • 115
Hinterschweinhöf • 131, 134
Hintersee • 109
Hirschberg • 138
Hirschbergalpe • 138
Hirschbergsau • 136, 138
Hirschdorf • 44
Hochberg • 42
Hochgrat • 126
Hochgratbahn • 124
Hohegg • 51
Hohenegg • 129
Hohenkapf • 42
Hohentann • 25
Hohentanner Wald • 29, 30
Holzhof Zeil • 172
Holzmühle • 26
Holzmühleweiher • 181, 185
Holzmüllerbach • 25
Hotel Waldsee • 148
Hubertusstube • 156
Hummelberg • 151
Hündlealpe • 99, 154
Hündlebahn • 156
Hündle Erlebnisbahn • 190
Hündlekopf • 99, 154
Hündle-Stuben • 99

I

Ifen • 97
Immenried • 181, 185
Immenstadt • 120

J

Josefskapelle • 173
Josenhof • 168
Jugethöhe • 93

K

Kalter Brunnen • 134
Kapelle • 129
Kapf • 96
Käsers • 33
Käseschule Allgäu • 193
Katzensteig • 178
Kempten • 46, 48, 49, 52
Kiesels • 31
Kimratshofen • 25, 26
Klammen • 102
Kletterwald Bärenfalle • 193
Klingshütte • 160
Knaus • 22
Knollerhag • 60
Knottenried • 106, 108, 160
Kranzegg • 121, 123
Kräutergarten • 151
Kressen • 81
Kreut • 84


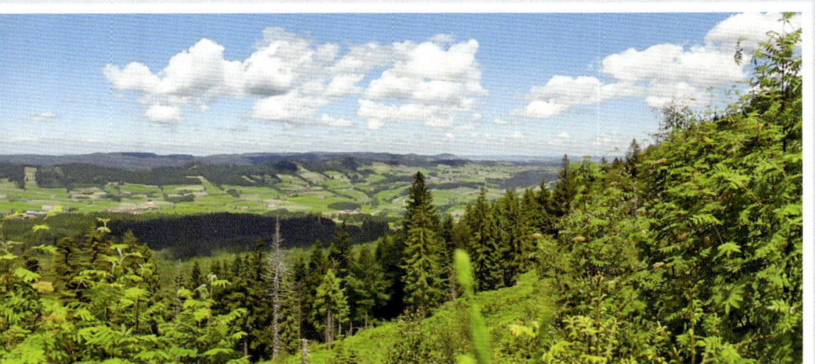

Ausblicke.

# REGISTER


Kreuzbänkle • 78
Kuhschwandalpe • 102

**L**
Längene • 132
Langwuhrsee • 182
Laudorf • 68
Lauratal • 178
Leiterberg • 57
Lendraß • 26
Lengatz • 152
Leutkirch • 169, 173
Lindele • 178
Lindenberg • 144
Lindenhof • 145
Locherkapf • 151
Lohwegkapelle • 103
Lötz • 141
Luitharz • 108
Lüßeck • 87

**M**
Manzen • 145
Mariaberg • 50
Maria-Thann • 152
Masers • 37
Metzisweiler Weiher • 185
Missen • 91, 93, 157
Mittag • 118
Mittagbahn • 118
Mittelberg • 80
Moos • 72
Moosalpe • 155
Moosbach • 73, 74
Moosweg • 187
Möstenberg • 58, 60

**N**
Neues Schloss (Kißlegg) • 186

**O**
Oberallgäuer Rundwanderweg • 36
Obereinharz • 108
Obere Lauchalpe • 125
Oberellegg • 117
Oberhub • 70, 72
Obermöllenbronn • 176
Oberreute • 134
Oberried • 51
Oberstaufen • 94, 96
Oberwalzlings • 30
Ochsenberg • 89
Ochsenschwandalpe • 156
Ösch • 34
Osterdorf • 100
Ottacker • 70, 72
Ottenstall • 24
Oy • 79, 81
Oyer Steinlehrpfad • 80

**P**
Parkplatz P14 • 149
Petersberg • 30
Pfaffenhofen • 35
Ponyhof Scheidegg • 190
Probstried • 35

**R**
Ratholz • 110
Räuberhöhle • 159
Rauns • 67
Rehaklinik Überruh • 162
Reicholzried • 31
Reptilienzoo • 142
Rettenberg • 112, 114
Riedberger Kugel • 130
Rieder • 85
Riedholz • 130
Riedis • 74
Rieggis • 104
Rößlerweiher • 179
Rothaus • 174
Rothirschweg • 162
Rottachbrücke • 48
Rottachsee • 74

**S**
Sachsenrieder Weiher • 33
Sailers • 185
Scheffau • 135, 138


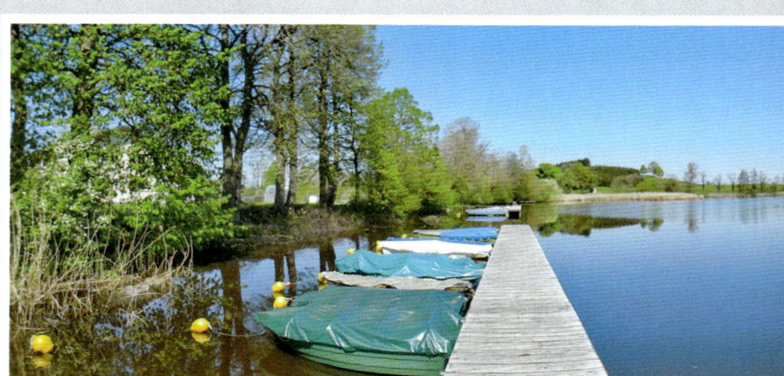

Am kleinen Bootssteg des Metzisweiler Weihers. Viele Seen und Weiher, die

Schletteralpe • 164
Schlettermoos • 93
Schlier • 177
Schlingsee • 188
Schloss Syrgenstein • 152
Schloss Zeil • 173
Schmieden • 74
Schnitzen • 62
Schurtannen • 188
Schützenhaus • 148, 165
Schwabelsberger Weiher • 47
Schwändle • 102
Schwarzenberger Weiher • 78
Schwarzer Grat • 163
Sebastianssaul • 173
See • 111
Seppl's Gartenwirtschaft • 156
Siedelalpe • 93
Sinkmoos • 66
Skywalk Allgäu • 193
Spätzlemuseum Bad Waldsee • 193
Speckbach-Wasserfall • 84
Stadtsee Bad Waldsee • 175
Stadtweiher Leutkirch • 170
Staufnerhaus • 125
Steig • 34
Steinacher Ried • 176
Stellbrunnen • 58
Stockweiher • 185
Strobels • 22
Sulzberg • 62

**T**

Thalkirchdorf • 100, 102
Torfweg • 176
Trieblings • 111
Truschwende • 168

**U**

Unterhorgen • 187
Unterkürnach • 29
Unterlauchalpe • 125
Unterreute • 134
Unterried • 49
Unterschmieden • 48
Unterschwarzenberg • 76, 78
Unterwilhams • 88, 90
Unterzeil • 172

**V**

Veesers • 185
Voglers Weiher • 44
Vorderschweinhöf • 132

**W**

Wagenbühl • 37
Waitzis • 74
Waldbad Kißlegg • 186, 189
Waldgasthaus Tobias • 66
Wallmusried • 188
Waltenhofen • 67, 68
Walzlings • 28, 30
Wanderstüble • 141
Wangen • 149
Wangener Museumslandschaft • 192
Weißach • 97, 99
Weitnau • 85, 87
Weitprechts • 184
Wendelins • 26
Wendelinskapelle • 141
Wengenreute • 168
Wertach • 115, 117
Widdum • 70
Widdumer Weiher • 70, 72
Wiedemannsdorf • 100, 102
Wildpoldsried • 56
Wildrosenmoos • 134
Wilhams • 86
Wolkenberger Einöde • 57
Wurzacher Ach • 173

**Z**

Zaumberg • 108
Zundelbacher Linde • 178

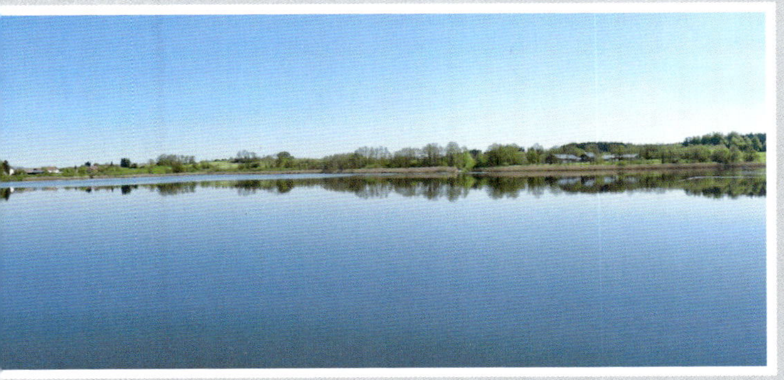

auch sportlichen Aktivitäten offen stehen, prägen das Allgäuer Voralpenland.

# IMPRESSUM

© KOMPASS-Karten, A-6020 Innsbruck (23.01)
1. Auflage 2023 Verlagsnummer 5420 ISBN 978-3-99121-493-9

Text und Fotos (soweit nicht anders angegeben):
KOMPASS Verlag und Walter Theil

Titelbild: Großer Alpsee mit Blick von Immenstadt
(© Andreas P - stock.adobe.com)

Bildnachweis:
S. 24: © www.fotolia.de, S. 54: ebenart © www.fotolia.de,
S. 56: esrael_foto © www.fotolia.de; S. 62 unten: Heinz Schiffer
© www.fotolia.de; S. 86 unten: Grutzifix © www.fotolia.de

Grafische Herstellung und Wanderkartenausschnitte:
© KOMPASS-Karten GmbH
Kartengrundlage für Gebietsübersichtskarte S. 10-11, U4:
© MairDumont, D-73751 Ostfildern 4

Alle Angaben und Routenbeschreibungen wurden nach bestem Wissen gemäß unserer derzeitigen Informationslage gemacht. Die Wanderungen wurden sehr sorgfältig ausgewählt und beschrieben, Schwierigkeiten werden im Text kurz angegeben. Es können jedoch Änderungen an Wegen und im aktuellen Naturzustand eintreten. Wanderer und alle Kartenbenützer müssen darauf achten, dass aufgrund ständiger Veränderungen die Wegzustände bezüglich Begehbarkeit sich nicht mit den Angaben in der Karte decken müssen. Bei der großen Fülle des bearbeiteten Materials sind daher vereinzelte Fehler und Unstimmigkeiten nicht vermeidbar. Die Verwendung dieses Führers erfolgt ausschließlich auf eigenes Risiko und auf eigene Gefahr, somit eigenverantwortlich. Eine Haftung für etwaige Unfälle oder Schäden jeder Art wird daher nicht übernommen. Für Berichtigungen und Verbesserungsvorschläge ist die Redaktion stets dankbar. Korrekturhinweise bitte an folgende Anschrift:

**KOMPASS-Karten GmbH**
Karl-Kapferer-Straße 5, A-6020 Innsbruck
www.kompass.de/service/kontakt

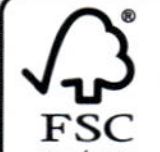


MIX
Papier aus verantwortungsvollen Quellen
FSC® C015829